**Extrem! 1**

*Die in diesem Buch beschriebenen oder gezeigten Praktiken sind keine Empfehlungen. Jeder sollte selbst über die Leidenschaften entscheiden, die er hat. Eine Haftung des Autors, des Verlags oder seiner Beauftragten für Personen-, Sach- und Vermögensschäden ist ausgeschlossen.*

Christoph Brandhurst

# Extrem! 1

*Frauen, Männer und Paare erzählen von der Lust an ihrer Leidenschaft*

EXPLIZIT

# *Inhalt*

# *Lust und Leidenschaft extrem*

## *Vorwort*

Die Menschen in dem Ihnen vorliegenden Buch stellen sich, ihre Neigungen und Leidenschaften vor. Sie fragen sich: Was soll daran schon Besonderes sein? Schließlich haben Sendungen wie *Liebe Sünde*, *Peep* und *Wahre Liebe* in der Vergangenheit bereits hinreichend geklärt, was Menschen hierzulande und auch anderswo unter der Bettdecke so alles treiben.

Biologie und Physik haben alles erklärt und erforscht, die Geographie jeden Fleck der Erde entmystifiziert, und das Fernsehen zeigt uns täglich, was beim Nachbarn unter der Bettdecke passiert. Wenn wir ehrlich sind: nichts wirklich Aufregendes. Also machen sich Frauen wie Männer auf die Suche nach neuen Geheimnissen. Diese entdecken sie bei sich selbst; es sind Formen und Möglichkeiten, mit denen sie – alleine oder zusammen mit anderen – dem Alltag entfliehen können. Dem einen reicht dabei die Flucht in die Literatur, nach deren Lektüre er die Buchdeckel schließt und zurück in die »normale Welt« kehrt. Doch: Davon soll an dieser Stelle nicht die Rede sein. Der andere wiederum gibt sich mit einem kleinen Piercing durch die Brustwarze zufrieden, mit dem er sich von Freunden und Fremden abhebt – oder das er vor ihnen verbirgt. Sein kleines Geheimnis.

Beiden dieser aufgeführten Varianten ist gemein, dass sie die Phantasie stimulieren. Doch dabei bleibt's. Einigen Menschen reicht dies aber nicht. Sie gehen noch ein ganzes Stück weiter. Sie leben ihre Phantasie. Sie forschen nach dem ultimativen Kick – und zwar in der Realität. Sie brechen auf zu neuen Ufern, sie wollen ihr Leben anders leben. »Stufenweise entwickelt sich die Phantasie bis zu einer neuen, einer manchmal extremen Form fort«, erklärt der Psychologe Rudolf Egg.

Schon bald ist das Leben ganz der Faszination des scheinbar Unmöglichen erlegen. So dünn sei die Grenze unserer Kultur. Schnell überschritten, so *Der Spiegel*. Plötzlich findet das Leben am Limit statt. Und manchmal führt es noch ein ganzes Stück weiter. Manchmal ungewollt, noch häufiger aber ganz bewusst.

Die, die ihre Lust und Leidenschaft, das Ritual der Liebe und des Lebens, im Extremen ausleben, wissen, dass sie damit auf Unverständnis stoßen – bei Familie, Freunden, Kollegen und/oder beim Rest der Welt. »Verstehen im eigentlichen Sinne kann man das nicht«, findet der Psychologe Rudolf Egg. »Man muss einfach feststellen, dass es offenbar Menschen gibt, die Lustempfinden bei Dingen haben, für die andere Personen keinen Zugang haben.«

Viele sind deshalb gezwungen, ein Doppelleben zu führen, mal mehr, mal weniger. Sie alle verbindet das Leben bis zum Anschlag. Bis zum Limit. Und manchmal noch ein ganzes Stück weiter.

Die Menschen in dem Ihnen vorliegenden Buch stellen sich, ihre Neigungen und Leidenschaften vor. Sie fragen sich: Was soll daran schon Besonderes sein? Schließlich haben Sendungen wie Liebe Sünde, Peep und Wahre Liebe in der Vergangenheit bereits hinreichend geklärt, was Menschen hierzulande und auch anderswo unter der Bettdecke so alles treiben.

Das ist richtig. Doch um das, was die TV-Sendungen bis dato zu berichten wussten, soll es an dieser Stelle nicht gehen. Uns interessiert nicht der »Koitus normalus«, den ein Großteil der Bevölkerung gemäß aktueller Statistiken ohnehin nur ein oder zwei Mal die Woche erlebt.

Es gibt so viele Dinge, die rechts und links des Weges liegen, den wir beschreiten. Es geht um die nicht ganz alltäglichen Obsessionen. Besonders, würden die einen sagen. Außergewöhnlich, die anderen. Und die meisten von uns würden behaupten: Extrem.

Zugegeben, ein Buch so zu nennen, entbehrt nicht einer gewissen Polemik. Für den einen ist es normal, alle zwei Jahre einen Orgasmus zu haben, ein anderer Mensch möchte gerne drei Mal täglich kommen und findet das normal. Für manche Menschen ist dies zwar extrem, gleichwohl Analsex für sie – im Gegensatz zu vielen anderen Leuten – völlig normal ist. Für noch andere Menschen ist es das Normalste der Welt, sich gepierct und tätowiert kopfüber ans Andreaskreuz schnallen und anschließend den Po versohlen zu lassen. Ohne ein solches Ritual würden sie gar nicht mehr leben wollen. »Jeder lebt also das, was er ist. Jeder ist das, was er lebt«, sagt Janine, ein Junge, der sich in der Transgender-Szene bewegt und ebenfalls in meinem Buch zu Wort kommt.

»Wir sind alle verschieden erregbar und haben andere sexuelle Bedürfnisse. Das müssen wir akzeptieren«, sagt Rolf Gindorf, Leiter der Deutschen Gesellschaft für Sozialwissenschaftliche Sexualforschung mit Sitz in Düsseldorf.

Die Menschen, die in meinem Buch zu Wort kommen, haben es akzeptiert. Lesen Sie selbst!

*Christoph Brandhurst*

# *Peitschen & Fesseln. Das Spiel mit der Macht*

**Patricia, 38 & Matthias, 40**

*Kaufmännische Angestellte und Versicherungsberater*

Patricia: Ich bin Patricia, 38 Jahre alt und kaufmännische Angestellte bei »Edeka« in Dortmund.

Matthias: Ich bin Matthias, 40 Jahre und Berater in der Filiale einer großen deutschen Versicherungsanstalt in einem Vorort von Dortmund. Ich möchte ungern sagen, um welche Versicherung es sich dabei handelt, denn in der Niederlassung bin ich neben fünf Frauen der einzige Mann. Vielleicht liest eine von ihnen oder auch ein Kunde von uns dieses Buch und weiß jetzt über mich und mein Sexleben Bescheid.

Patricia: Meinst du, das wäre dann ein Problem? Leute, die sich dieses Buch kaufen, werden selbst ein Faible für das Thema haben und dich deswegen nicht schief angucken.

Matthias: Dieses Risiko möchte ich nur ungern eingehen. Du weißt doch, wie es ist! Einmal ertappt, spricht es sich schnell herum und zu meinen Kunden gehören Senioren. Nicht auszudenken, wenn sie sich plötzlich bei der Zentrale über mich echauffieren.

Patricia: Und das nur wegen ein bisschen SM?

Matthias: Ich finde, SM trifft es nicht wirklich. SM hat für die Leute sehr viel, oft ausschließlich mit dem Geben und Nehmen von Schmerz zu tun. Genau das ist vielleicht auch der Grund, warum es mir so schwer fällt, darüber öffentlich zu reden. Es ist doch so: Die Menschen verwechseln sexuelle Sadisten, die romantische Erfüllung mit gleichgesinnten Partnern suchen, mit kriminellen Sadisten, die Opfern schreckliche Schmerzen zufügen. Das klingt jetzt sehr wissenschaftlich, und ich muss gestehen, der Satz stammt auch nicht von mir. Ich habe mich ein wenig mit dem Thema beschäftigt und in einem SM-Handbuch darüber gelesen. Darin stand auch, beim SM gebe es keine Opfer. Darum geht es! Menschen, die SM mögen, leben diese Neigung mit Gleichgesinnten aus; alles – Schmerz geben, Schmerz nehmen – geschieht mit beiderseitigem Einverständnis. Keiner ist Täter, keiner Opfer. Ich glaube daher, Dominanz und Unterwerfung kommt der Sache viel, viel näher. Oder mit anderen Worten: Es ist ein Spiel mit der Macht.

Patricia: Aber Macht ist nicht immer nur ein Spiel, Matthias. Macht ist Realität und Alltag. Das ist ja gerade das Beunruhigende daran. In vielen Beziehungen gibt es per se einen dominanten und einen devoten Partner. Welche Ursache dieses Verhältnis auch immer hat, es ist tief in den beiden Personen verankert und wird von ihnen praktiziert, ohne jemals in Frage gestellt zu werden. Konkret sind es die typischen Rollenklischees: Der Mann entscheidet, was im Fernsehen läuft – Sportschau, Tatort, Al Bundy –, die Frau setzt sich ergeben daneben und guckt mit. Oder der Mann bezahlt im Restaurant die Rechnung, die Frau erfüllt ihm im Anschluss den Wunsch nach Sex. Der Mann ist die starke Schulter, die Frau der Kopf, der sich daran anlehnt. Das hat was mit Erziehung zu tun, ist ein normales Verhalten unserer Generation, so etwas wird nicht in Frage gestellt. Was ich damit sagen möchte: In einer »normalen« Beziehung sind die Rollen wie auch bei einer SM-Session klar abgesteckt. Der eine Partner ist dominant, der andere devot. Daran ändert sich nichts, so wie sich im alltäglichen Leben mancher Paare nichts am Rollenverhalten ändert. Bei uns ist das nicht so.

Matthias: Wir wechseln uns ab. Wir switchen, würde man in Fachkreisen dazu sagen. Nur auf diese Weise können wir das Spiel überhaupt genießen.

Patricia: Allgemein sagt man, es gibt mehr Unterwürfige als Dominante, was bedeutet, dass viele Menschen geben müssen, um etwas zu bekommen. Vielleicht erklärt das auch die große Menge an Dominas, die ihre Dienste anbieten.

Matthias: Wir beide finden die unterwürfige Position aufregender als die dominante. Aber wir beide haben ebenso Angst davor, vielleicht zu häufig unterwürfig zu sein. Wir wollen beide nicht so werden wie die Menschen, die bei dem Spiel nur noch unterwürfig sind. Wir finden, das ist sehr gefährlich. Wir merken häufig, wenn man den Unterwürfigen gespielt hat, dauert es manchmal eine ganze Weile, wieder aus der Rolle herauszukommen und zu sich selbst zu finden. Das meine ich damit:

Was ist, wenn man so sehr in der Rolle steckt, dass man gar nicht mehr herauskommen möchte, geschweige denn herauskommt?

Matthias: Mich erregt hauptsächlich Bondage, also wenn ich gefesselt werde. Ich weiß inzwischen aus Gesprächen mit anderen, dass das gar nicht so ungewöhnlich ist und dass andere eine ähnliche Vorgeschichte wie ich haben. Auch sie haben, als sie klein waren, ihr Taschengeld für Krimimagazine ausgegeben, sich aber nicht für die Verbrechen interessiert, sondern für die Bilder von gefesselten Menschen, Frauen wie Männer. In der Pubertät hat mich der Gedanke, gefesselt und ausgeliefert zu sein, unheimlich angemacht.

Patricia: Bei mir war es auch die Literatur, allerdings erst später, da waren Matthias und ich bereits verheiratet. Ich las eines Abends eine Szene in einem historischen Liebesroman. Es war nicht wirklich ein Liebesroman, eher ein erotischer Roman. Der Held riss der Heldin das Kleid herunter und verpasste ihr ein Dutzend Peitschenhiebe. Später verliebte sie sich in ihn und er sich in sie. Sie heirateten. Eine ziemlich banale Geschichte, ich glaube, es war sogar ein Groschenroman, bin mir da aber gar nicht mehr sicher. Aber eines weiß ich auf jeden Fall: Ich habe diese Szene immer und immer wieder gelesen und sie mir vorgestellt, wenn wir, Matthias und ich, uns liebten. Keine unangenehme Phantasie, gebe ich zu. Doch ich traute mich nicht, ihm davon zu erzählen, bis wir einmal per Zufall – ich glaube, es war auf der Suche nach einem Vibrator – in einen Sexshop gingen und Matthias die Peitsche in den Händen hielt.

Matthias: Ja, wir waren auf der Suche nach einem Vibrator. Der sollte unser etwas eintönig gewordenes Sexualleben wieder ankurbeln. In diesem Sexshop entdeckte ich eine Peitsche, eine weiche Lederpeitsche.

Patricia: Matthias war es, der die Peitsche plötzlich in den Händen hielt und mich fragend ansah. Ich kann gar nicht sagen, wie meine Reaktion ausfiel. Klar, natürlich löste der Anblick der

Peitsche in mir ein Gefühlsbad aus, irgendwas zwischen Heiß und Kalt, aber ich versuchte, es mir nicht anmerken zu lassen. Aber etwas muss wohl doch nach außen gedrungen sein, das Matthias überzeugte, diese Peitsche zu kaufen, ohne mit mir Rücksprache zu halten. Zuhause nahm ich mir ein Herz und erzählte ihm, dass ich mir wünschte, von ihm ausgepeitscht zu werden.

Matthias: Dabei erzählte ich ihr dann auch von meinen Phantasien, den Fesselungen. Schon komisch, dass wir beide unseren erotischen Träumen nachhingen, die so verschieden und sich am Ende doch so ähnlich waren, und keiner von den Gedanken des anderen wusste. Zuerst stimmte mich das ein wenig traurig. Ich meine, wir waren verheiratet und eigentlich hätten wir offen darüber reden sollen. Warum hatten wir geschwiegen?

Patricia: Ich glaube, das hängt mit unserer Erziehung zusammen. Ich rede jetzt einfach mal für Matthias und mich; zumindest von mir weiß ich, dass es so ist. Über Sex wurde in meiner Familie nicht gesprochen. Meine Aufklärung bestand aus Erzählungen meiner Schulfreundinnen. Ich habe das nie verstanden, warum meine Freundinnen so viel wussten, während ich mit großen Augen ihren Geschichten lauschen musste. Sie mutmaßten über die Schwänze anderer Jungs, was diese wohl alles damit anstellen, was wir als Mädels damit treiben konnten, berieten über Praktiken und Verhütung und ich stand inmitten der Gruppe mit glühenden Wangen. Ab und zu nickte ich, wenn sie mich um meine Meinung baten. Was hätte ich auch sagen sollen? Als ich meine Mutter einmal darauf ansprach und fragte, was denn eigentlich ein »Coitus Interruptus« sei, sah sie mich mit hochrotem Gesicht an und schüttelte den Kopf. Sie sagte: »Dafür bist du zu jung!« Und kümmerte sich weiter um den Abwasch. Erst mein erster Freund zeigte mir, worum es sich dabei handelte. Er ging glücklicherweise sehr behutsam mit mir um und so entdeckte ich langsam das, wovon meine Freundinnen sprachen. Mir allerdings fiel es schwer, über Sex zu reden. Ich hatte es einfach nicht gelernt. Meine Eltern hatten versäumt, mir eine Sprache dafür zu geben. Und da sollte ich frei heraus über SM sprechen?

Matthias: Man könnte mir den Vorwurf machen, warum denn ich nicht einfach die Initiative ergriffen und über meine, ihre Phantasien gesprochen habe. Vielleicht hätte ich es machen sollen. Möglicherweise hätte ich es sogar gemacht, wenn meine eigenen erotischen Phantasien mir noch bewusst gewesen wären. Aber sie fanden in meiner Kindheit statt, gingen verloren auf dem Weg durch die Pubertät, während ich die ersten aufregenden sexuellen Erlebnisse hatte, und lagen irgendwann irgendwo verborgen, unter den Alltäglichkeiten des Lebens und des Sex, den ich hatte. Er war nicht schlecht, auch nicht mit Patricia, so dass der Bedarf, sich an längst vergangene Kinderträume zu erinnern, nicht gegeben war. Und hätte ich mich daran erinnert, wahrscheinlich hätte ich sie als pubertären Quatsch abgetan. Ich will nicht viele Worte über meine Erziehung verlieren, Sex spielte in meiner Familie durchaus eine Rolle, da wurde nicht hinter vorgehaltener Hand getuschelt. Aber Sex war Sex, Fortpflanzung, Missionarsstellung und manchmal eben ein Vergnügen. Die Offenheit in meiner Familie ging immerhin so weit, dass mir Sexspielzeug und erotische Wäsche nicht fremd waren und ich es gelegentlich in das Liebesspiel mit Patricia einbinden konnte, ohne aufdringlich zu sein. Patricia gefiel es, auch wenn die Initiative dazu und auch in den Sexshop zu gehen nie von ihr kam, sondern von mir. Deswegen dachte ich nicht an mehr.

Patricia: Oder trautest du dich nicht?

Matthias: Das ist schon möglich. Ich spürte ja, dass es bei Patricia eine gewisse Hemmschwelle gab. Diese wollte ich auf keinen Fall durchbrechen, sondern respektieren. Ich dachte mir, wenn sie reden will, wird sie reden. Und wenn sie nicht reden will, dann wird sie es nicht tun und auch dafür ihre Gründe haben.

Patricia: Die ich hatte, wie du weißt.

Matthias: Und dann kam die Peitsche und plötzlich redeten wir über Sex. Ein kleines Utensil nur, aber eine große Wirkung. Sie hat Patricia die Hemmungen genommen. Plötzlich erzählte sie mir von ihren Phantasien, woraufhin ich mich an meine Kindheit erinnerte. Da war doch mal was gewesen?! Es war ein sehr interessantes, ein sehr ehrliches Gespräch, in dessen Verlauf wir beide uns neu kennenlernten. Das klingt so banal, aber wir entdeckten neue Seiten aneinander und das machte unsere Beziehung auf einmal interessanter und offener. Wäre das nicht gewesen, säßen wir wahrscheinlich jetzt auch nicht hier und könnten einfach so darüber reden. Am Ende überlegten wir, ob wir mit unseren Phantasien nicht unser Sexspiel bereichern, daraus so etwas wie ein Spiel machen könnten. Was wir dann auch taten.

Patricia: Inzwischen spielen wir zwei oder drei Mal pro Monat. Wir haben es uns zur Regel gemacht, nicht häufiger zu spielen. Wir möchten beide nicht, dass sich dieses Spiel irgendwann abnutzt. Die Gefahr ist vorhanden. Es ist uns doch schon einmal passiert, dass unser Sexleben ein wenig eingeschlafen war. Wir spielen auch nur, wenn unsere Tochter Verena die Nacht bei einer Freundin verbringt. Unsere »Spielsachen« heben wir in einem Safe mit Kombinationsschloss auf, der in unserem Schrank hinter einer langen Reihe von Kleidern verborgen ist.

Matthias: Das klingt, als würden wir es vor Verena verheimlichen wollen. In gewisser Weise tun wir es auch. Sie ist gerade erst fünf Jahre alt. Kinder sind manchmal sehr neugierig und wir möchten nicht, dass sie auf einer möglichen Erkundungstour durchs Haus auf die Peitschen und Seile trifft. Wir glauben nicht, dass sie es verstehen würde. In unseren Augen ist Verena zu jung dafür.

Patricia: Was wiederum so klingt wie die Worte meiner Mutter, als ich ein Kind war. Die Gefahr, dass Eltern mit ihren Kindern die gleichen Fehler machen, die sie selbst erleben mussten, ist groß. Das passiert in sehr vielen Familien. Trotzdem gibt es einen Unterschied. Matthias und ich sprechen inzwischen über Sex und werden auch mit Verena darüber reden, wenn es an der

Zeit ist. Auf keinen Fall wollen wir etwas verschweigen, damit es ihr irgendwann so ergeht, wie es mir erging – dass ich mich nämlich nicht traute, über Wünsche und Phantasien zu reden, was eigentlich normal sein sollte.

Matthias: SM, Wünsche, Phantasien, man darf sich unser Spiel aber nicht so bizarr vorstellen, wie man es vielleicht aus dem Fernsehen oder Zeitschriften kennt, mit dunklen Kellerverliesen oder Andreaskreuz, in denen mit Ketten und Riemen behangene Ledermenschen auf gummibezogene Sklaven eindreschen.

Patricia: Unser »Spiel« besteht aus ein paar leichten Fesselspielchen. Ich binde Matthias die Hände auf den Rücken, er kniet vor mir, den Kopf gesenkt, die Schultern nach vorne, so dass sich sein Po schön wölbt. Dann versohle ich ihm den Hintern mit einem weichen, ledernen Handschuh. Matthias benutzt die Peitsche, manchmal aber lieber seine Hand. Manchmal tut seine Hand auf meinem Po mehr weh als die Peitsche. Es geht aber auch nicht um den Schmerz. Allein die Vorstellung, ausgepeitscht zu werden, erregt mich. Unterwerfung ist eine sexy Vorstellung. Darum geht es.

Matthias: Manchmal, wenn ich der dominante Partner bin, stecke ich ihr meinen Schwanz in den Mund. Sonst mag Patricia es nicht.

Patricia: Ja, das ist komisch, oder? Eigentlich stehe ich nicht auf Oralsex. Keine Ahnung, woher diese Abneigung kommt; ich kann mich nicht entsinnen, als junges Mädchen mal eine schlechte Erfahrung damit gemacht zu haben. Es gibt ja Frauen, die nicht blasen, weil ihnen ihr Freund beim ersten Mal rücksichtslos den Schwanz in den Mund gesteckt und dann ohne Rücksprache oder Warnung in den Rachen gespritzt hat. Igitt, das stelle ich mir wirklich ekelhaft vor, so unvorbereitet damit konfrontiert zu werden. So war es bei mir nicht. Ich mag Oralverkehr einfach nicht. Allerdings, wenn wir spielen und ich gefesselt vor ihm knie, er mir den Po auspeitscht und ich dabei vor Lust ganz feucht werde, dann gehört es zur Unterwerfung irgendwie dazu, dass er seinen Schwanz in meinen Mund steckt. Das gibt mir erst richtig das Gefühl, ihm willenlos ausgeliefert zu sein. Würde ich mich weigern, das weiß ich, würde ich wahrscheinlich noch mehr Peitschenhiebe auf den Arsch bekommen. Was ich ja nicht will, denn die Auspeitschung ist so etwas wie eine Strafe, mit der er mich gefügig hält. So ist das Szenario des Spiels.

Matthias: Am Ende unseres Spiels steht der Geschlechtsverkehr und immer für uns beide der Orgasmus.

Patricia: Das ist noch etwas, was uns von der eigentlichen SM-Szene unterscheidet. Der Orgasmus steht bei eingefleischten SMlern nicht im Mittelpunkt. Ihnen geht es mehr um die Rituale. Das Kopfkino gilt es in die Tat umzusetzen. Viele SM-Anhänger können gar nicht ohne diese Rituale. Diese Rituale werden zentrales Glied ihrer Sexualität und Befriedigung zugleich, und damit ist nicht der Orgasmus gemeint.

Matthias: Die Vorstellung, ausgeliefert zu sein, ausgepeitscht zu werden, erregt natürlich auch Patricia und mich, doch diese Phantasie ist für uns ein Weg von vielen, um zum Orgasmus zu gelangen. Darum geht es. Um Lust und Orgasmus. Wir benutzen noch nicht einmal heißes Wachs, das wir uns auf die Brustwarzen oder Genitalien träufeln. Wir haben auch keine Handschellen aus Stahl.

Patricia: Gelegentlich tragen wir während des Geschlechtsverkehrs Brustwarzenklemmen, und der dominante Partner dreht an der Schraube der Klemme, wenn der jeweils unterwürfige Partner kurz vor dem Orgasmus steht.

Matthias: Das war's im Prinzip schon, für viele wahrscheinlich nicht einmal etwas Weltbewegendes, für uns aber ein ungeheures Wagnis und eine wahnsinnige Bereicherung.

# *Gegen alle Flaggen der Freiheit entgegen*

**Ernst-Michael, 60**

*Hospitalportier*

Die Faszination für Piercings wurde in meiner Kindheit geweckt und ausgerechnet durchs Fernsehen, was man nicht meinen sollte, wenn man sich an das hausbackene TV der Nachkriegsjahre erinnert. Doch die ersten Filme, die ich Ende der 40er Jahre sah, waren Piraten- und Seeräuber-Geschichten mit Errol Flynn, diese uralten Schinken, die heute nur noch gelegentlich im Nachtprogramm der öffentlich-rechtlichen Fernsehsender laufen. Ich habe die Filme noch genau vor Augen: *Gegen alle Flaggen*, *Unter Piratenflagge* oder, mein persönlicher Favorit, *Herr der sieben Meere,* wo Flynn den Piraten im Auftrag seiner Königin Elizabeth I. mimte. Was diese Filme mit Piercings zu tun haben? Vordergründig wenig, zugegeben. Allerdings trugen die Freibeuter Ohrringe. Das, was man ihnen im Film zugestand, war im Biedermeier-Deutschland undenkbar: Männer mit Ohrringen, wo kam man denn da hin?

Wenn man so will: Die Piraten nahmen sich die Freiheit. So habe ich den Ohrring, den diese Fernsehseeräuber trugen, immer mit dem Begriff »Freiheit« verbunden. Er war ein Zeichen für Unabhängigkeit und Rebellion, gegen alles Herkömmliche, gegen das Normale. Ich lebte von Geburt an in einem kleinen Dorf in der Eiffel; dort drehten sich die Uhren ein wenig anders, langsamer und behäbiger. Manchmal kam es mir so vor, als gleiche ein Tag dem anderen. Nicht unbedingt langweilig, aber unspektakulär, bestimmt von Tradition und Moral. Manchmal war das alles sehr enervierend. Und da in mir wohl schon immer ein kleiner Revoluzzer steckte, einer, der gerne ein bisschen anders ist als der Rest der Welt – wie die Piraten eben –, gehörte es fortan zu meinem ausdrücklichen Wunsch, einen Ohrring zu tragen. Was ich natürlich nicht machte, nicht nur, weil ich nicht wusste, wie ich ihn mir überhaupt stechen sollte. Klar, ich dachte kurzzeitig daran, mir mit einer Nähnadel meiner Mutter selbst ein Loch durchs Ohrläppchen zu stechen. Da mein medizinisches Know-how aber gleich Null war, verwarf ich den Gedanken daran recht schnell. Die Angst, mir weh zu tun oder gar Empfindliches zu zerstören, war viel zu groß.

Und dann war da ja auch noch die Gesellschaft. Damals waren Ohrringe bei Männern generell nicht akzeptiert. Das gehörte sich einfach nicht. Vielleicht wäre es in der Großstadt anders gewesen, mag sein. Dort herrschen Tag und Nacht Trubel und Hektik und es fällt ein bunter Vogel mehr oder weniger kaum auf. Aber man kann sich in etwa ausmalen, welche Reaktionen ich bei den Honoratioren auf dem Land hervorgerufen hätte. Mir wäre es im Prinzip egal gewesen, aber meine Eltern ließen immer wieder durchblicken, was sie von »ausgeflippten Leuten« hielten, und das, obwohl ich bemüht war, ihnen nie anmerken zu lassen, welche Wünsche ich insgeheim hegte. Möglicherweise haben sie es geahnt, vielleicht sogar gewusst. Die Erziehung meiner Eltern jedenfalls wirkte Wunder und erstickte – vorerst zumindest – alle Ansätze meiner Rebellion im Keim. Die Sehnsucht jedoch blieb. Vielleicht ist das der Grund, warum ich meine Leidenschaft später umso mehr ausleben sollte.

Anfang der 80er Jahre setzte ein gesellschaftlicher Wandel ein. In den 70ern bestimmten bereits die Punks mit Ringen in Ohren, Wangen oder Nasen das Straßenbild, nicht unbedingt bei uns auf dem Dorf, aber Fernsehen und Illustrierte ließen keinen Zweifel daran, was in der weiten Welt vor sich ging. Dann tauchten in einschlägigen Shops die ersten Magazine aus Amerika auf, die Bilder zeigten, auf denen der Mann einen Ring trug, anfangs Ohrringe. Natürlich waren sie kein Zeichen der Piratenfreiheit mehr oder Hinweis auf eine sexuelle Ausrichtung – rechtes Ohrläppchen gleich schwul –, sondern waren Schmuck. Im Grunde also nichts Besonderes, und ganz gewiss kein Symbol der Rebellion.

Später entdeckte ich Brustringe. Das hatte ich noch nie gesehen, geschweige denn, dass ich je daran gedacht hatte, mir meine Brustwarzen zu durchstechen.

Inzwischen arbeitete ich als Pförtner bei einem Krankenhaus einer benachbarten Kleinstadt und auch dort herrschten bestimmte Regeln, was das Erscheinungsbild betraf. Dabei war mit der eingeschränkten Optik nicht nur dem Empfinden der Patienten

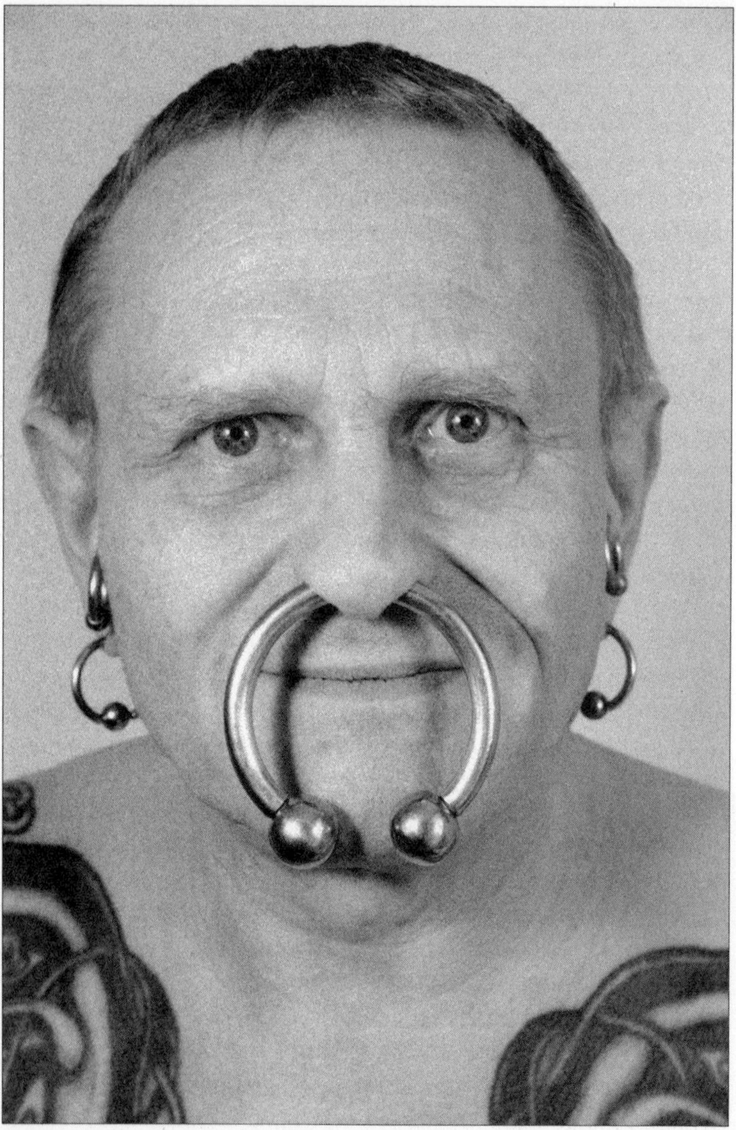

*Ernst-Michael privat. Freunde dürfen ihn Piercing-Ernst nennen.*

Rechnung zu tragen, sondern auch der eigenen Sicherheit: Nicht auszudenken, was passieren könnte, wenn sich bei der Aufnahme eines von Anfällen geschüttelten Patienten seine Finger in einem Schmuckring verhakt hätten ... Aber Brustringe, das war es! Brustringe waren gewagt, nicht sichtbar und für mich endlich ein Zeichen meiner Freiheit, das ich also ohne Bedenken auf dem Dorf und im Krankenhaus tragen konnte.

Doch wie an die Ringe gelangen? Piercingstudios gab es Anfang der 80er Jahre noch nicht, wie es sie heute gibt – an jeder Straßenecke eines. Es gab zwar schon Tätowierer, aber die hatten mit Piercings nichts am Hut. Selbst wenn sie es gehabt hätten, ich weiß nicht, ob ich mir meine Brustwarzen von ihnen hätte durchstechen lassen wollen. Damals waren die Tätowierer in Sachen Hygiene und Desinfektion noch weit vom heutigen Standard entfernt. Und wenn man wie ich die Sterilität der Klinik gewöhnt war, dann war einem die Gesundheit lieb, mehr als alle Freiheit und Rebellion der Welt – auch wenn das paradox klingen mag.

Den ersten Brustwarzenring habe ich mir 1983 in Hamburg machen lassen. Ich hatte ein Inserat in einem der Magazine gelesen, wo ein »Doktor med.« für das Anbringen von Körperschmuck warb. Das klang vertrauenswürdig. Also rief ich an und vereinbarte einen Termin. Das war eine ganz schöne Prozedur, von meinem Dorf überhaupt erst nach Hamburg zu gelangen und am gleichen Tag wieder zurückzufahren. Denn mehr als einen Tag frei wollte ich mir für die Aktion nicht nehmen. Da ich kein Autofahrer war – ich habe bis heute keinen Führerschein –, blieb eigentlich nur eine Zugfahrt, doch damit hätten Hin- und Rückreise mehr als einen Tag in Anspruch genommen. Glücklicherweise erklärte sich ein Freund bereit, mich nach Hamburg zu bringen, was mir sehr gelegen kam, denn ganz allein nach Hamburg zu reisen, war mir ohnehin nicht ganz geheuer.

So dauerte es noch einige Tage, bis ich alles – Termin, Zug, Urlaub, Freund – unter einen Hut bekommen hatte.

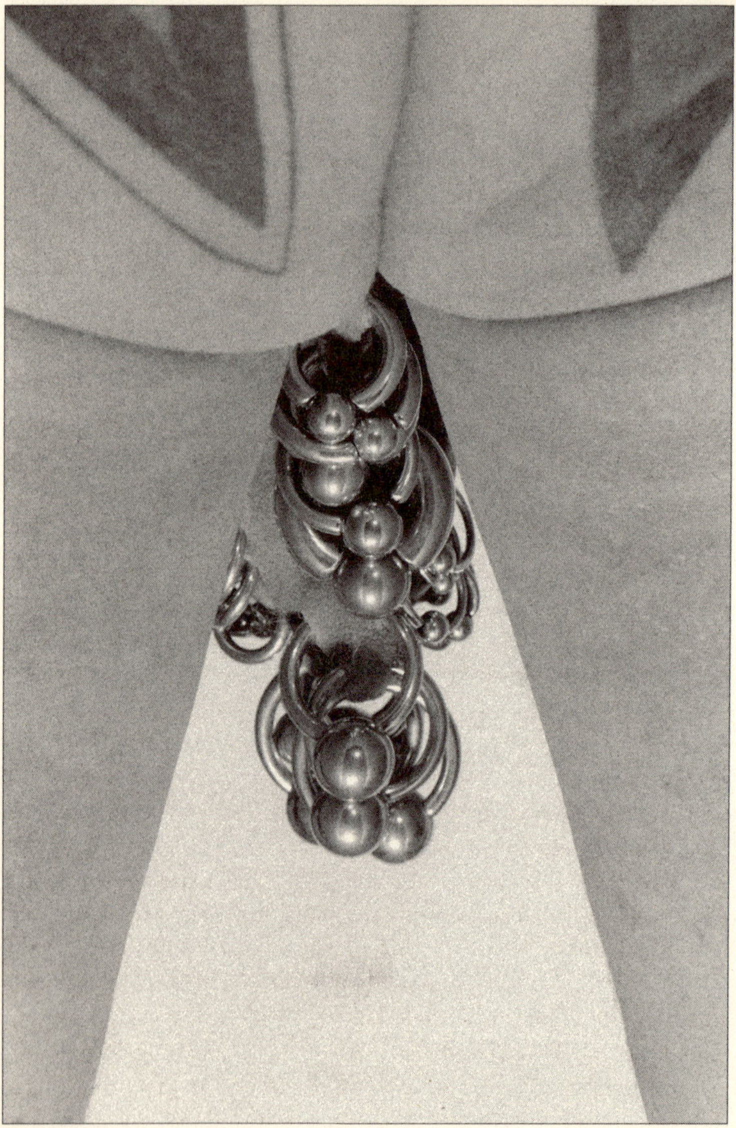

*Über 50 Piercings im Genitalbereich zählt Ernst-Michael.*

In Hamburg angekommen, fuhren wir zu der angegebenen Adresse. Es war ein gewöhnliches Einfamilienhaus, ein bisschen nobler vielleicht, aber bestimmt kein professionelles Piercingstudio. Das darf nicht verwundern, schließlich gab es die damals ja noch nicht. Der Piercer war ein Arzt, ein Doktor med., zumindest stand das auf der Klingel, auch wenn er, wie er sagte, nicht mehr praktizierte. Freiheit hin, Körperschmuck her, ich überlegte: Worauf ließ ich mich hier ein? Ich gebe zu, je näher der Augenblick rückte, umso mehr Zweifel wurden geweckt. Da ich aber nun schon die weite Strecke gereist war, konnte ich mir es immerhin einmal ansehen. Abhauen konnte ich ja immer noch.

Ich weiß nicht, wie legal der Arzt seine Arbeit dort betrieb, aber er arbeitete auf jeden Fall sehr professionell: Er hatte ein richtiges kleines Behandlungszimmer eingerichtet, gefliest und sehr sauber, in der Mitte eine Liege. Er erklärte mir, wie er zu stechen gedachte, zeigte mir antiseptische Mittel, Desinfektionen und Kanülen. Ich schöpfte Vertrauen. Als er allerdings erklärte, er wolle mir eine Betäubungsspritze geben, kamen die Zweifel zurück. Tat das Stechen etwa dermaßen weh, dass eine Betäubung notwendig war? Ich sagte entsetzt: »Um Gottes willen, zwei Mal stechen?«

Auf diese Erfahrung wollte ich verzichten. Der Arzt nahm meinen Einwand schulterzuckend zur Kenntnis und meinte nur: »Es geht auch ohne Betäubung!« Ich erklärte: »Dann machen wir es ohne Betäubung.«

Mein Freund hielt mir das Händchen. Ich gebe zu, in diesem Augenblick verhielt ich mich nicht unbedingt wie ein tapferer Pirat – aber was soll's?

Die Aufregung war größer. Das Stechen war aber nicht weiter schlimm. Ruckzuck war die Nadel durch und alle Anspannung wich von mir. Das Piercing heilte in den Tagen danach gut und sah noch viel besser aus. Meine Empfindungen an der Brustwarze, die ohnehin schon sehr feinfühlig war, wurde durch das Metall in der Haut sogar noch einmal verstärkt. Mann, was war ich stolz!

Mir war relativ schnell klar, dass es nicht nur bei dem einen Brustwarzenring bleiben würde. Zwei Monate später reiste ich erneut nach Hamburg, diesmal alleine und mit dem Zug.

Das war der Anfang einer Sucht. Obschon diese Sucht noch eine Weile brauchte, um sich zu entwickeln. Vorerst trug ich die beiden Ringe durch die Brustwarzen und war stolz auf mich selbst, darauf, dass ich es gewagt hatte und darauf, dass niemand ahnte, was sich unter meinem Hemd verbarg.

Schon bald entwickelte ich aber den Wunsch nach mehr. Ich bin mir gar nicht sicher, ob es nur der Wunsch nach mehr Körperschmuck war oder aber der Wunsch nach mehr Kick. Denn der Adrenalinstoß, der dem Stechen vorausging, und die Erleichterung, wenn die Nadel den Körper durchbohrt hatte, war ... unvergleichlich.

Nicht unbedingt mit einem Orgasmus zu vergleichen, das nicht, aber wenn ich mich heute an die Augenblicke bei dem Arzt in Hamburg erinnere, kommt es einem Orgasmus seltsamerweise sehr nahe – sagt mir zumindest meine Erinnerung, auch wenn sie durchaus einiges verklären wird. Es wundert mich zumindest nicht, dass aus der Liebe für Freiheit so etwas wie Leidenschaft wurde.

Diese Momente beim Piercen wollte ich wieder erleben. Und wieder. Und wieder. Bloß wie? Wo? An welchen Körperstellen? Ja, fast aus Verzweiflung ließ ich mir als Nächstes von einem Pfleger bei uns im Krankenhaus, der angab, sich seine selbst gestochen zu haben, die Ohrläppchen piercen. Inzwischen war ich informiert und wusste, dass am Ohrläppchen nicht viel passieren kann.

Also lieferte ich mich der Nadel aus – fertig! Jetzt trug auch ich endlich Ohrringe. Ab und zu schenkten mir ältere Patienten und Besucher, wenn sie das Krankenhaus an meiner Pförtnerloge vorbei betraten, einen neugierigen Blick. Vielleicht war ich für sie tatsächlich so etwas wie ein Rebell. Aber mal ehrlich: Spektakulär waren die Ohrringe zu dem Zeitpunkt natürlich nicht mehr. Wahrscheinlicher war daher, dass die Patienten und Besucher nur deshalb in das kleine Glashäuschen am Eingang der Klinik schauten, weil es Menschen grundsätzlich tun, wenn sie ein Gebäude betreten, in dem ein Pförtner hinter einem Empfang sitzt. Wer weiß. Ich jedenfalls redete mir ein, sie würden mich und meinen Ohrschmuck beäugen, und dabei kam ich mir vor wie einer der Freibeuter aus meiner Kindheit, die *Gegen alle Flaggen* kämpften.

Diese kleine Phantasie, die ich mir erlaubte, beflügelte natürlich meinen Wunsch nach mehr Piercings. Doch Ringe oder Stecker an Augenbrauen, Nase oder Lippen waren in den 80er Jahren noch undenkbar, zumindest für Leute, die keine zerrissenen Jeans, eine verwaschene Lederjacke und einen Irokesenhaarschnitt trugen. Ich meine, ich lebe am Niederrhein, auf dem Dorf, bin, wie es sich gehört, in den Vereinen aktiv, singe im Kirchenchor, sonntags in der Messe. Von daher musste ich aufpassen, waren Ohrringe das höchste der Gefühle, zumindest was sichtbaren Körperschmuck betraf. Also blieb mir nur der Intimbereich.

1986 ließ ich mir ein Guiche stechen, das ist ein waagerechtes, stimulierendes Piercing im Dammbereich zwischen Anus und Hodensack. Davon hatte ich in einem der Magazine aus den USA gelesen. Man schrieb, dass ein Guiche nicht sehr schmerzvoll sei, wenig Komplikationen beinhalte, beim Sex kaum störe, folglich aber auch kaum Nutzen bringe. Für den Fall, dass man es nicht mehr wolle, sei es einfach und ohne große Spuren herauszunehmen.

Inzwischen hatte ich über Zeitungsinserate auch Gleichgesinnte kennengelernt. Einer davon kam aus Düsseldorf. Er hatte sich in seinem Haus ein Zimmer speziell für außergewöhnliche Sexpraktiken mit Andreaskreuz, Gyn-Stuhl, Sling und Ähnlichem eingerichtet. Diesen Raum nutzte er auch als Piercingzimmer. Er selbst hatte sich seine Eichel in Eigenregie gespalten und beide Eichelhälften noch einmal mit einem Piercingstab versehen – das sprach für ihn und seine Kunstfertigkeit als Piercer. Insofern vertraute ich ihm blindlings und ließ ihn den Guiche anbringen.

Je mehr Zeit ich mit ihm verbrachte, umso mehr lernte ich übers Piercen. Ich begriff, welche Chancen sich mir boten dadurch, dass ich in einer Klinik arbeitete. Bei Fragen, die die menschliche Anatomie betrafen, hatte ich Experten sofort zur Hand, was ich fortan zu nutzen wusste. Schon bald begann ich an mir selbst herumzuexperimentieren. Die meisten der Intimpiercings, die ich heute trage, habe ich mir selbst gestochen. Nicht dass ich mich nicht weiter meinem Freund hätte anvertrauen können oder einem der professionellen Piercer, die Anfang der 90er Jahre vermehrt Studios eröffneten. Es war mir stattdessen wichtig, die Piercings an mir selbst auszuführen. Das war eine wertvolle Erfahrung für mich, ähnlich meinem ersten Brustwarzenpiercing, nur dass ich diesmal selbst für Zweifel, Angst, Aufregung, Spannung und grenzenlose Erleichterung verantwortlich war. Das ist auch eine Form von Sex. Autoerotik. Wie überhaupt Piercings für mich eine Form von Erotik geworden sind, aber eben nicht nur in optischer Form als erotische Zierde.

Und wie es so ist mit dem Sex – man kann nicht genug davon bekommen –, so war es auch mit meinen Piercings. Noch mehr. Noch extremer. Die Rebellion war längst der Leidenschaft gewichen. Ich nahm mir die Freiheit. Das Schöne daran war: Niemand wusste davon, nur besondere Freunde, die ich einweihte. Viele davon trugen selbst Intimschmuck, so dass ich bei ihnen nicht Unverständnis und kopfschüttelnde Sorge um meinen Geisteszustand zu befürchten hatte. So war es mir zumindest bei meinen Eltern ergangen, als ich sie einige Jahre vor ihrem Tod auf das Thema Körperschmuck zu sprechen brachte in der Hoffnung, ihnen meinen ganzen Stolz – die Brustwarzen – zeigen zu können. Es war nicht so, dass sie Hautzierden rigoros ablehnten, ließen aber durchblicken, dass Tätowierungen und Ringe durch Nase, Zunge oder Ohren etwas für die Wilden aus Afrika seien. Ich traute mich gar nicht zu erwähnen, dass ich eigentlich Schmuck durch Brustwarzen und Genitalien meinte. Ich bemerkte lediglich, dass ihre Bemerkung rassistisch sei – etwas, was vielleicht symptomatisch für meine Elterngeneration war –, was wiederum meine Eltern sehr anmaßend fanden. Die Diskussion war damit gestorben und ich verschwieg fortan, was ich außer Krawatte, Hemd, Hose, Socken und Schuhen am Leibe trug.

Da ich mich selbst stach, gab es niemanden, der es ablehnte, Piercings an besonders kritischen Körperstellen zu machen. Es war also auch niemand da, der mich bremste in meinem Eifer. Mag sein, dass meine Freunde mir gelegentlich zuredeten, wenn ich mal wieder ein Piercing plante, das eher Ärger denn Freude versprach. Es ist allerdings schwer, sich etwas sagen zu lassen von jemandem, der sich seinen Schwanz gespalten hat oder einen Stab mitten durch den Hodensack trägt – eines der wohl gefährlichsten Intimpiercings überhaupt.

Deshalb probierte ich alles aus, was mir in den Sinn kam, mein Körper möglich machte und die Nadel durchbohrte; erotische Phantasien steigerten meinen Ideenreichtum zusätzlich. Einige der Piercings haben mich wirklich sehr überrascht. Ein einfaches Piercingloch an der Sacknaht dehnte ich mir beispielsweise zu einem 20-Millimeter-Fleshtunnel auf, der bei Bondage-Sessions richtig geil eingebunden werden konnte, was wiederum die Empfindungen im Hodensack verstärkte.

Andere Piercings dagegen würde ich heute auf keinen Fall mehr machen. Ich habe mir beispielsweise drei Löcher am Penis-Schaft gestochen und darin Barbells getragen. Das sah zwar witzig aus, war aber sehr unpraktisch, denn die drei Stäbe störten beim Onanieren. Auch die ungewöhnlichen Piercings, an denen ich mich versuchte, erwiesen sich als sehr unpraktisch: Das Piercing in der Achselhöhle konnte wegen der ständigen Hautbewegung und der Schweißbildung nicht abheilen. Piercings rechts und links der Leiste störten mich, wenn ich Badekleidung trug. Und das Piercing im Bauchnabel zu stechen, war eine wahre Tortur. Am oberen Rand ist es kein Problem, dort ist die Haut relativ dünn. Dort trägt es aber jeder. Ich wollte daher ein Piercing am unteren Rand tragen – o je! Dort ist die Haut das genaue Gegenteil, fest und massiv. Nicht nur, dass es sehr schmerzhaft war, es dauerte dreieinhalb Stunden, bis ich die Nadel endlich durch die Haut gezogen hatte. Nie wieder!

Also habe ich mich auf Intimpiercings konzentriert. Heute sind es annähernd 50: Ampallang, Apadravya, Haffadas, Frenum,

Prinz Albert, die ein Gesamtgewicht von knapp zweieinhalb Kilogramm auf die Waage bringen. Ich führe Tagebuch darüber, denn sonst verliere ich den Überblick. Außerdem hilft mir das Tagebuch dabei, neue Piercings zu planen. Wenn ich von oben auf meinen Genitalbereich hinabschaue, sehe ich außer glänzendem Metall kaum noch etwas. Es herrscht ein ganz schönes Durcheinander. Wenn ich aber einen Blick in mein Tagebuch werfe, in dem ich eine Zeichnung habe, kann ich ausmachen, wo noch Platz vorhanden ist. Viel ist es allerdings nicht mehr. Trotzdem mache ich weiter. Dazu lasse ich mir in Mexiko – in Amerika und Europa ist es verboten – das Gewebe an Schwanz und Sack mit Silikonspritzen vergrößern. Natürlich ist das auch ein sexueller Aspekt – es schaut schöner aus, wenn Sack und Schwanz richtig groß sind –, aber vorrangig brauche ich mehr Platz, um noch weitere Piercings tragen zu können.

Freunde, die von den Piercings wissen, fragen mich, ob die vielen Piercings beim Sex stören. Sagen wir so: Wenn man sich das Geschlechtsteil piercen lässt, noch dazu in diesem Umfang, dann verkehrt man früher oder später auch in Kreisen, die diese enorme Piercing-Leidenschaft teilen. Denn nicht jeder hat ein Faible für Intimpiercings und auch der Umgang mit einem gepiercten Geschlechtsteil ist nicht ohne Weiteres machbar. Das bedarf schon einer gewissen Sorgfalt, und die sollte man gelernt haben. Im Übrigen bin ich kein sexversessener Typ, der unbedingt seine Befriedigung braucht. Ich komme auch wochen- oder monatelang ohne aus, so dass ich nicht das Bedürfnis habe. Kann sein, dass das inzwischen auch mit meinem Alter zusammenhängt, wahrscheinlich aber eher mit der Fülle meiner Piercings. Normaler Sex ist damit ohnehin nicht mehr möglich. Was nicht weiter tragisch ist, denn wie ich schon sagte, Piercings sind meine Form der Erotik geworden. Sie erlauben mir, mit meinem Körper zu spielen und ihm Freude zu bereiten, und das ist doch auch Leidenschaft, eine befriedigende noch dazu. Jedes neue Piercing, das ich mir mache, ist wie ein Abenteuer und gleichzeitig ein Wettbewerb – wie viele gehen noch? Es ist ein Versuch, meine Grenzen und die meines Körpers noch ein Stück weit mehr auszuloten. Sicher ist: Meine Grenzen habe ich noch nicht erreicht. Okay, ich bin inzwischen in die Jahre gekommen, aber ich fühle mich noch nicht zu alt für Piercings. Mein Ziel sind irgendwann so viele Intimpiercings, wie ich Lebensjahre habe, mindestens! Weit entfernt bin ich davon ja nicht mehr. Mal sehen, vielleicht bewerbe ich mich irgendwann auch beim *Guiness Buch der Rekorde*. Aber ich befürchte, sie werden mich nicht nehmen. Zu extrem!

Womit sie natürlich nicht ganz Unrecht haben. Denn derart viele Intimpiercings schaffen auch Probleme. Fahrradfahren beispielsweise geht gar nicht mehr. Früher, also *vor* meiner Piercinglust, bin ich leidenschaftlich gerne Fahrrad gefahren. Jetzt, mit knapp 50 Intimringen und -steckern, haut das nicht mehr hin. Ich wüsste gar nicht, wo ich damit auf dem schmalen Sattel Platz nehmen sollte, ohne dass das Metall links und rechts herunterhängt und ich mit meinen Oberschenkeln darüberscheuere. Das schmerzt nur und dadurch, dass ich nicht mehr Fahrrad fahre, habe ich einige Pfunde zugelegt. Schade, aber das lässt sich wohl nicht vermeiden, denn auch Joggen ist mit den zweieinhalb Kilo am Sack eine Qual.

Es fällt mir auch schwer, Unterhosen zu tragen. Ich habe einige Spezialanfertigungen, aber in der Regel trage ich die nur, damit ich am Ende des Tages noch meine Ringe und Kugeln finde. Immer wieder lösen sich Kugeln oder Ringe und es wäre mir peinlich, wenn ich meinen Arbeitskollegen erklären müsste, warum eine Kugel aus meinem Hosenbein gekullert kommt.

# *Eine unserer Regeln ist: Wir trennen Liebe und Sex*

Steffi, 25 & Pascal, 25

*Examiniertes Pflegepersonal*

Seit sechs Jahren, seit wir uns in der Krankenpflegeschule kennenlernten, sind wir beide ein Paar. Um genau zu sein, zum ersten Mal trafen wir uns auf der privaten Party einer Kurskameradin von Steffi im Personalwohnheim. Auf dieser Party wollte Pascal ursprünglich ein ganz anderes Mädchen anbaggern. Dann allerdings betrat Steffi den Raum und es war um uns beide geschehen. Steffi faszinierte Pascals selbstbewusstes Auftreten und seine hinreißende Erscheinung, Pascal wurde magisch von Steffis Ausstrahlung und ihrem Aussehen angezogen. Gibt es so etwas wie Liebe auf den ersten Blick? Falls es sie gibt, dann haben wir sie an jenem Abend erlebt. Noch am gleichen Abend wurden wir ein Paar. Sex spielte dabei – in gewisser Weise – eine Rolle, wenngleich er für uns beide einen unterschiedlichen Stellenwert besaß. Für Steffi nämlich keinen, für Pascal einen sehr großen. Da Steffi als erste Frau nicht am ersten, sondern erst am dritten Abend mit Pascal schlief, gelang es ihr als erste Frau, ihm Geduld abzuringen und ihn für eine Beziehung zu gewinnen. Am Anfang war unser Sex sehr romantisch, wurde dann jedoch mit der Zeit etwas monotoner. Wir glauben, das ist normal in einer Beziehung, die bereits einige Jahre anhält. Eine Freundin und Arbeitskollegin von Steffi brachte uns vor zwei Jahren auf das Thema Swingen. Das klang interessant und wirkte sich auf uns beide durchaus erregend aus. Weiter dachten wir nicht darüber nach. Erst ein paar Monate später machte Pascal den Vorschlag, es doch mal tatsächlich in einem Pärchenclub zu versuchen. Steffi zeigte sich einverstanden. Beide waren wir neugierig und wollten wissen, wie es ist, mit einem anderen Paar den Partner zu tauschen. Zudem hatte Steffi vor der Beziehung mit Pascal nur mit einem Mann sexuelle Erfahrungen sammeln können, Pascal dagegen mit über 50 Frauen. Wenn man so will, Steffi hatte Nachholbedarf und war neugierig darauf, was es sonst noch an Möglichkeiten und Praktiken gibt. Naja, und Pascal hatte eh eine Veranlagung zu mehreren Frauen ... Da er allerdings nicht fremdgehen wollte und auch Steffi das für sich ausschloss, war ein Swinger- oder Pärchenclub die ideale Lösung für uns. Wir beide wollten es, daher gab es auch keine langen Diskussionen im Vorfeld. Wir wussten quasi auf Anhieb, was wir wollten. Weitere vier Monate vergingen, bis wir entschieden, endlich in einen Club zu fahren. War nur noch die Frage, in welchen?

Wir informierten uns bei einer Freundin und über das Internet. Wir wählten den Swingerclub »Beverly 2000« in Solingen aus, weil er einen separaten Paarbereich besitzt. Das ist nicht unwichtig, wie wir uns im Vorfeld hatten erklären lassen. In einem Swingerclub können die belästigenden Soloherren, die in der Mehrzahl sind, durchaus störend wirken. In einen Pärchenclub kommen meist nur Paare. Und sind trotzdem einmal Soloherren anwesend, dann sind sie zumindest nicht in der Überzahl. Außerdem gibt es einen abgetrennten Pärchenbereich.

Bevor wir uns auf den Weg machten, stellten wir Regeln für unseren ersten Clubbesuch auf: Wir würden nur zusammen in einen Raum gehen. Wir würden gerne den Partner tauschen. Beide müssen mit dem jeweiligen Partner klarkommen. Wir werden keinen ungeschützten Verkehr machen.

Nachdem das geklärt war, fuhren wir in den Club. Dort angekommen, zogen wir uns um und gingen an den Tresen etwas trinken. Wir ließen uns Zeit, setzten uns nicht unter Druck und schauten uns alles in Ruhe an. Anschließend nahmen wir erneut einen Drink an der Theke, um uns danach, erregt und durch den Alkohol etwas enthemmt, hoch auf die Matte zu begeben. Dort hatten wir beide alleine miteinander Sex. Wenig später legte sich ein anderes Paar zu uns und streichelte uns. Auf diesen Moment kommt es in den Clubs an: Entweder man lässt das Streicheln zu oder man lehnt ab. Lehnt man es ab, zieht sich das Paar ohne einen Kommentar zurück. Als das Paar jedoch merkte, dass keine Abneigung unsererseits bestand, tauschten wir die Partner. Keinem von uns beiden bereitete es ein Problem, weder Steffi noch Pascal. Es war sehr schön, denn zu jeder Zeit spürten wir die Nähe des anderen. Andererseits waren wir auch sehr, wir sagen mal, abgeklärt, da wir im Vorfeld beinahe über alles gesprochen und uns informiert hatten. Ich denke, wir wussten ganz genau, was wir erwarten durften, was auf uns zukam, wie wir damit umzugehen hatten.

Wieder daheim ließen wir die Erfahrungen unseres ersten Abends im Swingerclub noch einmal Revue passieren: Obwohl es uns nicht gefiel, dass die Singleherren, die sich hin und wieder zu uns gesellten und die wir – mitten im Spiel – abzulehnen hatten, uns leicht belästigten, und es auch schwer war, mit anderen Paaren ins Gespräch zu kommen, waren wir sehr angetan. Insbesondere fasziniert es uns, wie geil es uns machte, seinen liebenden Partner im gleichen Raum neben sich zu haben und gleichzeitig intensiven Sex mit einer anderen Person erleben zu können.

Von dieser positiven Erfahrung hatten wir weitere Besuche abhängig gemacht. Wäre unser erstes Mal anders verlaufen, wären wir wahrscheinlich nie mehr in einen Club gegangen. So aber wussten wir auf Anhieb, dass es nicht bei dem einen Mal bleiben würde. Es dauerte genau einen Monat, da waren wir erneut im »Beverly 2000«. Danach ließen wir erneut vier Wochen vergehen, bis wir zum dritten Mal in den Club gingen.

Unser eigener Sex erlebte angesichts der Erfahrungen in den Clubs einen Aufwind und war viel intensiver als je zuvor. Auch der Umgang miteinander wurde viel offener. Wir glauben, das kommt nicht von ungefähr, ist vielleicht sogar eine Notwendigkeit. Denn schließlich besteht jederzeit die Möglichkeit, dass ein anderer Mann oder eine andere Frau, mit der man tauschte, besser ist als man selbst. Das darf natürlich nicht passieren. Also muss man dem Partner beweisen, dass man immer noch der Beste ist und, noch viel wichtiger, offen und ehrlich zu ihm sein. So kam es, dass wir durch das Swingen ganz neue Facetten am Partner kennenlernten. Tote Hose im Bett gibt es bei uns seitdem nicht mehr.

Heute gehen wir ein bis zwei Mal im Monat in einen Swinger- oder Pärchenclub, je nachdem wie wir gerade Lust haben. Ein besonderer Anlass ist jedes Jahr Silvester für uns. Dann treffen wir uns in dem Swingerclub mit Freunden, von denen wir inzwischen viele aufgetan haben und mit denen wir uns gelegentlich auch außerhalb der Clubs treffen. Zu Silvester 2002 erlebte Pascal sogar sein bislang aufregendstes Erlebnis in einem Swingerclub. Er durfte mit drei Frauen gleichzeitig schlafen und kam kurz nach Mitternacht. Aber auch Steffi hat schöne Erfahrungen machen können, an die sie sich gerne erinnert. Ihre schönste ist wohl, als sie die Augen von einer süßen Frau namens Claudia verbunden und die Hände gefesselt bekam. Danach führte Claudia sie hoch in den SM-Raum, wo sie Steffi mit beiden Händen an den Pranger band. Sie zog Steffi aus und peitschte sie ein wenig, aber nicht fest. Dann gab sie Steffi Befehle, zum Beispiel: »Knie dich hin!« oder »Zeig uns deinen Arsch«. Dann musste Steffi von Pascal geleckt werden. Claudia fickte Steffi schließlich mit einem Umschnalldildo, bevor die beiden sich leidenschaftlich liebten, bis sie kamen.

So offen wir unsere Sexualität leben, so vorsichtig sind wir, wem wir uns anvertrauen. Selbst unsere Freunde gehen sehr unterschiedlich mit unserem Sexleben um. Viele akzeptieren es, würden es aber nie tun. Einige verabscheuen es und ein paar wenige wollen es auch mal versuchen. Unsere Familien? Die wissen nichts davon und müssen es auch nicht unbedingt erfahren. Wir sind fest davon überzeugt, sie würden es nicht verstehen und eventuell die falschen Schlüsse ziehen. Sie würden uns möglicherweise vorwerfen, wir würden uns gegenseitig betrügen. Oder sie würden sagen, das, was wir machen, sei nichts anderes als ein organisierter Seitensprung.

Doch nein, was wir machen, ist eben kein organisierter Seitensprung. Denn egal was wir in den Swingerclubs machen, wir machen es als Paar und nicht als Single beziehungsweise heimlich. Wäre es so, ja, dann wäre es ein Seitensprung. Und der wäre wirklich schlimm. Eben um ihn zu vermeiden, swingen wir ja – mit unseren Regeln. Denn bei allen Phantasien, die wir in den Clubs ausleben wollten, und den schönen Erfahrungen, die wir sammelten, haben wir aber nie unsere Regeln über Bord geworfen. Das war und ist uns ganz wichtig: Wir trennen Sex und Liebe, aber das nicht erst seit kurzem, sondern seit dem ersten Besuch. Täten wir dies nicht, dann würden wir wahrscheinlich plötzlich in einer Situation stecken, wie wir sie bereits bei anderen Paaren erlebt haben: Paare, die sich uneins waren über das, was sie wollten, und sich vor uns zu streiten begannen. Bei anderen begann die Frau plötzlich zu weinen, weil sie nicht klarkam damit, dass ihr Freund Steffi geil fand und sie deswegen nahm.

Wir können anderen Paaren daher nur raten, sich genau zu informieren und sich nicht selbst einzuschränken. Sie sollten nie vergessen, zur Liebe gehört auch das Gönnenkönnen ebenso wie das Fallenlassen. Sie sollten sich den Club genau aussuchen und am besten Clubs mit Herrenüberschuss meiden. Und sie sollten sich auf keinen Fall unter Druck setzen, damit etwas mit anderen Paaren passiert. Lässt man es geschehen, passiert es. Einfach so.

# *Wenn man richtig in Fahrt ist, kriegt man nicht genug*

**Petra, 33**

Ich hatte sie schon immer – die Männer. Aus heutiger Sicht muss ich sagen, dass ich viel zu früh begonnen habe, mich für das andere Geschlecht zu interessieren. Nicht dass ich das bereue ... Seltsamerweise konnte ich einfach nicht ohne einen Mann sein. Ich brauchte sie. Ich brauchte sie natürlich nicht wirklich. Was ich brauchte, war die Gewissheit, dass ich jederzeit jemanden anrufen kann. Wie einen guten Freund eben. Das gab mir Halt. Die Männer kamen und gingen. Verliebt war ich nie. Wer verliebt ist, ist verletzbar. Und wer verletzbar ist, ist angreifbar. Ich wurde nie verletzt. Für das »Nichtverliebtsein« musste ich nichts tun. Als ich mit 24 Jahren immer noch nicht ein einziges Mal verliebt war, war mir klar, die Liebe würde auch für den Rest meines Lebens einen großen Bogen um mich machen. Ich fand mich damit ab.

Vor ein paar Jahren trennte ich mich von meinem Freund Michael. Drei Jahre waren wir zusammen. Das war die erste Beziehung, die ich abrupt beendete und nach der ich ohne einen neuen Kerl da stand. Ich war das erste Mal richtig solo. Ich war frei. Ich genoss diese Freiheit und ging viel unter Leute. Ich verabredete mich mit Arbeitskollegen und lernte über das Internet in dem einen oder anderen Chat nette Leute kennen; mit manchen traf ich mich sogar. Ich holte in kürzester Zeit alles das nach, was ich mir nie traute, als ich in Gefangenschaft war. Ja, als Gefangenschaft empfand ich diese Beziehungen, die ich bisher geführt hatte. Jetzt aber war ich frei und ich knutschte, fickte, versuchte mich am Telefonsex, Cybersex, hatte One-Night-Stands und ließ mich treiben. Irgendwann hatte ich auch wieder einen Kerl an meiner Seite. Der war selbstständig und hatte wenig Zeit. Das war gut so. Er war so sehr eingespannt, dass er sich immer nur mittwochs mit mir treffen konnte. Jedes zweite Wochenende erholte er sich mit mir auf seinem Wassergrundstück. Ein Boot hatte er selbstverständlich auch.

Diese »Beziehung«, so sie denn eine war, war insofern von Vorteil, als dass ich in der verbleibenden Zeit tun und lassen konnte, was ich wollte. Der arme Kerl ahnte natürlich nichts davon. Im Gegenteil, er begann bereits eine gemeinsame Zukunft mit mir zu planen. Da lernte ich Rainer kennen. Rainer liebte seine Freiheit genauso sehr wie ich. Wir knutschten wild herum und landeten am gleichen Abend noch im Bett. Der Fick war großartig. Da, wo andere Paare sich noch gegenseitig zaghaft erkunden und keinen Blick rechts und links des Weges riskieren, gingen wir direkt in die Vollen. Wir brauchten keine Rücksicht zu nehmen und auch Scheu oder Scham waren uns völlig fremd.

Rainer war begeistert von mir. Endlich eine Frau, die nach einem One-Night-Stand weder nach der Telefonnummer noch nach einem Wiedersehen fragte. Ich wusste, das macht die Männer neugierig auf mehr. Außerdem war ich es, die entscheiden konnte, wen ich wiedersehen wollte und wen nicht. Es gab zwar den einen oder anderen Experten, der unangemeldet vor meiner Tür stand. Aber ich öffnete ihm einfach nicht. Wer keinen Termin bei mir hatte, wurde nicht hereingelassen.

Rainer und ich, wir waren uns vom Tag unserer ersten Begegnung an sympathisch. Ach was rede ich, das war mehr als Sympathie, denn sonst wäre es nie zu der exzessiven Leidenschaft gekommen, die wir lebten. Oder sollte ich sagen: Es war nicht Sympathie, es *war* Leidenschaft, die uns beide miteinander verband. Es blieb nicht bei dem One-Night-Stand, natürlich. Wir fielen beinahe täglich übereinander her und ließen unserer Lust freien Lauf. Grenzen kannten wir dabei fast keine: Oral, Anal, Urin, 69, Fesselungen, Peitschen, Spanking, alles wurde durchexerziert, was uns nur in den Sinn kam und irgendwie möglich erschien. Das klingt ein wenig nach einer Olympiade, die wir im Bett abhielten. Aber das täuscht. Es war einfach nur purer Sex, den wir praktizierten, heftig und geil, je heftiger, desto besser. Was immer Rainer mit mir anstellen mochte, ich gab mich ihm preis. Ich wollte, dass er mit mir spielte und mich missbrauchte für seine dreckigen Phantasien. Das mag verwerflich klingen – missbrauchen hat für viele Leute einen negativen Beigeschmack. Für mich signalisierte es aber nur die Bereitschaft, es wild zu treiben. Denn am Ende war ja auch ich es, die davon profitierte. Das meinte ich eben mit Rausch. Wenn man richtig in Fahrt ist, kriegt man nicht genug, man möchte immer mehr, immer noch härter, immer noch dreckiger, alles nur, um das Finale zu einem zuvor nie erreichten Höhepunkt zu treiben.

Wir brauchten uns noch nicht einmal auf die Suche zu begeben nach neuen Praktiken oder Extremen; wenn man den Sex einfach lebt, so wie Rainer und ich ihn lebten, zügellos und hemmungslos, geschieht alles wie von selbst. Wie ein Spiel, das an Eigendynamik gewinnt und plötzlich gar kein Spiel mehr ist, sondern Wirklichkeit. Oder anders ausgedrückt: Normalität. Was jetzt nicht heißen soll, dass Sex für uns eine alltägliche Geschichte wurde wie zum Beispiel das Duschen oder der Abwasch. Das würde ja bedeuten, dass sich Langeweile einschlich. Im Gegenteil.

Was ich damit sagen möchte, ist: Keiner von uns beiden machte sich Gedanken darüber, dass es verwerflich sei oder andere uns schief anschauen könnten für das, was wir taten. Wir ließen es mit einer ungeheuren Leichtigkeit geschehen, als würde es zu unserem alltäglichen Leben hinzugehören. Andere Paare wehren sich dagegen und machen aus ihrem Sex immer ein Geheimnis. Das liegt wahrscheinlich an ihrer Erziehung oder an der Gesellschaft, in der sie sich aufhalten. Tatsächlich aber gehört der Sex nun mal zu unserem Leben hinzu wie das Duschen oder der Abwasch. Man sollte also kein großes Aufhebens daraus machen.

So begannen Rainer und ich auch irgendwann, andere Personen in unser Sexspiel einzubinden. Wir missbrauchten also nicht nur uns gegenseitig, sondern auch andere für unsere Lust. Das war unser Spiel, nichts anderes. Jetzt mag der eine oder andere dem entgegenhalten, Alltag oder Spiel, ja was denn nun? Das sei paradox, wie funktioniere das? Kann man das überhaupt trennen? Klar, man kann. Wie jedes Spiel besaß auch unseres gewisse Regeln, an die Rainer und ich uns hielten. Wir waren die Spieler, die anderen quasi nur die Püppchen, die wir nach unserem Gutdünken auf dem Spielfeld verschoben. Und wenn eines rausflog, auch nicht weiter schlimm. Gehe zurück auf Start und beginne von vorne.

Ganz am Anfang suchten wir Personen für einen flotten Dreier per Kleinanzeige. Dabei nahmen wir uns auch fest vor, jeder von uns sollte auf seine Kosten kommen: mal Rainer mit einer zweiten Frau, mal ich mit einem zweiten Mann. Das war gar nicht so einfach. Denn leider ist der Großteil der Leute, der im Internet erotische Anzeigen aufgibt beziehungsweise die Kontaktanzeigen liest, männlicher Natur. Nach den ersten Anzeigen, die wir aufgaben, wurden wir förmlich zugeschüttet mit Antwortmails von Männern.

Viele davon waren Spinner, die wahrscheinlich einsam und alleine zu Hause hinter dem PC-Bildschirm hockten und darauf hofften, auf diesem Wege endlich zum Abschuss zu gelangen. Manche gingen uns, nachdem wir ihnen höflich eine Absage erteilt hatten, fürchterlich auf die Nerven und bettelten in ihren Mails fortwährend darum, doch mal bei uns mitmachen zu dürfen, wir würden es nicht bereuen, sie seien doch ach so tolle Hengste. Auf solche Typen ließen wir uns gar nicht erst ein. Ich meine, wenn sie so tolle Hengste wären, hätten sie es doch nicht nötig, um Sex betteln zu müssen.

Zum Glück waren nicht alle, die auf unsere Kontaktanzeigen antworteten, so durchgeknallte Typen. Der eine oder andere Mann war durchaus darunter, der für uns in Frage kam. Wir luden ihn ein zu einem ersten zwanglosen Treffen. Je nachdem wie das erste Treffen verlief und wie sympathisch wir einander waren – das ist, finde ich, enorm wichtig: man sollte bei allem schon auf einer Wellenlänge liegen –, suchten wir ein Hotel auf, das Rainer und ich uns im Vorfeld ausgeguckt hatten. Auf dem Hotelzimmer ging es dann zur Sache. Ähnlich verhielt es sich auch mit den Frauen. Allerdings war die Auslese bei den Frauen durch die Anzeigen eher mager: Es gibt mehr Pärchen, die eine Frau suchen, oder Pärchen, die ein Pärchen suchen – und davon im Vergleich zu den Männern, die Frauen suchen, auch nur sehr wenige. So trafen wir uns meist mit anderen Paaren zum flotten Dreier: Erst zwei Frauen und ein Mann, dann zwei Männer und eine Frau. Der jeweils überschüssige Teil sah derweil zu oder spielte an sich herum, bis er an der

Reihe war. Eigentlich die ideale Konstellation. Vögeln durften allerdings immer nur die beiden Partner, für die anderen gab's nur Küssen, Petting und Französisch. Das war eine Grundregel. Partner tauschten wir nicht, daran verschwendeten wir interessanterweise keinen Gedanken. Das kam erst später, als wir in den Clubs und Diskotheken rings um Hamburg Ausschau nach tabulosen Frauen und Männern hielten.

Das alles hört sich herrlich unkompliziert an. Das war es auch. Ich denke, es hat viel damit zu tun, welche Basis unsere Beziehung hatte. Und, wie ausgehungert wir waren. Wie oft habe ich mir pornografisches Material im Internet angesehen, wo es zwei oder mehr Männer mit einer Frau treiben. Das hat mich wahnsinnig angemacht. Die Bilder haben mich verfolgt und wollten in die Tat umgesetzt werden. So recht traute ich mich aber nicht. Ich malte mir aus, wie es wäre, wenn ich mich mit zwei oder mehr Typen zu einem kleinen Fick treffen würde. Was würde passieren, wenn sie Dinge mit mir täten, die mir nicht gefielen? Meine Familie oder meine Freunde sozusagen als »Versicherung« über das, was ich wann mit wem und wo plante, in Kenntnis zu setzen, war unmöglich. Mein Umfeld ist, was den Sex angeht, sehr spießig.

Mit Rainer an meiner Seite war es völlig anders. Wir waren zu zweit und hätten dem anderen beigestanden, falls etwas passiert wäre. Keine Frage, zu zweit war die Umsetzung unserer Phantasien wesentlich einfacher. Manch einer wird sich wiederholt fragen, welche Basis Rainer und ich eigentlich hatten. Nun, es war wie bei den vorangegangenen Beziehungen: Ich war nicht verliebt. Es war Leidenschaft. Wir führten zwar eine Beziehung, waren aber dennoch kein Paar. Unsere Beziehung war ohne die üblichen Zwänge oder Verpflichtungen. Das war sicherlich ein Grund dafür, warum wir ohne schlechtes Gewissen all unsere Phantasien umsetzen konnten.

Wir spielten zum Beispiel gerne Spielchen. Wir gingen getrennt in die gleiche Diskothek. Wir tauchten ein in das trommelnde Fegefeuer aus Licht und Musik und flirteten mit wildfremden Menschen, uns durchaus bewusst, vom anderen Partner beobachtet zu werden: Rainer verfolgte mich, ich verfolgte ihn. Das törnte uns an. Stell dir das doch mal vor: Deine Freundin knutscht mit einem unbekannten Kerl und sieht dich dabei an. Du siehst, wie er ihr an die Brüste grabscht. Das ist, als würdest du einen versauten Film sehen und deine Freundin wäre die Hauptdarstellerin.

Eifersucht gab es aus den besagten Gründen nicht. Außerdem, wir waren doch diejenigen, die Regieanweisungen gaben. Alles lag in unseren Händen. Wir bestimmten wie, wo und wann. Uns beiden war klar, dass jeder von uns das Spiel sofort abbrechen konnte. Auch das gehörte zu den Regeln. Es war ideal. Alles passte bis ins kleinste Detail. In den meisten Fällen gingen wir mit den Typen oder Mädels, die wir in der Diskothek aufgabelten, auf ein Hotelzimmer. Das ist der Vorteil einer Großstadt wie Hamburg. Dort gibt es Stundenhotels und kleine Pensionen an jeder Ecke. Auf dem Zimmer fielen wir übereinander her und kehrten anschließend zurück in die Disco. Eher selten nahmen wir die Typen oder Mädels mit zu uns heim. Das lehrte uns die Erfahrung: Am nächsten Morgen kann eine nächtliche Errungenschaft auf die Nerven gehen, man ist ja schließlich nicht aus auf eine nette Plauderrunde mit Frühstück, sondern auf Sex. Dann gingen wir in Swinger- und Pärchenclubs. Anfangs hielten wir uns noch an die Regeln, doch mit der Zeit verschwammen sie.

Den Anfang hatten wohl die Nächte in den Diskotheken und Stundenhotels gemacht. Von dort bis zum Partnertausch war es nicht mehr weit. Schon bald geilte es uns nicht nur auf, zuzusehen wie der andere knutschte oder fingerte, sondern wie er es mit anderen richtig trieb. Als ich einer Freundin davon erzählte, sah sie mich mit großen Augen an und fragte: »Und du bist nicht eifersüchtig, wenn dein Freund es mit einer anderen treibt?« Was hätte ich darauf antworten sollen? Wenn ich ihr erklärt hätte, was mich mit Rainer verband und was wir so trieben, wäre sie wahrscheinlich tot umgefallen.

Das Recht, es mit anderen zu treiben, nahm ich mir doch genauso heraus. Wie könnte ich da eifersüchtig sein, wenn Rainer es mit anderen Frauen trieb? Der wesentliche Punkt war doch, bei allem, was wir taten, taten wir es gemeinsam. Wir sahen einander zu und törnten uns an. Deswegen machten wir es doch. Weil wir es erregend fanden, dem anderen dabei zuzusehen. Klar, in erster Linie ging es immer um die eigene Befriedigung. Doch ich gebe zu, meine Lust wurde noch einmal mehr gesteigert, wenn Rainer, während ein anderer Typ in mir rumwühlte, mich ansah. Manchmal masturbierte er, während ein anderer Mann mit mir schlief. Manchmal vögelte er mit einer anderen Frau. Aber wir hatten immer wieder Blickkontakt. Das ging durch und durch, unglaublich.

Dass es dabei nicht blieb, war klar. Wir konnten nicht aufhören. Dieser Rausch, diese Leichtigkeit, dieser Wahn, all das trieb uns immer weiter voran. Keiner von uns wusste wohin. Allerdings war uns beiden klar, dass irgendwann ein Ende kommen würde. Das war so sicher wie das Amen in der Kirche. So weit lassen sich Grenzen nämlich nicht verschieben. Irgendwann ist einfach Schluss. Dann geht nichts mehr. Irgendwann würde der Tag kommen, an dem alles ausprobiert war: Flotter Dreier, Sandwich, Swingerclub, Gruppensex. Aus dem Experiment selbst würde Alltag werden. Diesmal meine ich Alltag im eigentlichen Sinne. Routine. Langeweile. Was würde dann kommen? Wäre das das Ende unserer Beziehung? Unvorstellbar. So wie wir miteinander harmonierten, waren wir der Auffassung, unsere Beziehung sei für die Ewigkeit. Gesucht und gefunden. Was wir dabei nicht bedachten, war: Die Plattform unserer Beziehung war längst nur noch der Sex. War da je etwas anderes gewesen? Darüber zerbrachen wir uns nie den Kopf. Aber der Moment kam, in dem wir uns darüber Gedanken machen mussten – wie sich bald zeigte.

Rainer brachte den Stein ins Rollen, ich weiß noch ganz genau: Wir lagen mal wieder in der Kiste und spielten ein wenig aneinander herum, als Rainer von diesem Artikel erzählte. Er berichtete, er hätte gelesen, Beziehungen, deren Partner sich beim Sex mehr Freiraum gewährten, würden viel länger halten. Viele Beziehungen scheiterten doch, weil im Bett irgendwann nichts mehr passierte.

Das war bei uns beiden zwar abwegig. Aber, wie gesagt, irgendwann würde der Tag kommen, darin waren wir uns sicher.

Rainer meinte noch: »Wer behauptet, dass zu einer guten Beziehung Treue hinzugehört, liegt völlig falsch. Überhaupt gibt es Monogamie, Treue, dieses ganze Ding namens Partnerschaft, doch erst seit einigen Jahrhunderten.« Damit hatte er nicht ganz Unrecht. Früher war alles ganz anders. Rainer schwärmte, das sei doch eigentlich die Liebe: dem Partner Freiraum gewähren und trotzdem für ihn da sein, sollte er Hilfe benötigen. Freie Liebe für alle!

Ein Jahr ist das jetzt her. Wir genießen beide unsere Freiheit in vollen Zügen. Ob sie Vorteile bringt, weiß ich noch nicht so genau. Ich hatte zum Beispiel kürzlich einen Typen an der Angel, der war nicht nur gut im Bett, sondern hatte auch das gewisse Etwas. Beinahe wäre ich schwach geworden und hätte ihm meine Handynummer gegeben.

Das war der Augenblick, in dem ich meine Beziehung zu Rainer überdachte. Dabei fiel mir zum ersten Mal auf, welche Rolle Sex in unserer Partnerschaft wirklich spielte. Eigentlich erschreckend, dass ich diesen Gedanken zum ersten Mal nach dreieinhalb Jahren unserer Beziehung hatte. Und vor allem: Was ist mit Rainer? Hat er selbst auch schon darüber nachgedacht, was uns beide miteinander verbindet, seit wir es getrennt treiben? Der Unterschied zu vorher ist doch: Rainer und ich treiben es nicht mehr zusammen. Selbst als wir in den Swingerclubs waren und dort mit anderen Frauen oder Männern vögelten, ließen wir uns nicht aus den Augen. Das war eine *gemeinsame* Basis, wenn man so will. Das gehörte zu unserem Spiel hinzu. Dieses Spiel verband uns beide. Es machte mich an, Rainer beim Sex mit anderen zu beobachten. Aber ich wusste auch, wer die andere war, welche Rolle sie spielte. Sie war eine Spielfigur, nicht mehr, nicht weniger. Doch was ist sie jetzt?

Wenn man alles ausprobiert hat, was man je ausprobieren wollte, stößt man an eine Grenze. Es ist ein Trugschluss zu glauben, man könnte dann mit seinem Partner noch einmal von vorne anfangen und alles neu erleben. Das geht nicht, weil es langweilig ist. Man weiß ganz genau, wie der Partner auf etwas reagiert. Das nimmt den Reiz. Was früher kickte, wenn Rainer von einem One-Night-Stand nach Hause kam, regt mich jetzt auf. Vor allem dann, wenn er sich immer wieder mit ein und derselben Frau trifft. Das geschieht in letzter Zeit immer öfter.

# *Bis meine Haut an den Händen aufplatzte*

**Sven, 26**

Meine Vorliebe für Schmerz begann bereits ziemlich früh, ich glaube mit zehn oder elf Jahren. Damals habe ich mir meine Milchzähne selbst gezogen. Das hat ziemlich weh getan und stark geblutet. Das hat mich unheimlich fasziniert. Damals habe ich mich natürlich noch nicht bewusst mit dieser Faszination an Schmerz und Blut auseinandergesetzt. Vielleicht habe ich mir damals einfach nur die Zähne gezogen, weil Kinder so etwas immer machen, sobald die Milchzähne sich lockern und auszufallen drohen. Vielleicht war das aber bereits der Anfang meiner Neigung. Wobei ich nicht unbedingt sagen muss, dass meine Vorliebe für Schmerzen eine Neigung im klassischen Sinne ist. Ich habe bereits als Kind sehr oft den Schmerz zur Bewältigung meiner Aggressionen gesucht. Das war für meine Eltern absolut nichts Ungewöhnliches. Ich rannte als Kind vor Wut mit dem Kopf gegen die Heizung. Ich habe einen Stuhl auf mich fallen lassen oder ich habe mich selbst einfach hingeworfen, damit ich böse stürzte. Solche Scherze eben. Für meine Eltern war es natürlich kein Scherz. Ich weiß nicht, ob sie die Befürchtung hatten, ich hätte einen Knick in der Optik, weil ich laufend vor die Heizung rannte. Zu einem Augenarzt sind sie zumindest nie mit mir gegangen. Nein, ich glaube, meine Eltern nahmen an, Kinder haben einfach solche aggressiven Ausraster. Sie haben sich keine Gedanken darüber gemacht. Oder doch? Ich weiß es nicht. Ich habe nie mit ihnen darüber geredet. Solche autoaggressiven Ausraster gehörten zu mir und sie haben es akzeptiert. Aber sie haben bestimmt nie die Befürchtung gehabt, dass diese selbstzerstörerische Haltung einmal solche Ausmaße annehmen würde. Später habe ich stundenlang gegen die Wand geschlagen, bis meine Haut an den Händen aufplatzte, aber das war mir in diesen Augenblicken völlig egal. Vielleicht war es sogar mein erklärtes Ziel. Ich habe keine Ahnung. So richtige Blackouts waren es aber nicht. Aber die Erinnerung daran verwischt.

Ich hatte früher die Angewohnheit, mit einem ein oder zwei Millimeter dicken Draht in riesigen Tropfkerzen herumzustochern, um sie zum Tropfen zu bringen. Eines Tages, nachdem ich mich mal wieder mit meinen Eltern gezofft hatte, war ich von Wut erfüllt und etwas staute sich in mir auf, was herausmusste, aber nicht herauskam. Also habe ich den heißen, mit Ruß und Wachs verdreckten Draht einfach so, völlig irre, auf meine Hand gedrückt. Und das war einer der Augenblicke, in denen ich bewusst den Schmerz fühlte und wahrnahm, wie sich meine Wut einen Weg nach draußen bahnte. Anschließend war ich beruhigt und entspannt.

Mit 14 oder 15 habe ich mir dann meine erste richtige Brandwunde gesetzt, mit einer Zigarette. Ein Jahr später habe ich begonnen, mir die Arme aufzuschneiden. Dabei habe ich mein Blut entdeckt, wie es in siedendheißen Bahnen über meine Haut lief. Es ist schon ein Unterschied, ob ich mir warme Suppe über die Finger schütte oder warmes Blut den Arm herunterläuft. Das ist noch nicht einmal eine Sache des Empfindens. Wahrscheinlich würde jemand, der keinen Bezug dazu hat oder sich davor ekelt, keinen Unterschied bemerken. Ich finde, es ist eine Sache im Kopf. Weil das Blut mein Batteriesaft ist. Das, was immer in mir ist und was mich antreibt, was mich am Leben hält. Das ist doch geil, oder?

Seitdem wurde das Schneiden für mich zu einem Fetisch oder Ritual, vor allem, wenn ich mich mies fühlte. Früher habe ich mich viel mit meinen Eltern gestritten und mir danach die Arme aufgeschnitten. Einmal habe ich es ihnen gezeigt. Es war ein Schock für sie und sie begannen sich Sorgen zu machen. Sie wollten auch helfen, boten mir Ärzte, Psychiater und was weiß ich an. Ich wollte aber keine Hilfe, vor allem nicht von meinen Eltern. So ist das bei Jugendlichen. Wir haben nie wieder über meine Neigungen gesprochen. Ich denke aber, sie wissen, dass ich es nach wie vor mache. Wenn ich meine Eltern mal drei Tage nicht sehe – was eher selten passiert, da ich im Betrieb meines Vaters arbeite –, rufen sie bei mir an und wollen wissen, wie es mir geht, was ich mache. Ich weiß, im Grunde wollen sie nur wissen, dass da nicht doch ein Schnitt zu tief war. Sie machen sich Sorgen um mich. Auf jeden Fall. Einerseits rührt mich das. Andererseits nervt es, das ist der Nachteil. Naja, was heißt Nachteil. Es ist stressig. Ich habe nämlich überhaupt kein Problem damit, für ein verlängertes Wochenende mal nicht mit meinen Eltern zu telefonieren. Die beiden gehen dann aber am Stock und rufen bereits ein Sondereinsatzkommando ins Leben ... Aber so sind Eltern.

Manche behaupten, ich würde mich dadurch, dass ich mir selbst Schmerz zufüge, bestrafen wollen. Ich glaube, der Schmerz ist keine Selbstkasteiung, die ich mir auferlege, sondern nur so etwas wie Ablenkung. In Situationen, in denen mir alles zu viel wird und der Punkt kommt, an dem ich ausraste, greife ich lieber zum Skalpell, als dass ich meinem Gegenüber eins aufs Maul haue. Das kann ich doch lieber an mir selbst auslassen. Damit mache ich mich nicht strafbar, verletze niemanden außer mich selbst, und wie gesagt, der Schmerz lenkt mich ab.

Wenn ich mich dann schneide, muss es nicht immer ein Skalpell sein. Irgendein altes Messer tut es manchmal auch, von mir aus auch ein stumpfes Messer. Das ist im Grunde egal. Das Geräusch, wenn die Haut aufreißt, ist überwältigend. Genauso wie der Schmerz, der dann Besitz von mir ergreift. Dieser Schmerz ist anders als der Schmerz, den ich empfinde, wenn ich mir den Finger klemme oder so. Es ist ein süßer Schmerz. Der Schmerz ist natürlich intensiver, aber er ist befriedigend. Deswegen muss ich mich auch nicht unbedingt immer scheiße fühlen, um an mir herumzuschneiden. Das ist unterschiedlich. Ich glaube, ich habe in den letzten Jahren gelernt, bewusster und damit vernünftiger umzugehen. Früher war es nur Aggressionsbewältigung, inzwischen ist es auch Lust und Befriedigung. Ist es auch Langeweile? Weiß ich nicht. Manchmal Lust, manchmal Neugierde. Manchmal eben auch Langeweile. Manchmal onaniert man ja auch, weil man gerade nichts Besseres zu tun weiß.

So kann es passieren, dass ich mich drei Mal die Woche schneide. Es kann aber auch sein, dass es nur drei Mal im halben Jahr geschieht. Ich mache es ... regelmäßig würde ich noch nicht einmal behaupten. Ich schneide mich, sobald ich Bock darauf habe. Wie ich schon sagte, Lust. Ich möchte es gar nicht verleugnen, inzwischen spielt die sexuelle Komponente eine nicht ganz unwichtige Rolle.

Es macht mich geil. Es törnt mich an. Das heißt jetzt nicht, dass ich nur auf Schmerz und Blut stehe. Ich kann auch ganz normalen Sex haben, ganz normalen Blümchensex. Das ist wurst. Schmerz und Blut sind noch kein Muss. Aber sie sind eine nette Komponente. Die einen spritzen beim Sex gerne mit Sperma herum, die anderen, so wie ich, spielen mit Blut. Das ist abgefahren. Kürzlich habe ich versucht, Blut beim Sex mit meiner Freundin einzubinden. Ich bin jetzt seit zwei Jahren und ein paar Tagen mit meiner Freundin zusammen. Natürlich wusste sie über meine Neigungen Bescheid. Ich glaube, wenn man mich kennenlernt, merkt man recht schnell, dass ich ein verrückter Typ bin und – wie jeder andere auch – Vor- und Nachteile habe. Ich sprach mit ihr über das Schneiden und zeigte ihr meine Narben. Sie dachte nicht weiter drüber nach. Sie sagte: »Es wird schon nichts passieren.« Und das Thema war erst einmal abgehakt. Als wir uns aber das erste Mal stritten und ich mir die Arme aufschnitt, fand sie es überhaupt nicht mehr toll. Es war scheiße für sie, ganz einfach. Und für mich war es normal. Über die Jahre war es nicht unbedingt normal geworden, aber es war ein Teil von mir, worüber ich nicht weiter nachdachte. Das fand sie nicht toll, aber sie akzeptierte es. Und dann kam die Sache mit dem Sex. Ich habe ihr die Augen verbunden, ihr ein Skalpell in die Hand gedrückt und es auf meinen Arm angesetzt. »Weißt du, was du in der Hand hast?«, fragte ich sie.

»Nein«, sagte sie. Ich glaube, sie konnte es sich aber denken, schließlich hatte sie das Messer kurz zuvor noch auf dem Tisch liegen sehen. Ich erklärte ihr: »Wenn du das jetzt loslässt, dann schneidest du mich.«

Sie lehnte ab, mich zu schneiden. Daraufhin nahm ich ihre Hand und schnitt mich selbst. Zu meiner Verwunderung – zu ihrer auch – fuhr das Messer ziemlich tief in die Haut. Es hat geblutet wie Sau. Es war aber ein irres Gefühl, als der Saft an meiner Haut hinablief. Später sprachen wir darüber und ich merkte, dass sie ein Problem damit hatte. Seitdem weiß ich, ich möchte das, was ich damals mit meiner Freundin machte, nicht noch einmal mit

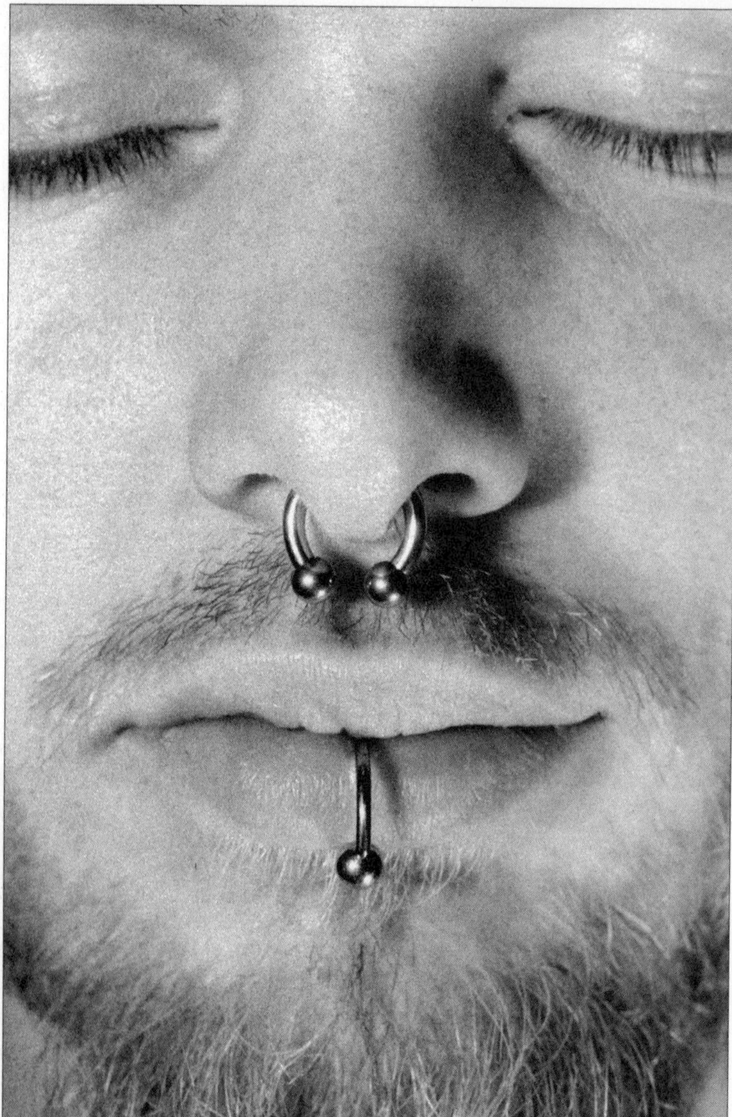

*Sven steht auf »Löcher, Schneiden und solche Sachen«.*

ihr machen. Ich habe ihr damit wehgetan. Das wollte ich nicht. Ich dachte, ich könnte sie dafür begeistern. Das war aber nicht der Fall. Wir redeten danach noch einmal über meinen Fetisch. Sie blieb dabei, es gefiel ihr nicht. Sie akzeptierte es, aber es gefiel ihr nicht. Und zwar nicht nur, weil sie die Narben, die sich bilden, nicht schön findet. Ich glaube, sie hat Angst, dass einmal der Tag kommt, an dem ich zu tief schneide und etwas passieren könnte. Sie weiß, dass das Schneiden manchmal wie ein Zwang für mich ist. Ich muss es machen, vor allem, wenn Alkohol im Spiel ist. Das heißt, wenn ich Alkohol trinke, viel Alkohol, und mich dann mit meinen Eltern oder mit meinen Freunden oder mit sonst irgendjemandem streite und dadurch in Stress gerate, dann ist das Schneiden für mich eine Sache, die mich im Suff herunterbringt, weg von den Scheißgedanken. Dann *muss* ich es tun. Meistens wird es sehr extrem. Es bleibt nicht bei einem tiefen Schnitt, sondern es werden fünf oder zwölf oder noch mehr. Ich weiß, ich übertreibe dann völlig. Wenn es sogar 20 oder 25 Schnitte sind – heftig! Aber das ist für mich kein Zeichen dafür, dass ich nicht mit dem Schneiden, sondern dass ich nicht mit Alkohol umgehen kann. Ich trinke gerne meine ein, zwei Bierchen. Das soll jetzt nicht heißen, dass ich ein Alkoholiker bin. Im Gegenteil, Alkohol ist für mich kein Muss. Wahrscheinlich vertrage ich nur nicht viel.

Solche Situationen unterscheiden sich von denen, in denen ich mich aus Lust oder aus Langeweile schneide. Dann schaffe ich mir ein angenehmes Ambiente, indem ich meine Ruhe habe. Kerzen, Räucherstäbchen, schöne Musik. Das ist in solchen Momenten das Wichtigste. Ruhe. Damit ich es voll und ganz genießen kann.

Wenn ich mich jedoch im Streit schneide, gehe ich gröber mit mir um und auf keinen Fall so bewusst. Ich bin in solchen Momenten auch wesentlich unempfindlicher. In solchen Momenten möchte ich mir damit auch so richtig wehtun. So sehr, dass es nicht mehr schön ist. So sehr, dass ich im Nachhinein sogar Angst bekomme.

Wenn Alkohol im Spiel ist, dann überschreite ich Grenzen. Grenzen, die ich dann aber auch übertreten möchte. Sobald ich wieder

*An die traditionellen Riten der Urvölker möchte Sven anknüpfen.*

nüchtern bin, ärgere ich mich, nicht darüber, dass ich mich so viel und zu tief geschnitten habe, sondern darüber, dass ich getrunken habe. Weil das Schneiden dadurch nicht den Effekt bekommen hat, den es eigentlich haben sollte. Wenn ich mich im nüchternen Zustand schneide, ist es für den Augenblick okay, weil es mir geholfen hat. Wenn ich es im betrunkenen Zustand mache, dann weiß ich, dass der Alkohol schuld daran ist, dass ich mich schneide.

Ich habe noch ein paar Mal mit meiner Freundin darüber gesprochen. Obwohl wir nicht viel reden, aber darüber schon. Sie sagte mir: »Ich möchte nicht noch einmal sehen, dass du dich schneidest. Das musst du mir versprechen!«

Ich sagte ihr: »Das habe ich bereits so vielen Menschen versprochen. Ich habe mir schon so oft vorgenommen, es nicht mehr zu tun, aber ich kann mich nicht dagegen wehren, die Leidenschaft kommt immer wieder durch. Das ist unkaputtbar.«

Seitdem haben wir dieses Thema nicht mehr angesprochen. Ich glaube, wenn ich Hilfe haben wollte, würde sie mir helfen. Aber sie weiß auch, dass ich sie nie fragen würde. Sie bot mir bereits einmal Hilfe an. Darauf erwiderte ich, es mache keinen Sinn zu helfen. Sie war ziemlich schockiert. Ich bleibe dabei, ich brauche keine Hilfe. Das Schneiden ist ein Teil meiner Persönlichkeit. Inzwischen trete ich damit ja sogar öffentlich auf. Meine Piercerin Andrea, die mir meinen Intimschmuck stach, ist ziemlich heftig drauf, sie macht solche Sachen wie Brandings oder Implants. Eines Tages sagte sie zu mir: »Sven, setz dich mal hin.« Bevor ich mich versah, hatte sie mir eine lange Kanüle durch die Haut auf der Brust geschoben und fertig. Das war irre. Ich denke, Andrea hatte die paar Male, die ich bei ihr war, um mir meine Brustwarzen und den Prinz Albert machen zu lassen, mitbekommen, dass ich auf Löcher, Schneiden und solche Sachen stehe. Und sie war nicht abgeneigt, meiner Leidenschaft noch ein wenig nachzuhelfen. Woraufhin ich sie fragte, ob sie mir nicht einfach mal einen Backenspieß setzen könnte. Was sie machte. Ich wusste, sie veranstaltete auch Piercing- und Body-Mod-Performances und ich fragte sie, ob ich nicht einfach mal mitmachen dürfte. Es interessierte mich zu sehen, wie das Publikum auf mein Blut reagieren würde. Ich befürchtete allerdings, dass ich noch zu jung wäre und sie meinen Wunsch abschlagen würde. Im Gegenteil. »Klar«, meinte Andrea, »kein Thema. Aber Geld kann man damit nicht verdienen.«

Das war mir völlig egal. »Ich mache es auch ohne Kohle. Es ist für mich selbst. Ich mache es ja auch zu Hause, und da verdiene ich auch nichts ...«

Danach ging alles ziemlich schnell. Vor dem ersten Auftritt sah ich mir Bilder anderer Shows an. Ich fragte Andrea, was sie von mir erwarten würde. Sie fragte mich, worauf ich Bock hätte. Keine Spur von Zwang oder Stress. Ich wollte, dass das Blut träufelt, mir zwei Nadeln pro Augenbraue und einen Backenspieß setzen lassen. Alles war entspannt und ich denke, ich meisterte die Herausforderung mit Bravour. Es war ein cooles Gefühl, auf der Bühne zu stehen und zu säften. Der Schmerz, das Adrenalin und die Energie, die durch mich hindurchströmten, versetzten mich in Trance. Dieser Zustand war einmalig, seltsam entrückt und trotzdem verdammt nahe am Geschehen. Nach der Vorstellung musste ich alles erst einmal verdauen: Was hatte ich eigentlich während der Performance gedacht? Was hatte ich gefühlt? Ich sah mir den Film an, der dabei gedreht worden war. Es war, als wäre es nur ein Film und der Typ, der da stand und blutete und aussah wie ich, nicht wirklich ich. Ich weiß nicht, wie oft ich mir den Film angesehen habe, nur langsam kehrte die Erinnerung zurück. Zum Beispiel an den Augenblick, als Andrea den Backenspieß falsch herum setzen wollte, aber auf Biegen und Brechen nicht durch meine Wangenhaut kam. Ich erinnere mich, wie sie sagte: »Oh!« Und ich meinte: »Kann es sein, dass das die falsche Seite ist?« Sie hatte die ganze Zeit mit der stumpfen Seite zu stechen versucht. Aber das habe ich überhaupt nicht mitbekommen.

Was ich allerdings mitbekam, waren die Reaktionen des Publikums. Diese konnten unterschiedlicher nicht sein. Teilweise waren die Leute geschockt, teilweise ... *aggressiv* will ich nicht behaupten, aber angriffslustig, als würden sie jeden Augenblick rufen wollen: »Du bist total krank. Du bist verrückt. Dich sollte man einsperren.« Die Wenigsten kamen anschließend auf mich zu und sagten: »Das war geil!« Ich glaube, dass der Großteil der Leute trotzdem Respekt vor meiner Aktion hatte. Aber nicht, weil sie glaubten, es sei cool, sondern weil sie sich vorstellten, sie würden selber den Schmerz fühlen ... Ich komme mir in so einem Moment verrückt vor, durchgeknallt – und bin stolz darauf, dass ich es mir traue und die Leute schockieren und ihre entsetzten Gesichter sehen kann. Das ist quasi mein Spaß am Leben.

Ich bin aber auch stolz darauf, dass ich meine Grenzen bewusst überschreite und das verkrafte. Wobei es auch Grenzen gibt, die ich definitiv nicht überschreiten werde. Zum Beispiel möchte ich nicht nackt auf der Bühne stehen. Weil mir das intimer als Blut ist. Wahrscheinlich klingt das paradox. Denn ich blute auf der Bühne, was für mich ein erotischer Akt ist, da ich es gerne in mein Sexspiel einbinde. Das wäre sehr intim. Aber nackt auf der Bühne stehen möchte ich nicht. Wenn ich nackt auf der Bühne stehe, erwartet der Zuschauer, dass etwas mit mir und meiner Nacktheit geschieht. Wenn ich auf der Bühne stehe, dann will ich auch etwas mit den Zuschauern machen, sie faszinieren, schockieren, beeindrucken. Aber eben nicht mit meiner Blöße. Ich hätte auch keine Lust, meinen Prinz Albert an ein Brett festnageln zu lassen, wie es andere tun. Das wäre mir zu intim.

Ich möchte mich aber auf jeden Fall einmal aufhängen lassen, so richtig mit Haken durch die Haut am Rücken und hoch. Das muss ein geiles Gefühl sein. Mit einem Backenspieß und Nadeln in den Augenbrauen fühlte ich mich so befreit und losgelöst – wie muss ich mich da erst einmal fühlen, wenn ich hänge? Wenn Andrea mich beim ersten Mal gefragt hätte, ob ich hätte hängen wollen, ich hätte es sofort gemacht. Aber sie fragte mich nicht. Also werde ich warten. Beim nächsten Mal, das weiß ich, möchte ich aber auf jeden Fall sechs Nadeln pro Augenbraue. Einen Backenspieß sowieso. Es ist einfach ein geiles Gefühl – alles was pikt. Ich würde mich auch gerne auf ein Nagelbrett legen wollen oder Feuer spucken ... Also so etwas wie eine rituelle Fakir-Show.

Eine rituelle Fakir-Show wäre etwas, was mich faszinieren würde. Back to the roots. In unserer Gesellschaft ist das Rituelle solcher Performances doch längst verloren gegangen. Für uns ist das heute eine andere Welt. Bei den Urvölkern und Naturstämmen dagegen kräht kein Hahn danach, wenn sich die Leute mit Nadeln versehen, Brandwunden zufügen, Piercings setzen oder die Haut mit Tätowierungen schmücken. Das ist alltäglich bei ihnen, ein Ritual, das Kraft, Mut, Tradition und gleichzeitig Fortschritt symbolisiert. Es hat nichts mit Mode zu tun oder mit Schockieren. Die Menschen wollen nicht damit auffallen, sie wollen bewusster leben. Je mehr ich mich damit auseinandersetze, umso mehr glaube ich deshalb zu erkennen, dass meine Neigungen eben nicht nur eine Leidenschaft sind, sondern eine Chance für mich. Damit wir uns richtig verstehen: Ich versuche nicht, das Schneiden, Bluten oder Stechen mit einem Alibi zu versehen, damit ich in Zukunft kein schlechtes Gewissen mehr haben muss. Ich habe es nicht. Ich habe viele Dinge gemacht, die bestimmt Scheiße waren. Ich kann es nicht ändern. So wie es gekommen ist, ist es gekommen. Aber es hat mich geprägt und zu dem gemacht, der ich heute bin. Ich meine es ernst: Mich fasziniert diese Welt und es wäre schön, wenn ich ihr mit meinen eigenen Performances ein Stück näherkommen könnte. Dabei sind Geilheit, Freude oder Geld völlig unwichtig. Stolz ja. Und das Bewusstsein, etwas sehr Gewaltiges zu erleben und dabei sich selbst ein Stück näherzukommen.

Manchmal denke ich: »O Mann, warum habe ich so etwas nicht schon früher gemacht? Was habe ich da bloß alles verpasst?« Im Grunde habe ich aber nichts verpasst. Denn ich erlebe es jetzt und nicht etwa vor zwei Jahren. Ich bin noch jung und habe Zeit genug. Ich will dieses Jahr nach Afrika fliegen und versuchen, ein wenig vom alten Geist atmen zu können. Wenn ich an den traditionellen Riten der Urvölker teilnehmen könnte, würde ich mich freuen. Aber ich glaube nicht, dass ich dort hingehöre.

# *Ein Unternehmer, der Single ist, schürt keinen Verdacht mehr*

**Herbert, 39**

*Unternehmer*

Als ich 17 war, ergab es sich, dass ich in einer der Kneipen, in denen ich mit meinen Kumpels unterwegs war, einer Angestellten meines Vaters über den Weg lief. Noch am gleichen Abend landete ich mit ihr im Bett. Sabine war fünfzehn Jahre älter und besaß dementsprechend mehr Erfahrung. Von der Sekunde an, in der wir ihre Wohnung betraten, übernahm sie die Führung. Mich als Jugendlichen faszinierte dies natürlich ungemein. Welcher junge Mann träumt nicht davon, einmal von einer reifen Frau vernascht zu werden? Ich wehrte mich also nicht dagegen, ließ es wie selbstverständlich mit mir geschehen, in großer Erwartung der Dinge, die sie mir nun folgend zeigen würde. Sie besaß genaue Vorstellungen davon, wie sie es mit mir treiben wollte. Gefesselt zu werden, war dabei nicht wirklich etwas Neues für mich; das hatte ich bereits mit der einen oder anderen Freundin ausprobiert, wenngleich es stets nur eine nette Beigabe war, das unseren pubertären Spielchen einen Hauch des Verruchten verlieh. Sabine allerdings riss mir förmlich die Kleider vom Leib, was mich ungemein erregte, und bevor ich mich versah, war ich nackt an ihr Bett gefesselt. Das war die erste Überraschung. Die zweite folgte gleich darauf. Sabine verließ das Zimmer und ich blieb auf ihrem Bett zurück, nackt und regungslos. Selbst meine Erregung ging flöten, so verwirrt war ich im ersten Augenblick. Nach einigen Minuten kehrte sie ins Schlafzimmer zurück. Sie dämpfte das Licht, aber nicht so sehr, dass ich nicht mitbekam, dass sie ihre Straßenkleidung gegen ein Straps-Top aus Lack und mit vielen Metallverschlüssen gewechselt hatte. Sie wirkte in diesem Outfit noch älter, auch strenger und irgendwie ... hemmungsloser. Anders könnte ich es nicht bezeichnen.

Natürlich hatte ich derartige Kleider bereits in Zeitschriften gesehen und ich kann nicht verschweigen, dass mich derartiger Anblick auch stimulierte. Aber die Mädels, mit denen ich bis zu jenem Tag gegangen war, um ein solches Outfit zu bitten, war mir nie in den Sinn gekommen. Irgendwie hätte das auch nicht wirklich zu den albernen Girlies gepasst, die ich täglich in der Schule zu Gesicht bekam.

Bei Sabine dagegen war das etwas anderes. Es war zwar ein ungewohnter Anblick, denn schließlich kannte ich sie als Blazer tragende Angestellte meines Vaters, aber das Latexbustier passte ihr, nicht nur, weil es sich wie eine zweite Haut an ihren Körper schmiegte. Sie strahlte Routine aus, eine von der Sorte, die keineswegs kühl und erstarrend wirkt. Ich glaube, sie wusste ganz genau, wie ihre Wirkung auf mich war. Und falls sie es nicht wusste, auch nicht weiter schlimm, meine unteren Körperregionen schickten sich an, schon bald Aufschluss über mein Wohlbefinden zu geben. Das, was sie sah, schien ihr zu gefallen. Sie stieg zu mir aufs Bett und ich bemerkte, dass ihre Füße in Highheels steckten, die Absätze hatten, dass mir allein bei dem Gedanken daran, damit laufen zu müssen, ganz schwindlig wurde. Sie beugte sich zu mir hinab und stellte mir eine Frage: »Weißt du, was ich mit dir vorhabe?«

»Du willst mich ficken!«, sagte ich, weil es das war, was ich meinte zu wissen.

Klatsch! Ich schrie erschrocken auf, nicht einmal wegen des Schmerzes, der harmlos war, sondern wegen des überraschenden Hiebes, den sie mit ihrer flachen Hand auf meinen erigierten Schwanz ausführte. Damit hatte ich nicht gerechnet. Ich sah sie irritiert an. Tage später überdachte ich diesen Moment noch einmal und mir fiel auf, wie gezielt ihr Schlag gewesen war; überraschend zwar, aber so gezielt, dass er keine Schmerzen auslöste.

»Nein«, erklärte sie. »Ich werde dich nicht ficken!«

Jetzt war ich völlig verwirrt und ich spürte, wie mein Glied bereits wieder zum Tiefflug ansetzte. Bevor es auf der Matratze aufschlug, fing Sabine es auf, umschlang es mit ihrer Hand und hielt es hoch.

»Ich will mit dir spielen!«, sagte sie. Ich wusste keine Antwort darauf, und irgendwie wollte ich auch keine geben, nicht bevor ich wusste, dass meine nächste Äußerung nicht noch einen weiteren Hieb provozieren würde. Sie schien um meine Befürchtungen zu wissen und ließ meinen Penis los. Er fiel schlaff hinab. Latexbustier hin, Highheels her, das Gefühlschaos der letzten Minuten ließ mich in meiner Rolle alles andere als wohlfühlen.

»Möchtest du, dass ich nicht mit dir spiele?«, fragte sie. Ich schwieg und tausend Gedanken stürmten auf mich ein. Ich zog sogar die Möglichkeit in Betracht, alles wäre gar kein Spiel, sondern die bitterböse Rache einer Angestellten am Sohn des verhassten Chefs. Ich verwarf den Gedanken, denn mein Vater war ein guter Chef, das wusste ich. Ich vergaß den Gedanken, als sie fortfuhr: »Dann werde ich dich auf der Stelle losbinden. Vielleicht ficken wir noch kurz, aber das war's. Wenn du allerdings möchtest, dass ich mit dir spiele, dann antworte mir mit einem schlichten ›Ja‹. Ich werde nichts tun, was dir nicht gefällt. Aber du wirst mir ausgeliefert sein.«

Weiß der Teufel, was mich in jenem Augenblick trieb. Vielleicht war es ihr Busen, der über die engen Schalen ihres Bustiers zu wogen drohte und mir klarmachte, was ich mir möglicherweise entgehen ließ. Vielleicht war es das Piercing über ihrer Scham, das im Kerzenschein verheißungsvoll funkelte. Vielleicht waren es ihre Augen, deren Sanftheit mich in Sicherheit wiegte und mir Vertrauen einflößte. Ich weiß es nicht. Ich weiß nur, dass ich »ja« sagte und damit mein weiteres Schicksal besiegelte. Und zwar nicht nur für diese eine Nacht. Die Nacht, die ich mit ihr verbrachte, war für mich so etwas wie ein Aha-Erlebnis. Später fragte ich mich, ob sie wohl vorher schon gewusst hatte, wie empfänglich ich auf ihre Spiele reagieren würde. Wenn dem so war, woher wusste sie es? Stand es mir auf der Stirn geschrieben? Ich fragte sie nicht danach. Ich sah Sabine noch einige Male im Betrieb meines Vaters, allerdings wechselten wir dabei außer einer kurzen Begrüßungsfloskel kein Wort miteinander. Wir taten, als wäre nie etwas passiert. Irgendwann war mir das auch egal, denn mittlerweile war ich mit mir selbst oder vielmehr mit meiner neuen Art von Sexualität ausreichend beschäftigt.

Ich stellte fest, dass mich normaler Sex immer weniger interessierte. Ich wünschte mir, dass Frauen mich wie Sabine mit aller Macht benutzten. Das erregte mich ungemein und ich wollte es wiederholt erleben. Ich setzte mich mit diesen Wünschen jedoch nicht weiter auseinander. Hätte ich es getan, wäre mir vielleicht vieles erspart geblieben und ich hätte von Beginn an einen Weg eingeschlagen, den bereits andere vor mir beschritten hatten und der deshalb unkompliziert war. So allerdings blieb meine Neigung vorerst ohne Namen und ich wünschte mir nur immer wieder, gefesselt, beschimpft, bestraft und auf meine Genitalien geschlagen zu werden. Allerdings war es nicht einfach, in meinem Umfeld ein Mädchen zu finden, das diese Neigungen teilte, geschweige denn akzeptierte. Für die meisten Mädchen in meinem Alter waren, so musste ich enttäuscht feststellen, die Partnerschaft, das romantische Candlelight-Dinner und der Kuschelsex das erstrebenswerteste Ziel. Also dachte ich anfangs, ich täte gut daran, die Mädels erst einmal nicht mit meinen Neigungen zu konfrontieren und sie, einmal für mich gewonnen, Stück für Stück mehr mit meinen bevorzugten Praktiken vertraut zu machen. Für mich bedeutete dies allerdings, große Opfer zu erbringen. Ich musste anfangs Sex praktizieren, wie ich ihn eigentlich nicht praktizieren wollte, nur mit der Hoffnung verbunden, das Mädchen würde schon irgendwann mein Anliegen verstehen. Ich gebe zu, in den meisten Fällen war das Opfer vergeblich. »Du bist doch pervers«, hieß es dann und die Freundin war schneller verschwunden, als sie gekommen war.

Daher beschloss ich, Mädchen, die ich kennenlernte, sofort in meine Pläne einzuweihen. Was zur Folge hatte, dass die meisten erst gar nicht mehr mit mir ins Bett gingen. Es gab zwei, drei Mädchen, die es auf einen Versuch ankommen ließen, weil sie neugierig waren. Als ich dann allerdings immer mehr forderte, waren sie *über*fordert. Erschwerend kam hinzu, dass die Mädels ihren Freundinnen von mir berichteten, so dass ich schon bald als der »seltsame Typ« galt. Irgendwann begann ich selbst daran zu glauben, dass ich pervers und abartig war und machte mir Sorgen, was wohl mit mir in Zukunft passieren würde: Psychiater? Irrenanstalt? Gefängnis? Es war schwer, einen klaren Gedanken zu fassen. Auf der einen Seite war das Drängen, meinen dunklen Phantasien endlich eine fassbare Realität zu bieten, auf der anderen das Gefühl, diese Probleme, die sie offensichtlich waren, endlich in den Griff zu bekommen. Heute weiß ich, mein größtes Problem zu jener Zeit war: Ich hatte niemanden, mit dem ich darüber reden konnte. Es gab niemanden in meinem Umfeld, der ähnlich veranlagt war wie ich und daher Verständnis hatte. Und meine Eltern, die beide auf die 60 zugingen – ich war eine Spätgeburt –, wollte ich damit auch nicht belasten. Vor neun Jahren ist mein Vater gestorben, vor drei Jahren meine Mutter. Beide haben nie von meinen Neigungen erfahren.

Mit meinen damals 18 Jahren war ich so verzweifelt, dass ich eines Tages dachte: »Für jedes Wehwehchen gibt es in Deutschland Selbsthilfegruppen, also muss es doch auch Menschen wie mich geben, die ihre Probleme gemeinsam lösen.« Zum ersten Mal begann ich mich wirklich mit meiner Sexualität auseinanderzusetzen, auch wenn es aus anderen Beweggründen geschah: Ich wollte nicht weiter in die Tiefe, sondern ich wollte zurück an die Oberfläche, ohne wirklich zu wissen, ob es mir dort oben noch gefallen würde. Ich glaubte zu wissen, dass es mir gefallen musste, denn oben war es normal. Hier unten war es pervers.

Dabei entdeckte ich, dass es tatsächlich Menschen wie mich gibt, diese sich aber nicht treffen, um Probleme zu lösen, sondern nur, um ihre Sexualität zu leben. Das war zwar in gewisser Weise eine Erleichterung, löste aber mein Problem noch nicht wirklich. Zu tief waren Selbstzweifel und Angst. Vorsichtig antwortete ich auf einige der Anzeigen, die in den Zeitschriften aufgegeben worden waren, nicht, um Erleichterung, sondern einzig um Gesprächspartner zu finden. Viele, die auf mein Schreiben reagierten, sahen in mir einen hoffnungsvollen Anfänger, den sie zu ihrem Sklaven heranzüchten konnten. Davon hielt ich Abstand. Andere boten mir ein zwangloses Gespräch an und erklärten, sie könnten sich sehr wohl an ihren eigenen Einstieg, die Verzweiflung und die Ängste erinnern. »Wenn wir dir diese ersparen können, helfen wir dir gerne.« Sie erzählten mir, wie sie ihre Neigungen entdeckt hatten und wie sie sie heute lebten, ohne dass sie sich um Perversität, Abartigkeit oder andersartige Vorurteile anderer Menschen scherten. Einige meiner Gesprächspartner waren sogar renommierte Geschäftsleute und Unternehmer. Sie gaben mir einen Namen für meine Leidenschaft: BDSM. Oder konkreter: Masochismus. Je mehr ich in Erfahrung brachte, umso mehr wurden mir meine Selbstzweifel genommen. Irgendwie paradox. Ich wurde selbstbewusster, ging zunehmend selbstsicherer mit meinen Neigungen um, und diese bestanden daraus, mich beim Sex erniedrigen zu lassen. Ja, ich bin ein Masochist.

Ich selbst schaltete eine Anzeige und lernte daraufhin eine Frau meines Alters kennen, die sich als dominant bezeichnete. Michaela hatte bereits einige Erfahrungen und suchte einen Masochisten, gerne auch Anfänger, der sich ihrer gefühlvollen Behandlung unterziehen wollte. Ihr Brief klang vielversprechend und ich beschloss, es darauf ankommen zu lassen. Wir trafen uns, waren einander sympathisch und begannen ein Spiel. Es war wie ein riesiger Knoten, der sich nach Monaten der Anspannung endlich löste. Grenzenlose Erleichterung. Michaela fesselte mich nackt, ließ mich eine Stunde oder länger neben sich knien, versohlte mir danach den Hintern, band mich in kunstvolles Bondage, befestigte Klammern an meinen Brustwarzen und beschwerte diese mit Gewichten. Wenn ein Ton des Leidens über meine Lippen kam, verpasste sie mir eine Ohrfeige. Die ersten Male war das schwer zu begreifen für mich, doch je weiter unser Spiel fortschritt, umso mehr begriff ich, dass die Ohrfeigen ein Teil des Spieles waren. Das Spiel faszinierte und erregte mich.

Auch außerhalb der Spiele verstand ich mich mit Michaela hervorragend und ich blieb für fast zwei Jahre mit ihr zusammen. In dieser Zeit gingen wir gemeinsam auf Entdeckungsreise. Wir besuchten SM-Clubs und einige SM-Partys und ein paar Mal lernte ich die Freude kennen, die es mir bereitet, mich gemeinsam mit einer anderen Sklavin meiner Herrin auszuliefern. So weit war ich inzwischen. Michaela war – zumindest wenn wir unsere Sessions hielten – meine Herrin. Das gehörte zum Spiel, dagegen hatte ich nichts einzuwenden. Die Phantasie meiner Herrin war grenzenlos. Weil wir beide noch Studenten waren, blieben unsere Mittel für echte Utensilien beschränkt. Meine Herrin entdeckte stattdessen, wie viele wunderbare Dinge man mit Haushaltsgegenständen machen kann. Ihre Lieblingsgegenstände waren Kerzen, mit denen sie heißes Wachs auf meine Brustwarzen und Genitalien tropfen ließ, ein Staubwedel aus Federn, ein Rührlöffel zum Hinternversohlen, Plastikfolie zum Einwickeln, Wäscheklammern, mit denen sie meinen Penis und die Hoden »dekorierte«, ein Thermometer, das sie in meine Harnröhre schob. Die Liste ließ sich endlos fortsetzen.

Nach zwei Jahren trennten wir uns. Die Pfeiler unserer Beziehung waren die Neigungen, die wir gemeinsam lebten. Jetzt, da wir alles entdeckt hatten, wozu wir miteinander bereit waren, fehlte die Basis. Ich wollte weiter, sie nicht. Sie wollte switchen, ich nicht. Zwangsläufig kam die Trennung.

Die Zeit danach lernte ich begreifen, wieviel Glück ich mit Michaela hatte. SM-Clubs bieten Frauen nicht umsonst kostenlose Teilnahme, während Männer zahlen müssen, weil ungefähr zehn Männer auf eine Frau kommen, manchmal noch mehr. Neun dieser zehn Männer sind noch dazu unterwürfig oder masochistisch veranlagt. Jede Frau, die bereit ist zu züchtigen, kann vielleicht Hunderte von Männern haben. Meine Suche nach einer Frau, die bereit war, es weiterhin mit mir zu versuchen, blieb ergebnislos. Jetzt verstand ich auch, warum es so viele Dominas gibt. Der Markt der devoten und schmerzlüsternen Männer muss befriedigt werden. Inzwischen arbeitete ich im Betrieb meines Vaters mit Aussicht, schon bald die Firma zu übernehmen, und besaß ein finanzielles Polster, das mir den Besuch bei professionellen Damen erlaubte. Denn auf meine Spiele wollte ich nicht verzichten.

Jetzt gibt es freilich Menschen, die den Kopf schütteln über die Bereitschaft, sich die Lust bei einer Prostituierten befriedigen zu lassen. Aber abgesehen davon, dass es so viele andere Männer auch tun, finde ich, der Besuch bei einer Domina ist mit dem bei einer gewöhnlichen Prostituierten nicht zu vergleichen. Nicht umsonst lehnen es Dominas in der Regel ab, mit Huren auf eine Stufe gestellt zu werden. Dominas bieten schließlich keinen gewöhnlichen Sex, meist bekommt der Kunde den nackten Körper der Domina nicht einmal zu Gesicht. Denn es geht nicht um den Austausch von Körperflüssigkeiten, um profanen Sex, es geht um ein Spiel, das Domina und Kunde gemeinsam inszenieren. Ein Spiel, das ich so viele Male zuvor mit Michaela durchführte. Warum also nicht auch mit einer Domina?

Ich lernte die professionelle Atmosphäre in den SM-Studios sogar zu schätzen. Das Ambiente, das Michaela und ich uns in unserer Wohnung geschaffen hatten, nahm sich dagegen dermaßen laienhaft aus. Wir waren immer darauf bedacht, unsere Utensilien beim überraschenden Besuch von Freunden und Familie schnellstmöglich verbergen zu können. An den Haken an der Decke im Schlafzimmer hingen Blumentöpfe mit Kletterphilodendron, also Pflanzen, die hinabwuchsen. Der Bock wurde tagsüber als Tischbein in der Küche verwendet. Solche Sachen eben. In ein Studio zu gehen war dagegen wie in eine andere Welt einzutauchen. Ich tauschte Identitäten. Sobald ich durch die Tür das Studio betrat, war ich nicht mehr Herbert der Unternehmer, sondern Herbert der Sklave, der bereit war zu leiden.

Ich erreiche Ekstase durch Schmerz. Nicht durch Erniedrigung. Erniedrigung, verbal und körperlich, ist eine starke Komponente des SM, besonders auf der Ebene Herrin und Sklave. Manchmal wird von den Unterwürfigen verlangt, durch das Zimmer zu kriechen, wobei sie ein Halsband tragen, oder nackt vor anderen Leuten zu stehen, wobei ihre Genitalien unbedeckt zur Schau gestellt werden. Ich habe mal in einem Buch von einem männlichen Sklaven gelesen, dessen Herrin es liebte, im Hof ihres Vororthauses mit ihm »Hund« zu spielen. Er, in Ledersuspensorium und Halsband, jagte auf allen vieren dem Ball hinterher, den sie für ihn warf, nahm ihn mit dem Mund auf und legte ihn vor ihre Füße. Ein anderer Sklave beschrieb in dem Buch, wie seine Herrin gerne mit ihm – er an Halsband und Leine – in einem Vorort spazieren ging, wo ein solches Verhalten erstaunte, erniedrigende Blicke hervorrief. Das alles hat wenig mit Schmerz zu tun. Das ist Erniedrigung, Unterwürfigkeit oder Devotion.

Das alles interessiert mich nicht. Damit kann ich wenig anfangen. Für mich entsteht die Erniedrigung oder Devotion durch meinen Masochismus, also durch Schmerz, den man mir und meinem Körper zufügt. Zum Beispiel durch Kerzenwachs, Bondage, Folienwickel, Analdildos. Kürzlich habe ich auch Nadeln an mir setzen lassen. Was ich dabei feststelle, ist, ein Orgasmus verliert immer mehr an Bedeutung. Geschlechtsverkehr sowieso. Es gibt einige Anhänger des SM, die der Ansicht sind, das Zufügen von Schmerz würde sie und ihren Partner auf eine höhere spirituelle Ebene bringen, als es der Rest von uns erlebt. Sie reden mit Ehrerbietung von SM, beinahe als handele es sich um eine Religion. Das halte ich für ein wenig übertrieben.

Ich glaube, die Form von Sex, die ich oder andere SM-Praktizierende genießen, ist einfach *anders*, aber nicht so anders, dass wir uns von anderen Menschen, die nur Kuschelsex mögen, besonders oder gar geistig abheben. Das hätte ansonsten sehr viel mit Kategorisierung zu tun. So wurde ich behandelt, als ich meine Neigungen entdeckte und andere sie nicht akezptierten. Warum sollten wir also andere, die wir nicht verstehen, ähnlich behandeln? Es würde nur noch fehlen, dass wir die, die Kuschelsex praktizieren, als »anders«, »abartig« oder »pervers« bezeichnen ... Ich finde: Egal was man hat, es ist Teil der Persönlichkeit. Man hat's, oder man hat's nicht. Und ich habe den Masochismus in mir. Ich liebe den Schmerz um seiner selbst willen. Natürlich gibt es auch die Herausforderer, die gegen ihre Herrin rebellieren, um ihre eigenen Grenzen und ihre Fähigkeit, ihn zu dominieren, zu testen. Ich habe mal von einem Mann gehört, der mehr Schmerz erleiden wollte, als seine Herrin zu geben bereit war. Während einer viertägigen Folter hat sie ihn, bevor sie ihn endlich befreite, zwanzig Stunden lang gepeitscht, seinen Schwanz und seine Hoden gepierct, ihre Initialen auf seinen Arsch gebrannt, seine Genitalien mit Elektroschocks behandelt – und so weiter. Und er wollte immer noch mehr. Weiß der Teufel, wo der Typ heute steckt. Niemand hat mehr was von ihm gehört, wahrscheinlich ist er durch die Hand einer Frau gestorben, die bereit war, seine Grenzen voll auszutesten.

Das ist mir zu viel des Guten. Schmerz ja, Tod nein. Kürzlich ging ja die Sache mit dem Kannibalen aus Rotenburg durch die Presse. Das ist mir zu heftig. Manchmal bin ich im Internet, und einmal bin ich in einem Masochisten-Chat von einem Mann angesprochen worden, der ähnlich drauf war. Er wollte wissen, ob ich nicht Lust hätte, mich von ihm schlachten zu lassen. Vielleicht war dies nur ein dummer Scherz, den er sich im Nachspann der Ereignisse in Rotenburg erlaubte. Ich wollte es jedoch nicht darauf ankommen lassen. Mich in einen Käfig stecken zu lassen, mag für ein Spiel absolut in Ordnung sein. Mich danach aber in Filetstreifen stückeln zu lassen, nein, diesem Gedanken kann ich gar nichts abgewinnen. Selbst der Schmerz, den ich dabei ertragen müsste, hat keinen Reiz für mich. Der Reiz besteht für mich darin, Schmerz ertragen zu müssen, um anschließend aufstehen und mich besser fühlen zu können. Aber das ist meine Meinung.

Damit will ich natürlich nicht andeuten, dass ich Kannibalismus oder Derartiges gutheiße. Aber in gewisser Weise kann ich es nachvollziehen. Wenn es die Phantasie des jeweiligen Menschen ist, kann der Leidensdruck immens groß werden. Ich weiß das aus eigener Erfahrung. Glücklicherweise wollen die meisten von denen, die auf derartige Phantasien abfahren, eine Schlachtung eh nur spielen, weil sie sie sexuell erregt. Danach wollen sie nach Hause fahren und sich wohl fühlen.

Bis heute besuche ich Dominastudios. Ich habe ein, zwei feste Häuser, in die ich regelmäßig gehe. Das hat seine Vorteile, denn die langwierigen Gespräche zum Auftakt eines Besuches entfallen. Die Herrinnen in den Studios wissen inzwischen um meine Neigungen, meine Vorlieben und Wünsche. Der Schritt in die andere Welt funktioniert nahezu reibungslos. Der Schritt zurück fällt nicht immer leicht. Als meine Eltern starben, tat es mir leid, ihnen keine Schwiegertochter und auch keine Enkelkinder geschenkt zu haben. Sie haben nie ein Wort darüber verloren, wenngleich ich den

Wunsch danach bei ihnen immer wieder spürte. Sie bedauerten es, als ich mich von Michaela trennte; möglicherweise war Michaela für sie die ideale Schwiegertochter. Ob meine Eltern allerdings noch der gleichen Auffassung gewesen wären, wenn sie erfahren hätten, was Michaela und mich tatsächlich aneinander band?

Bis heute habe ich keine Frau gefunden, die wie Michaela beides mit mir teilen würde: Alltag und Sexualität. Klar wurden Avancen an mich herangetragen. Ich bin wohlhabender Unternehmer. Ich habe das Auftragsvolumen der Firma, seit ich sie übernommen habe, verdreifachen können. Mein Vater wäre stolz auf mich. Angebote heiratswilliger Damen gibt es ausreichend. Ich möchte nicht verleugnen, dass es mir Freude bereitet, auf Empfängen ein wenig zu flirten. Dabei belasse ich es. Die wenigsten der Frauen würden Zugang zu meiner Sexualität finden. Dies aber wäre Voraussetzung für eine Beziehung. Also lasse ich es bleiben. Glücklicherweise sind wir heute weit davon entfernt, nur der Gesellschaft wegen heiraten zu müssen. Ein Unternehmer, der Single ist, schürt heutzutage nicht mehr so schnell Verdacht. Allerdings muss ich auch nicht herausfinden, wie es wäre, wenn meine Angestellten erfahren, ihr Chef sei ein Masochist, der sich prügeln und peitschen lässt. So weit muss ich dann doch die Privatsphäre wahren.

# *Wegen ein bisschen besserem Sex solche Schmerzen*

**Björn, 22**

*Azubi*

Es ist beinahe auf den Tag genau drei Jahre her, dass mein Interesse für Piercings geweckt wurde. Damals fielen mir zum ersten Mal am Kiosk Magazine auf, die ich dort zuvor noch nie entdeckt hatte. Zu Anfang schenkte ich ihnen wenig Beachtung. Mir fehlte jeglicher Bezug dazu. Dann allerdings begannen einige meiner Freunde, sich piercen zu lassen, erst Augenbraue, dann Nase, später Zunge. Das machte mich neugierig. Im Internet bin ich auf die eine oder andere Seite gestoßen, die voller Euphorie über Körperschmuck berichtete, und ich habe mich eine Weile damit auseinandergesetzt. Ich will nicht behaupten, dass ich jemand bin, der auf Biegen und Brechen auffallen muss. Und als Rebell sehe ich mich schon lange nicht. Möchte ich auch gar nicht sein. Ich lebe in Lörrach, das ist ein 46.000-Seelen-Ort in Baden-Württemberg an der Schweizer Grenze, also sehr klein, sehr konventionell, sehr traditionell. Wer dort unangenehm auffällt, und das verbinden viele der Leute hier mit Piercings, wird schnell zum Außenseiter. Als Outlaw aber verbaut man sich alle Chancen. Da ich im Augenblick eine Ausbildung zum Fachinformatiker absolviere und noch einige Ziele verfolge, wäre ich schön blöd, wenn ich richtig auf den Putz hauen würde. Gerade das ist ja vielen aus der Piercing- oder Tattooszene gemein, für viele ist es der Grund überhaupt, warum sie sich tätowieren oder piercen lassen. Sie müssen auffallen, schockieren, anders sein.

Zugegeben, letzterer Aspekt war auch für mich mit ein Grund, warum ich mich damals für Körperschmuck zu interessieren begann. Klar, wer möchte nicht anders sein als alle anderen, sich ein wenig von der breiten Masse abheben, wenigstens ein bisschen Individualist sein. Aber anders sein hieß für mich nicht, dass ich es allen unter die Nase binden musste und mit 20 oder mehr Ringen im Gesicht durch die Stadt rannte. Außerdem trägt inzwischen sowieso jeder Ringe durch Nase, Lippen, Wangen und Ohren, was der Grund war, warum ich mich für Modifikationen entschied, die noch einmal ein bisschen anders sind als das, was man gewohnt ist. Bei jeder meiner Entscheidungen für eine Veränderung war mir aber wichtig, dass sie einen Nutzen haben sollte. Wenn sie dann noch gut ausschaute, umso besser, Pflicht war das aber nicht.

Gleichwohl begann meine Leidenschaft schlicht mit einem Zungenpiercing. Damals war ich Frischling, deswegen auch hypervorsichtig. Wenn man den Berichten, die ich den Monat, bevor ich zum Piercer ging, las, Glauben schenken konnte, war das Zungenpiercing eines der harmlosesten Piercings, die es zu stechen gibt, sah trotzdem gut aus und war – zumindest für den Anfang – halbwegs gewagt. Letzteres war allerdings absolute Nebensache. Ein anderes Piercing, möglicherweise durch Augenbraue oder Nase, kam für mich von Anfang an nicht in Frage. Ich wollte mein Piercing unbedingt vor meinem Umfeld verbergen, und am allermeisten vor meinen Eltern. Mein Vater war rigoros gegen Piercings, und ich glaube, ich hätte daheim ausziehen müssen, wäre er dahintergekommen, was ich mit meiner Zunge hatte machen lassen. Mittlerweile weiß er von dem Zungenpiercing, mittlerweile lebe ich aber auch nicht mehr daheim, sondern mit meiner Freundin zusammen. Ich weiß gar nicht so genau, wie er Piercings heute gegenübersteht, wahrscheinlich akzeptiert er Ringe in Ohren oder in der Zunge, gezwungenermaßen. Na ja, er weiß ja auch nichts vom restlichen Schmuck, den ich inzwischen trage. Ich denke, das ist auch gut so.

Anfangs war mir natürlich noch nicht klar, dass weiterer Schmuck folgen sollte. Ich trug das Zungenpiercing, es ließ sich beim Sex spielerisch einsetzen, zwar nicht spektakulär, aber doch ganz witzig. Über mehr dachte ich erst einmal nicht nach. Sichtbare Piercings wollte ich nicht, und das, was noch übrig blieb, Intimpiercings, war zwar schön anzusehen, man sagte ihnen auch einen praktischen Nutzen nach, aber als ich mir eines Tages den Videofilm *Tattoo extrem & Piercing total* ansah, in dem sie einem Mann einen Ampallang stachen, also einen Stab waagerecht durch die Eichel, war mir, als würde man mir selbst die Nadel durch den Schwanz treiben. Ich dachte sofort: »Niemals! Ein Intimpiercing würde ich mir nie machen lassen.«

Doch hat man erst einmal ein Piercing, möchte man mehr. Ungelogen, es ist wie eine Sucht, die dich dazu treibt, deine Grenzen, die du dir steckst, niederzureißen. Ich wollte mich wieder piercen lassen, nur anders als alle anderen, und nicht sichtbar. Also blieben mir quasi nur Intimpiercings. Drei Monate später lag ich erneut bei meinem Piercer und war dran. Ein Ampallang sollte es werden, ausgerechnet. Von allen möglichen Intimpiercings gefiel er mir am besten. Hafadas, Ringe am Hodensack, waren nutzlose Zierde. Der Apadravya, der senkrechte Stab am Eichelansatz, gilt als nicht komplikationslos. Und ein Ring durch die Eichelspitze, der Prinz Albert, erschien mir gefährlich beim Sex – nicht auszudenken, wenn ich damit hängenblieb. Also, der Ampallang musste es werden. Das war 2000. Anfang 2001 lernte ich Christiane kennen und erlebte meine erste lustige Situation damit. Für Christiane kamen Piercings nicht in Frage. Allein schon deshalb, weil sie ein Angsthase ist, was Schmerzen betrifft. Aber auch, weil sie bei einer Versicherung arbeitet. Wie gesagt, in Lörrach leben wir praktisch auf dem Dorf. Mein Zungenpiercing akzeptierte sie und den Rest hielt ich erst einmal geheim. Erst kurz bevor wir zum ersten Mal miteinander schliefen, schien mir der Zeitpunkt gekommen, sie auf einige kleine Details bei mir aufmerksam zu machen, damit es nicht gleich ein böses Erwachen gab. Ich sagte zu ihr: »Halt, stopp, ich bin nicht nur in der Zunge gepierct, sondern auch woanders ...« Sie hat sich nicht unbedingt erschrocken, fand es eher lustig. So etwas hatte sie zuvor noch nie gesehen. Sie sagte: »Echt? Zeig mal! Cool!« Natürlich wollte sie auch wissen, wie es sich mit dem Ampallang anfühlt. Als wir miteinander schliefen, rieben die Kugeln an ihr. Sie meinte: »Mit dem Ampallang war es schon schöner, aber nicht voll der Unterschied. Es ist einfach anders und auf eine andere Art schön ...«

Es war Christiane, die dazu beitrug, dass ich bereits ein halbes Jahr später einen neuen Termin beim Piercer vereinbarte – für ein zweites Intimpiercing. Sie meinte, ein zweites wäre schon schön ... Gemeinsam überlegten wir, welches ich mir wohl machen lassen würde. In Kombination mit dem Ampallang kam nur das Apadravya in Frage. Das ist zwar eines der gefährlichsten Intimpiercings, aber ich biss in den sauren Apfel, selbst als der Piercer zu mir sagte, er würde ohne Betäubung stechen. Ich überlegte mir, während ich an den Ampallang dachte, es könne ja auch nur ein Stich sein, es werde schon nicht so schlimm werden. Wurde es aber doch. Als der Piercer stach, kam es mir wie eine Ewigkeit vor. In diesem Augenblick, wo der Schmerz unerträglich war, bereute ich meine Entscheidung, dachte ich, wie blöd ich doch war, dass ich nur wegen ein bisschen besserem Sex solche Schmerzen über mich ergehen ließ. Dann war der Schmuck drin und der Schmerz vorbei. Alles war okay. Es war zwar angeschwollen, sah aber sehr gut aus. Erst am nächsten Morgen, bei der Morgenlatte, hatte ich starke Blutungen und Schmerzen, und wieder stellte ich alles in Zweifel: »O Mann, hätte ich es bloß nicht gemacht.« Das hielt drei, vier Tage an, dann legten sich auch die Schmerzen am Morgen. Trotzdem dauerte die Heilung länger als beim Ampallang, zwei Monate fast, bis ich den Apadravya mit Christine ausprobieren konnte – mit Erfolg.

Das gab mir Mut zu mehr. Ich begann mich noch mehr mit dem Thema Piercings auseinanderzusetzen und entdeckte die BodyModification, wie man in Fachkreisen sagt. Auf BME, einer amerikanischen Internetseite mit extremen Stilblüten der Körperkunst, bin ich über das Thema Implantate gestolpert. Zuvor lagen Implantate jenseits meines Horizonts. Ich will damit sagen: Ich habe darüber nicht einmal nachgedacht. Natürlich hatte ich davon gehört und sogar einiges darüber im Fernsehen gesehen, aber nie eine Verbindung zur Körperkunst hergestellt. Da mich aber jetzt die BodyMod-Sucht gepackt hatte, ließ ich die Implantate auf mich wirken. Auf BME sah ich Unmengen an Implantaten, teilweise echt schrille Sachen. Ich hatte keinerlei Vorstellungen, dass es so viele verschiedene Arten an Implantaten gibt. Ein Urteil darüber erlaubte ich mir nicht, zu sehr war mir meine eigene Erfahrung mit den Intimpiercings in Erinnerung: erst entsetzt meckern, dann begeistert selber machen.

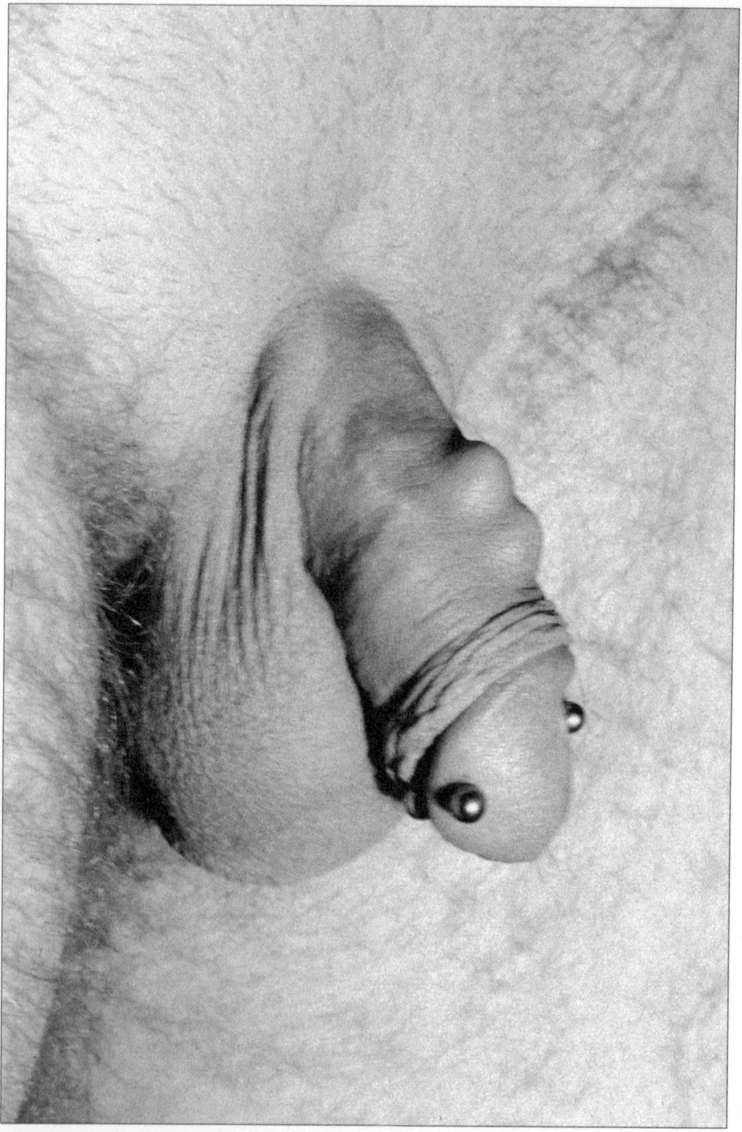

*Viel Schmerz, wenig Wirkung: Implantings am Penisansatz.*

Einige Wochen zogen ins Land und ich verspürte den Wunsch nach einem eigenen Implantat in mir gedeihen. Also habe ich mir viele Informationen aus dem Internet zusammengesucht, um mich so gut wie nur möglich auf das Thema vorzubereiten. Eine Antwort allerdings gab die Recherche nicht: An welcher Stelle sollte ich mir das Implantat einsetzen lassen? Klar war nur: Auch die Implantate sollten nicht für jedermann sichtbar sein. Schließlich trage ich ja nur Schmuck am Körper, den andere nicht sehen können, außer meine Freundin natürlich. Deshalb war es mir wie bei den Intimpiercings auch bei dem Implantat wichtig, dass mein Schatz etwas davon hat. Deswegen fasste ich den Entschluss, mir zwei Teflonkugeln mit jeweils acht Millimeter Durchmesser am Penisschaft einsetzen zu lassen. Das hatte ich auf einer der BME-Seiten gesehen und erschien mir ideal für meine Zwecke. Als ich Christiane über meine Entscheidung in Kenntnis setzte, hatte sie nichts dagegen, im Gegenteil, sie freute sich drauf, das konnte ich ihr noch nicht einmal verübeln. Bedenken hatte sie lediglich, dass etwas schief gehen könnte, denn sie wusste, es war das erste Mal, dass meine Piercer Implantate im Genitalbereich einsetzten. Sie regte an, ob der Eingriff nicht besser bei einem Arzt aufgehoben sei. Aber diese Angst konnte ich ihr nehmen: »Bei meinen Piercern bin ich in guten Händen«, erklärte ich ihr, da war ich mir vollkommen sicher. »Ich kenne die beiden, einen Arzt kenne ich nicht. Deshalb gehe ich nicht zum Arzt, sondern vertraue meinen Piercern.«

Anfang Dezember 2002 war es so weit. Bei der OP bekam ich eine örtliche Betäubung, so dass ich nichts spürte. Ich denke, das war auch besser so, es wäre ansonsten zu heftig geworden: Die Piercer, die in meinem Intimbereich herumschnippeln, ich gucke zu, während der Schmerz mich verrückt macht. Komplikationen gab es keine. Anschließend hatte mein Penisschaft eine starke Schwellung, die wie ein Bluterguss dunkelblau anlief, aber schlimmer aussah, als sie war. Nur die Schmerzen waren, als die Betäubung nachließ, die Hölle, aber nach anderthalb Wochen auch verschwunden. Bis die beiden Implantate endgültig abgeheilt

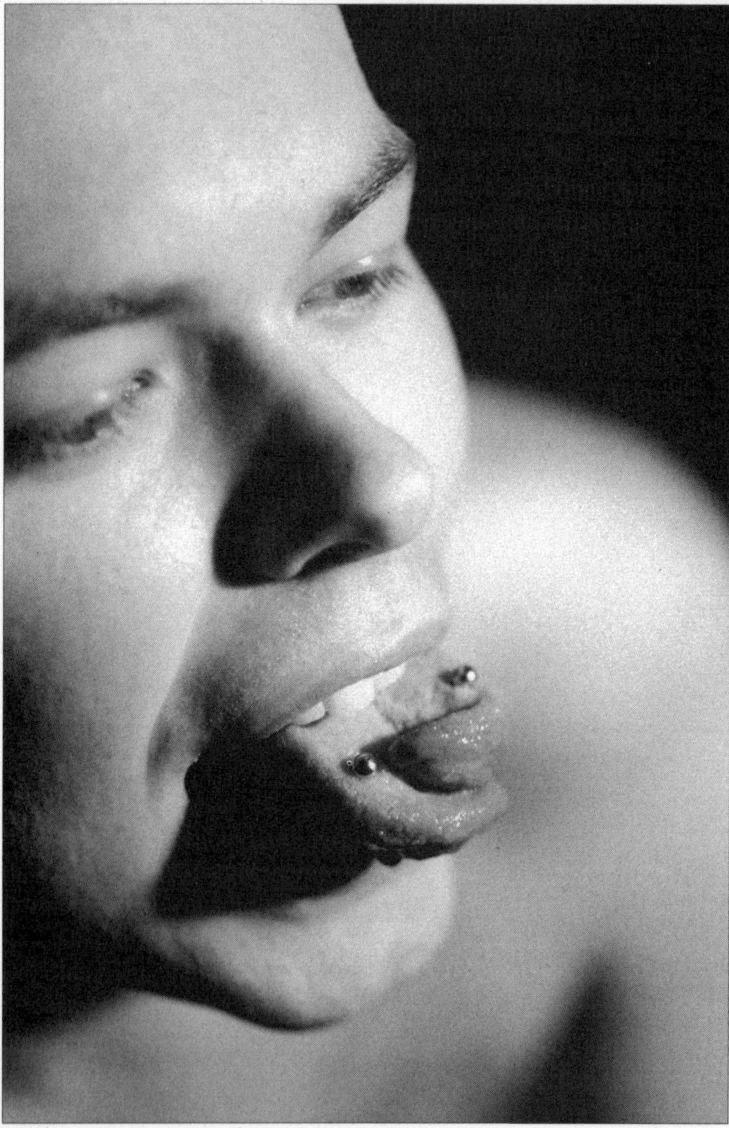

*Eine ganz besondere Erfahrung für Björn: Zungenspaltung.*

waren, vergingen noch einmal zweieinhalb Wochen. Nachdem die Fäden der Naht gezogen worden waren, konnten Christiane und ich es kaum erwarten, die Implantate in der Praxis auszutesten. Wir ließen uns viel Zeit, alles ganz langsam und vorsichtig. Das Ergebnis war enttäuschend. Wir versuchten es ein bisschen wilder. Auch nichts. Dabei hatten wir uns so viel erhofft. Natürlich spürte Christiane die Teflonkugeln am oberen Ansatz ihrer Scheide, acht Millimeter sind auch kein Pappenstiel, aber für eigentliche Stimulation sorgten nach wie vor die Piercings, deren Kugeln über die Innenräume ihrer Scheide rieben.

Schade und abgehakt unter Punkt »Erfahrung«. Ich bereue diese Erfahrung freilich nicht, und missen möchte ich sie auch nicht, obwohl ich inzwischen eine der Implantatkugeln herausnehmen musste. Die Haut wollte nicht darüber zusammenwachsen. Es blieb eine offene Stelle, durch die man freien Blick auf die Kugel hatte. Zwar nur minimal, aber auf Dauer hätte sich das Loch wahrscheinlich vergrößert. Das wollte ich meinem Glied nicht zumuten. Ob ich die Prozedur des Eingriffs noch einmal über mich ergehen lasse, weiß ich nicht. Wenn es ohnehin keine Wirkung hat, warum sollte ich?

Außerdem wurde mein Interesse an anderen Dingen geweckt. Ich lernte einen Kumpel kennen, der sich seine Zunge hatte spalten lassen. Ich unterhielt mich mit ihm eine dreiviertel Stunde. Der Wahnsinn, ich war beeindruckt. Ich ließ mir Vor- und Nachteile aufzählen, wobei die Nachteile mich nicht überzeugten, die Vorteile allerdings sehr wohl. Noch am gleichen Abend fuhr ich zu meinem Piercer und erklärte ihm im Brustton vollster Überzeugung, ich würde mich auch für eine Zungenspaltung interessieren, und zwar ernsthaft.

Obwohl er mich kannte und demnach wusste, was ich bereits alles am Körper trug, lehnte er einen baldigen Eingriff ab und meinte zu mir, ich solle mir die Entscheidung erst noch durch den Kopf gehen lassen. Eine Zungenspaltung sei nicht wie ein Intimpiercing oder ein Implantat ein Eingriff, der jederzeit wieder rückgängig zu machen sei, sondern einmal durchgeführt von mir bis zum Lebensende zu tragen, ohne Wenn und Aber. »Das ist keine Entscheidung, die man innerhalb eines Tages trifft«, sagte er und schickte mich heim. »Überlege es dir gut, und wenn du in ein paar Wochen der Auffassung bist, es immer noch zu wollen, kommst du vorbei und wir reden drüber.« Ich schlief ein paar Wochen drüber, suchte mir abermals im Internet alle möglichen Informationen zusammen, merkte dabei, dass mein Wunsch nach dieser BodyModification keineswegs eine Spontangeburt war und suchte meinen Piercer erneut auf.

Diesmal meinte er: »Wenn du das wirklich willst, dann mache ich dir das!« Ich wollte. Um 10 Uhr war ich im Studio, um 11 war ich wieder draußen. Sie haben mir mit dem Skalpell vom Loch meines Zungenpiercings aus die Zunge gesplittet. Das war ein Einschnitt von gut vier Zentimetern – ohne Betäubung. Das tat weh, aber nicht so sehr. Nach fünf Minuten hörte die Blutung bereits auf. Zu Hause war ich zwar wegen des Adrenalinkicks noch ein wenig rammdösig, aber am nächsten Tag konnte ich schon wieder essen. Ich habe Pommes gegessen, zur Feier des Tages, weil ich den Eingriff tatsächlich hatte vornehmen lassen. Christiane war zwar nicht begeistert, frittierte mir die Pommes aber ohne Widerrede, ich glaube, weil sie stolz auf mich war, zumindest ein kleines bisschen. Am Tag drauf spielte ich bereits mit beiden Zungenflügeln herum.

Weh tat es immer erst dann, wenn ich die gespaltenen Hälften auseinanderziehen musste, damit das getrennte Gewebe nicht zusammenwächst. Diese Prozedur trieb mir die Tränen in die Augen, ungelogen, es war einfach nur ekelig, weil ich natürlich das Geräusch des Auseinanderreißens doppelt und dreifach verstärkt in meinem Schädel hörte. Wer schön sein will, muss leiden. Ich wiederholte es jeden Tag, so lange bis die Wunde an der Zungenspitze abgeheilt war und nicht mehr zusammenwachsen konnte. Heute ist der Split auf 1,4 Zentimeter zurückgegangen. Das reichte aus, um sich auf jeder Seite der gespaltenen Zunge noch einmal piercen zu lassen. Diese beiden Stecker, die ich mir machen ließ, schmerzten in der Durchführung sogar mehr als das Splitten. Das Gefühl beim Küssen hat sich zwar nicht verändert, sagt meine Freundin. Beim Sex allerdings kommt sie voll auf ihre Kosten, wenn ich mit der Zunge quasi von beiden Seiten an ihr spielen kann.

# *Besser zusammen in den Club, als alleine fremdgehen!*

**Inge, 46 – die Freundin von Dirk, 48**

*Angestellte*

Die Idee, es mal in einem Swingerclub zu versuchen, stammte eigentlich von meinem Mann Robert. Wenn ich mir heute die Situation damals in Erinnerung rufe und die Ereignisse vor meinem geistigen Auge Revue passieren lasse, dann glaube ich, solche Ideen haben immer nur die Männer. Natürlich möchte ich nicht pauschalisieren, aber Männer funktionieren halt anders als wir Frauen. Der Großteil wird vom Schwanz gesteuert, und wenn der kleine Mann in der Hose mal nicht an sein Ziel kommt, dann droht Ungemach – für Leib und Seele.

Damals lief die Ehe von Robert und mir nicht gut. Folglich passierte auch im Bett seit geraumer Zeit nichts Aufsehenerregendes mehr. Irgendwie war der Kick im Bett weg. Eingeschlafen, könnte man meinen.

Bevor ein falscher Eindruck entsteht: Es war nicht so, dass Robert und ich uns die sechs Jahre unserer Ehe mit der Missionarsstellung begnügten, was deshalb zur Langeweile führte. Sexspielzeug und Dessous waren uns durchaus bekannt und immer wieder schönes Beiwerk gewesen, ob G-String, Strap-On oder der Suspensionvibrator für multiple Orgasmen – garantiert! Was Experimentierfreude betrifft, hatten wir alles ausprobiert, was uns machbar erschien oder unsere Körper zuließen. Es gab Tage, da hatten wir es ohne Unterlass getrieben, nicht nur im Bett oder daheim. Mal in Roberts Büro am Abend, als der Rest der Belegschaft das Gebäude bereits verlassen hatte, mal im Zimmer unserer Tochter Svenja, während diese bei ihren Freundinnen war, mal auf der öffentlichen Toilette im Rathaus, mal in einer abgelegenen Bucht am Badesee. Damit war irgendwann Schluss.

Was zuerst da war – die Krise in der Beziehung zwischen Robert und mir oder die Probleme im Bett, die zur Krise in der Beziehung führten –, das weiß ich nicht einmal mehr so genau. Im Grunde ist es auch egal. Mein Mann jedenfalls meinte, ein Besuch im Swingerclub könnte uns vielleicht wieder näher bringen. Ich hatte meine berechtigten Zweifel. Partnertausch, Rudelbumsen, Gangbangs und solche Sachen waren mir suspekt. Das lag allerdings weniger an meiner Erziehung. Damit will ich sagen: Es waren bestimmt nicht meine Eltern, die mich in meiner Kindheit vor abnormalem Sex behütet, gewarnt oder beschützt hatten. Ich habe diese Form von Sex schlicht nicht kennengelernt, von Pornofilmen mal abgesehen. Aber selbst den Akteuren in diesen Filmen zuzuschauen, hat mich nie sonderlich angetörnt, was aber wohl eher an meiner grundsätzlichen Haltung den Pornofilmen gegenüber liegt.

Vielleicht hat sich aber auch nie die Gelegenheit zu Gruppensex oder einem Partnertausch ergeben, wer weiß. Sicher ist nur: Was man nicht kennt, vermisst man nicht. Weil aber nun Robert eines Abends den Vorschlag machte und ich kein Spielverderber sein wollte, erklärte ich mich einverstanden. Was klingt wie eine Entscheidung innerhalb von Sekunden, war natürlich ein Entwicklungsprozess. Es dauerte einige Tage, an denen ich mir Roberts Idee, meine Gedanken, die Möglichkeiten und auch die Konsequenzen durch den Kopf gehen ließ. Wie gesagt, ich bin eine Frau und irgendwie funktionieren wir anders ... Da ich aber die Hoffnung auf eine Fortführung unserer Beziehung noch nicht aufgegeben hatte – wer weiß, vielleicht war das Bett ja wirklich Ursprung all unserer Probleme –, dachte ich: »Besser wir gehen zusammen in einen Club, als er alleine mit einer anderen Frau fremd!« Was hatte ich schon zu verlieren? Wenn es mir nicht gefallen sollte, konnten wir ja immer noch nach Hause fahren und es alleine versuchen, die Beziehung in Gang zu bringen. Also: Auf einen Versuch konnte ich es ankommen lassen!

An einem Donnerstagabend, der von den Betreibern auf ihrer Internetseite als »Schnuppertag« gepriesen wurde, machten wir uns auf den Weg nach Frankfurt. Ziel war die »Fantasy-Oase«. Wir hatten sie nach Gutdünken ausgewählt. Da wir niemanden kannten, der Erfahrung im Swingerleben besaß, geschweige denn uns trauten, jemanden in unserem Bekanntenkreis nach möglichen Erfahrungen zu fragen, verließen wir uns auf unsere Recherche im Web. Wir hatten Adressen der Clubs gesammelt, ihre Internetseiten interessiert und aufmerksam studiert und uns hier und da sogar in den Chat begeben, um mit anderen über ihre Erfahrungen in diesem oder jenem Club zu plaudern. So war unsere Wahl auf die »Fantasy-Oase« gefallen, von der wir trotz der Meinungen und Fotos, die wir eingeholt hatten, im Grunde nach wie vor nichts wussten. Die Tage vorher hatten wir uns abends vor dem Einschlafen zwar einiges von dem ausgemalt, was uns in dem Club erwarten würde und wie wir damit umgehen würden. Wir überlegten uns, wie es wäre mit einer zweiten Frau. Wir spannen, wie ich von zwei Männern in die Mitte genommen werden würde. Wir wollten es vor den Augen aller anderen treiben.

Nicht, dass wir solche Phantasien nicht bereits die Jahre zuvor in unser Sexspiel mit eingebunden hatten. Das hatten wir und unseren Spaß dabei gehabt. *Was wäre wenn ...* Irgendwann hatten sich diese Phantasien abgenutzt und sie waren eingeschlafen und vergessen. Ab und zu hatten wir es noch damit versucht, ohne sonderliche Lust darauf zu verspüren. Die Wirkung war dementsprechend. Möglicherweise wäre die Wirkung anders gewesen, wenn wir schon früher beschlossen hätten, die Phantasien in die Tat umzusetzen. Denn als die Gedankenspiele in den vergangenen Nächten zu neuem Leben erwacht waren und ihre unmittelbare Umsetzung, die baldige Greifbarkeit dieser erotischen Vergnügen, bevorstand, kurbelten sie meine Erregung an. Einmal schlief ich sogar mit Robert und war währenddessen fest davon überzeugt, dass vieles anders verlaufen wäre, wenn wir unsere Phantasien schon damals in die Tat umgesetzt hätten.

Doch Phantasie und Realität liegen bekanntlich weit auseinander, das sollte sich später noch zeigen, nicht nur jetzt, als wir auf dem Weg zur »Fantasy-Oase« waren und meine Erregung sich längst verflüchtigt hatte. So sicher ich mir die letzten Tage in allem gewesen war, jetzt stellte ich mir die Frage: War es richtig, was ich tat? Mein Magen rumorte ohne Unterlass. Was, wenn mich Männer bedrängten und ich nicht wollte? Wir hatten zwar von so genannten Netiquetten gehört, Verhaltensregeln, an die sich die Clubbesucher zu halten hatten – aber was, wenn sie es nicht taten? Ich sah zu Robert, der den Wagen lenkte. Sein Unterkiefer mahlte unentwegt, ein untrügliches Zeichen seiner Anspannung. Stellte er sich die gleichen Fragen wie ich? Wir wechselten während der Fahrt nur wenige Worte und wenn, dann witzelten wir blöde herum und überspielten damit unsere Unsicherheit, Ungewissheit und die Aufgeregtheit. Was würde uns erwarten?

Die »Fantasy-Oase« lag im Gewerbegebiet von Frankfurt. Der Club war unscheinbar gelegen in einem Mehrfamilienhaus, das irgendwann in den 60er oder 70er Jahren erbaut worden war. Links hatte sich eine dieser neumodischen Computerfirmen angesiedelt, von denen es die letzten Jahre immer häufiger welche gab, rechts hatte ein Autohandel die typischen Wellblechhallen aus dem Boden gestampft. Kein ahnungsloser Passant wäre auf die Idee gekommen, dass sich hinter der unscheinbaren Vorortfassade ausgerechnet ein Swingerclub befinden würde. Selbst ich hatte meine Zweifel und blieb im Auto sitzen. »Sind wir richtig?«, wollte ich von Robert wissen. Wie zur Bestätigung fuhr auf dem Parkplatz ein Wagen vor, dem ein Pärchen entstieg, das zielstrebig den Gebäudeeingang ansteuerte. Ich sah zu Robert. Sein Kiefer mahlte eine Weile, bevor er sagte: »Klar, wir sind richtig. Die Adresse stimmt.«

Seinem Tonfall entnahm ich, dass auch er sich gar nicht mehr sicher war. »Möchtest du noch?«, fragte ich ihn.

»Wir sind den Weg umsonst gefahren?«, meinte er. Wir hatten immerhin knapp 60 Kilometer zurückgelegt. Er hatte nicht ganz Unrecht.

»Wenigstens ansehen sollten wir es uns«, sagte ich deshalb. Ich zupfte meine Dessous, die ich eigens für diesen Tag gekauft hatte und die ich unter meiner Straßenkleidung trug, zurecht. Wir machten uns auf den Weg. An der Tür begrüßte uns Anna, die Chefin des Hauses. Der Club wurde von ihr und ihrem Gatten Peter geführt. Beide hatten einst ihre Leidenschaft fürs Swingen entdeckt, irgendwann aus der Passion ihre Berufung gemacht und die »Fantasy-Oase« eröffnet. Darüber zumindest setzten sie die Besucher ihrer Internetseite in Kenntnis. Anna zeigte uns zuerst den vorderen Bereich des Hauses mit den Umkleiden, Spinden und Duschen. Alles war sehr sauber und ordentlich wie auf den Fotos im Internet.

Wir klärten das Finanzielle, zogen uns um beziehungsweise bis auf die Unterwäsche aus – Robert in Shorts, ich in Dessous – und wurden im Anschluss von Anna durch die hinteren Räume der Oase geführt. Ich war überrascht und ein Blick zu meinem Gatten zeigte mir, ihm ging es ähnlich. Die Fotos, die wir in der Galerie der Website betrachtet hatten, reichten nicht annäherend an die tatsächlichen Räumlichkeiten heran. Und »Räumlichkeiten« war in dem Zusammenhang untertrieben. Hallen kam dem eindeutig näher. Bei der »Fantasy-Oase« handelte es sich um einen gigantischen Komplex mit Bar und Disco, die sich nicht sonderlich von einer normalen Disco unterschied, einzig dass die Menschen hier freizügiger gekleidet waren. Das Bistro nebenan war gediegen, aber keinesfalls gutbürgerlich. An der Wand hingen Filmplakate und davor war auf Tischen liebevoll ein Buffet hergerichtet. Ein schneller Blick gab zu erkennen, dass es sich bei den Speisen um keine Dickmacher oder Kalorienbomben handelte, die bei anschließenden Vergnügen schwer im Magen lagen. Für ausreichend Sitzmöglichkeiten war gesorgt. Kerzen erhellten das Ambiente dezent, die Farbe Rot war bestimmend, damit niemand vergaß, weswegen er in die Oase gekommen war. Mit Sicherheit nicht zum Essen.

Unsere Führung umfasste den Swimming-Pool, Whirl-Pool, Sauna und etliche Zimmer unterschiedlichster Größe, Farbe und Einrichtung. Es gab große Orgienzimmer, kleine Liegewiesen und abgeschiedene Nischen für das Glück zu zweit. Das alles war mit viel Mühe eingerichtet und nicht unbedingt vergleichbar mit dem Topois landläufiger, billiger Pornostreifen: Bett, Matratze, mit viel Glück ein paar Handtücher in der Ecke, für nachher. Im Gegenteil, alles war sehr geschmackvoll eingerichtet, raffiniert in der Ausstattung und im Flair. Selbst der SM-Keller entlockte mir eine gewisse Anerkennung, obwohl ich für bizarre Spielereien eigentlich nichts übrig hatte.

Doch damit der Überraschungen noch nicht genug. Auf Annas Empfehlung begaben wir uns, nachdem sie uns über die Verhaltensregeln aufklärte, erst einmal an die Bar und bestellten etwas zu trinken. Wir sahen uns das Treiben der Leute an, wobei sie es nicht wirklich trieben. Zwar wurden hier und da einige Zärtlichkeiten ausgetauscht, ich sah aber auch, wie ein Pärchen die Hand eines interessierten Mannes abwies und dieser unverrichteter Dinge, aber nicht enttäuscht, von dannen zog. Das gab mir Mut. Ganz wie Anna es uns prophezeit hatte, wurden wir an der Bar von anderen Gästen angesprochen, offenbar geübte Swinger. So entstanden erste, zwanglose Gespräche, die zwar nicht wirklich gehaltvoll waren, uns aber ein wenig unserer Nervosität raubten.

Nach einer kleinen Fischspeise und ein paar Glas Sekt im Bistro, zu denen uns ein älteres Ehepaar geladen hatte, das sich scheinbar auskannte und – »ohne Verpflichtung«, wie sie betonten – unserer erbarmte, legte sich meine Aufregung, die Anspannung wich und überrascht stellte ich fest, wie so etwas wie Erregung von mir Besitz ergriff, als Robert und ich zu einem neuerlichen Rundgang, diesmal alleine, starteten. Ich hatte zu Anfang schon gesagt, dass mich Pornofilme nie sonderlich gereizt haben. Die Möglichkeit aber, Menschen hier live beim Sex zuzuschauen, war etwas anderes. Sicherlich spielte dabei auch eine Rolle, dass es keine Silikonweiber und kaffeebraune Solariumshengste waren, die sich in den einzelnen Räumen tummelten. Es waren Menschen wie du und ich, mit kleinen und manchmal großen Makeln: flache Brüste, kleiner Penis, Orangenhaut, Rettungsringe. Erst jetzt verstand ich, was Anna meinte, als sie sagte: »Leute, die in Clubs gehen, sind sehr tolerant, deshalb sind dumme Bemerkungen über Aussehen, Gewicht und Alter fehl am Platz.«

In einem Zimmer, das mit der Seide, die von der Decke wallte, den Bildern und Schnörkeln an der Wand einem griechischen Tempel ähnelte, vergnügten sich zwei Pärchen. Beide waren bereits älter und dort, wo Hände streichelten, warf die Haut Falten und Runzeln. Davon ließen sich die Frauen und Männer nicht stören und ich erkannte eines der Paare wieder: Es war das ältere Ehepaar aus dem Bistro. Ich schmunzelte, weil ich mich an die Worte des Mannes erinnerte, die er zwischen Fisch und Erdbeerdessert sprach: »Eigentlich sind wir mit unseren 50 Jahren zu alt für Gruppensex, aber das Buffet ist einfach wunderbar. Deswegen kommen wir immer wieder.«

Im benachbarten Zimmer, einer hübschen Spielwiese aus Himmelbett und blauer Wölkchendecke, hatten sich zwei Frauen mit einem Mann zur Menage à trois getroffen. Der Mann genoss die Liebkosungen, ohne dass ihn die Speckfalten um die Hüften der Frauen dabei beeinträchtigten.

Ich selbst, behaupte ich ohne falsche Scham, sehe im Vergleich dazu ganz passabel aus. Meine Brüste sind zwar nicht sehr groß, aber sie sitzen straff und fest, was Robert immer an mir mochte. Mein Po hängt zwar ein wenig durch und seit der Schwangerschaft zieren meine Lenden die symptomatischen hellen Streifen. Im Freibad habe ich manchmal meine Probleme, mich im Bikini zu zeigen, vor allem wenn sich die knackigen Teenager um mich herum auf ihren Badelaken fläzen.

Doch als ich jetzt in String, Korsage und Highheels in diesem Club stand, fühlte ich mich wohl. Zwar war ich nicht enthemmt, als dass ich aktiv ins Geschehen hätte eingreifen wollen, aber als Robert und ich uns später am Abend in eine der kleineren Nischen zurückzogen, war der Sex zwischen uns seit langem wieder ein Erlebnis. Und das lag sicherlich auch daran, dass ich wusste, andere sahen uns dabei zu, so wie ich anderen ein paar Minuten zuvor dabei zugeschaut hatte.

Das war mein erstes Mal im Swingerclub. Erfahrene Hasen würden wahrscheinlich sagen: »Unspektakulär!« Heute bin ich selbst ein erfahrener Hase, denn jener Abend war für mich so etwas wie eine Initialzündung. Die Ehe mit Robert hat der Clubbesuch zwar nicht retten können, auch wenn wir es weitere Abende in den Clubs mit anderen Pärchen, häufiger mit Frauen, weniger mit Männern machten. Es ist ein Spiel der Möglichkeiten. Natürlich stellten wir dazu einige Regeln auf. Ohne funktioniert ein Abend im Swingerclub nicht, das sagt jeder. Obschon ich zugeben muss, dass mir das damals ziemlich egal war und ich mich nur auf Roberts ausdrücklichen Wunsch darauf einließ: Sobald eine dritte und vierte Person ins Spiel kam, blieb es bei ihnen beim oralen Vorspiel. Richtigen Sex gab es nur zwischen mir und Robert. Interessanterweise gibt es viele andere Pärchen, die das ähnlich handhaben, so dass wir auch nicht wirklich vor Probleme gestellt wurden. Mit einigen Pärchen schlossen wir sogar Freundschaft, die darin bestand, dass wir uns an bestimmten Abenden in den Clubs verabredeten.

Die Eskapaden in den Clubs bewegten zwar unser Sexleben, konnten aber nicht darüber hinwegtäuschen, dass unsere Beziehung trotzdem nicht in Gang kam. Die nächste Krise war daher vorprogrammiert, als Robert merkte, wie sehr mir die Abende in den Clubs inzwischen gefielen. Ich weiß nicht, ob es nur ein unüberlegter Vorwurf in einem erhitzten Augenblick war, aber einmal warf Robert mir vor: »Du freust dich mehr auf die anderen im Club als auf den Sex mit mir.«

Wenn dem wirklich so war, dann bewies dies nur, dass die Probleme unserer Ehe eben nicht nur auf physischer Ebene lagen, sondern eine Etage tiefer, wenn man so will. Kurzum: Die Besuche im Swingerclub retteten unsere Ehe nicht. Was soll ich sagen? Als es so weit war und jeder von uns seinen eigenen Weg ging, fiel mir der Abschied von Robert noch nicht einmal mehr schwer. Vielleicht hatte er ja sogar Recht gehabt mit seinem Vorwurf, wer weiß ...

Seit ich geschieden war, konnte ich jedenfalls meine neuentdeckte Lust ausleben. Keine Einschränkungen, keine Angst davor, sich mehr auf die anderen in den Clubs als auf ihn zu freuen. Keine Panik, etwas falsch zu machen. Ich dachte nur an mich selbst und meine Befriedigung. Ich ging daher weiter in Swingerclubs. Natürlich ist es ungewöhnlich, wenn eine Frau alleine in einen derartigen Club geht; schnell bekommt man das Image einer »Schlampe«, notgeil noch dazu. Das ist Blödsinn. Auch wir Frauen verstehen es, unseren Sex zu genießen, warum sollten wir es nicht tun? Natürlich hätte ich an Wochenenden in die Kneipen oder Diskotheken gehen und mir Typen aufreißen können, jede

Woche einen anderen, wenn mir danach gewesen wäre. Aber standen Nutzen und Aufwand im angemessenen Verhältnis? Und hätte ich auf diesem Wege nicht viel eher das Klischee einer landläufigen Schlampe erfüllt?

Wer wie ich Lust sucht und zwar unkompliziert, schnell und auf direktem Wege, der findet sie auch im Swingerclub; da man dort viele Seelenverwandte trifft und recht schnell mit ihnen Bekanntschaft schließt, braucht man (oder frau) sich für seine (ihre) Sehnsüchte auch nicht zu schämen. Hinzu kommt, dass man im Swingerclub ein wichtiges Bedürfnis stillen kann, was mit einem willkürlichen Kontakt in der Kneipe eher schwierig wird: das exhibitionistische. Denn ich glaube, von allem macht mich beim Swingerclub die Möglichkeit an, mich beim Sex beobachten zu lassen. Das ist natürlich witzig, da ich solche Geschichten wie Pornos eigentlich gar nicht mochte. Aber gerade der Exhibitionismus, der auf den Voyeurismus der Menschen trifft, war es auch, der mir bei meinem ersten Mal in einem Swingerclub alle Hemmungen nahm.

Ich weiß natürlich auch, dass ich als Single-Frau eher eine Ausnahme bin. Es sind eher die Single-Männer, die ein erotisches Abenteuer im Swingerclub suchen. Die Betreiber der Clubs achten aber darauf, dass der Anteil der Männer dem der Frauen gleich ist. Dementsprechend hoch sind die Eintrittspreise für Single-Männer. Single-Frauen haben meist freien Eintritt.

Und auch wenn viele der Besucher als Paar kommen – manchmal fühle ich mich in die Zeit mit Robert versetzt, die antreibende Kraft sind die Männer. Auch bei mir war dies so. Manchmal versuche ich zu erraten, welche Probleme wohl dieses oder jenes Paar hat, mit dem ich mich auf eines der Zimmer begebe und amüsieren werde. Aber dann vergesse ich die Frage wieder. Deshalb bin ich nicht gekommen. Und das Paar mit Sicherheit auch nicht ...

# *Unsere Beziehung baut auf Toleranz und Offenheit*

**Dirk, 48 – der Freund von Inge, 46**

*Angestellter*

Für einige Menschen mag es ein Problem darstellen, wenn jemand bereits den heiligen Bund der Ehe geschlossen und wieder gelöst hat. Ich lernte gut anderthalb Jahre nach meiner Scheidung eine Frau kennen, die sich, als sie hörte, dass ich bereits einmal verheiratet gewesen sei, von mir trennte, weil es mit ihren Prinzipien unvereinbar sei – ungelogen! Wahrscheinlich ist sie noch heute auf der Suche nach einem Mann in ihrem Alter, der noch nicht geschieden ist. Ich wünsche ihr viel Glück dabei, sie wird es brauchen. Denn ich würde zwar nicht behaupten wollen, es gehöre inzwischen zum guten Ton, wenigstens einmal im Leben vor dem Scheidungsrichter gestanden zu haben, aber es ist heutzutage auch nichts Ungewöhnliches mehr, wenn jemand bereits eine missglückte Ehe hinter sich hat. Ein Großteil der Männer und Frauen kann davon ein Lied singen, ich auch. Dabei war die Trennung von meiner Frau noch nicht einmal meine Idee. Wenn es nach mir gegangen wäre, hätten meine Frau und ich uns aufgerafft, meinetwegen einen Eheberater gesucht, um der Müdigkeit, die sich in den 15 Jahren unserer Beziehung eingeschlichen hatte, den Garaus zu machen, nicht zuletzt unseren beiden Töchtern zuliebe. Für meine Frau allerdings war es einfacher, sich einen neuen Mann zu suchen. »Kinder, eure Mama hat einen neuen Freund.« So einfach ist manchmal die Wahrheit. Ehe beendet. Auf Wiedersehen.

Da stand ich also, 15 Jahre Ehe im Rücken, 44 Jahre alt, ein wenig Speck um die Hüften, kaufmännischer Angestellter, der die Hälfte seines Gehaltes zukünftig an Unterhalt abzudrücken hatte. Eine Person mehr also, die die Statistik der erfolgreich Geschiedenen nach oben drückte. Was mir jedoch am allermeisten zu schaffen machte, war die Erkenntnis, dass das, worauf ich mich verlassen hatte, nicht eintreten würde: Bis zu jenem Tag, an dem meine Frau mit den Koffern und den Kindern in der Diele stand, plätscherte mein Leben munter daher, fast wie ein Bach, nicht unbedingt eintönig, eine Unebenheit hier, eine heftige Strömung dort, aber stets in den geordneten Bahnen des Flussbettes einem gewissen Ziel entgegen – das ist normal für einen Bach, für eine Ehe, für das Leben generell. Ich ging davon aus, dass meine Frau und meine Töchter meine Familie waren, und meine Familie an meiner Seite sein würde bis *»euch der Tod scheidet«*.

Bis dahin hatte ich nur von dem Schicksal anderer Paare gehört, müde darüber gelächelt und insgeheim gedacht, mir könne so etwas nie passieren. Denn wir waren anders. Wir waren doch eine Familie. Dann plötzlich war meine Familie fort, ich war alleine, mit nichts in den Händen, noch nicht einmal die Aussicht, das Leben, geschweige denn mich selbst, noch einmal in den Griff zu bekommen. Mit 44 verfällt man in solchen Momenten schnell dem Glauben, das Leben sei gelaufen. »Midlife Crisis« mögen es manche Leute nennen. Doch die »Midlife Crisis« kann den Mann auch packen, wenn er mit 44 noch glücklich verheiratet ist. Bei mir ging es um viel mehr, und irgendwie auch um gar nichts. Die erste Zeit drückte Pessimismus auf mein Gemüt, der mich meine Arbeit erledigen, ansonsten aber nicht viel Freude an anderen Dingen gefallen ließ. Trauer trifft es vielleicht besser. Oder Hoffnungslosigkeit.

Es gab ein oder zwei Frauen, denen ich allerdings nicht viel Bedeutung beimaß. Der einen war ich wahrscheinlich noch nicht weit genug von der Vergangenheit entrückt. Der anderen, die wohl auf der Suche war nach dem Mann fürs Leben, erzählte ich also erst einmal gar nichts von meiner gescheiterten Ehe, und als ich es schließlich doch tat, belehrte sie mich, kurz bevor sie sich von mir trennte, Scheidung sei mit ihren Prinzipien und ihrer Moral nicht vereinbar und sowieso der Grund, warum die Gesellschaft gerade zugrunde gehen würde. Einerseits wollte ich ihr Recht geben; die Unstetigkeit der Frauen und Männer trug nicht gerade dazu bei, dass unsere Kinder noch mit Harmonie und Halt aufwachsen. Andererseits mochte ich ihr nicht beipflichten. Denn war ich durch die Scheidung automatisch ein schlechterer Mensch geworden?

Dann lernte ich Inge kennen. Inge riss mich nicht nur aus der Talsohle, in der ich mit meiner Stimmung inzwischen angelangt war, sie machte mich mit einem neuen Leben vertraut. Unsere

Beziehung begann recht ungewöhnlich. Inge war eine neue Arbeitskollegin in der Firma. Anfangs machten wir einen Bogen umeinander. Sie war mir ein Energiebündel, das mir mit seiner konsequent zur Schau gestellten Euphorie mächtig auf die Nerven ging. Ich dagegen war ihr mit meiner ständig schlechten Laune wahrscheinlich viel zu negativ eingestellt, dachte ich zumindest. Doch Gegensätze ziehen sich bekanntlich an, eine abgedroschene Phrase, trotzdem gelegentlich wahr. Und weil es so schön ist, gleich noch ein Klischee hintendran, nämlich das der Kontaktbörse »Betriebsfest«: Inge und ich lernten uns näher kennen ausgerechnet auf der Weihnachtsfeier unseres Arbeitgebers.

Irgendwann am späten Vorabend des ersten Advents – der Alkoholpegel lag längst in unerforschten Höhen, die Zungen waren locker – saßen wir auf einmal an einem der Tische nebeneinander. Wir beäugten uns skeptisch und plauderten belangloses Zeug, Small Talk eben. Irgendwann stießen wir gemeinsam an, am Ende waren alle Vorbehalte vergessen und jeder war über die Vorgeschichte des anderen in Kenntnis gesetzt. Beide hatten wir Kinder, beide waren wir geschieden, ich war nicht drüber weg, sie war es. Wir quatschten uns die Stunden danach fest, sprachen und lachten über Gott und die Welt, entdeckten viele Gemeinsamkeiten. Inge, um die ich immer einen großen Bogen gemacht hatte, war witzig, intelligent, sprühte vor Energie und war mir auf einmal unglaublich sympathisch. Bis sie mir irgendwann weit nach Mitternacht gestand, regelmäßig Clubs zu besuchen. Das verwirrte mich: »Welche Clubs?«, wollte ich wissen. Sie entgegnete: »Swingerclubs.«

Während sie so unbekümmert davon erzählte, hörte ich ihr zu und verstand nicht, worauf sie in Wahrheit hinauswollte. An jenem Abend überstiegen ihre Worte meinen Horizont, und nicht nur, weil der Alkohol längst meinen Blick umnebelte. Ich hatte 15 Jahre mit einer Frau zusammengelebt und meine Familie als heiligen Bund verstanden, auf den ich nichts hatte kommen lassen. Natürlich war das alles Schnee von gestern, doch so wie meine Kurzzeitbekannte nicht von ihren Prinzipien in punkto geschiedener Mann hatte abweichen können, wollte ich nicht einfach über Bord werfen, was mir über die vielen Jahre so viel bedeutet hatte. In einen Club zu gehen, um meinen Partner gegen einen anderen zu tauschen, und wenn auch nur für einen kurzen Zeitraum, war für mich, abgesehen davon, dass es in meinen Augen unserem Alter nicht angemessen war, absolut inakzeptabel.

Heute frage ich mich: Woher kam diese Einstellung? War ich etwa genauso verbohrt wie meine Kurzzeitbekannte? War ich spießig? Bieder? War meine Erziehung schuld? Nein, ich kann mich nicht daran entsinnen, dass meine Eltern mir je erklärt hatten, Sexclubs oder ähnliche Etablissements würden sich nicht gehören. Selbst Nacktheit war in unserer Familie kein Problem. Wer duschen wollte, brauchte nicht darauf zu warten, dass die anderen das Bad verließen. Magazine wie *Praline* und *Neue Revue* lagen offen auf dem Wohnzimmertisch. Wer also hatte mir gesagt, dass sich so etwas nicht gehört? Ich weiß nicht, was der Grund dafür war, aber selbst an jenem Abend, als ich angeschickert durch den Alkohol eine gewisse Leichtigkeit nicht verleugnen konnte, sanken die Sympathiewerte für Inge sofort. Ich fragte sie, vielleicht ein wenig ruppig: »Und dein Freund findet es okay, dass du jedes Wochenende einen anderen vögeln gehst?«

»Ich habe keinen Freund«, klärte sie mich auf und sie lächelte. »Und es geht mir auch nicht darum, einen anderen Mann zu vögeln. Wenn es das wäre, was ich möchte, bräuchte ich nur abends in die Frankfurter Kneipen zu gehen. Was meinst du, wie schnell Typen sich auf Solo-Frauen stürzen?«

Der Punkt ging an sie, und das sagte ich ihr auch. »Was ist es dann, was dich in die Clubs gehen lässt?«, wollte ich wissen.

»Es ist der Nervenkitzel! Der Kick beim Sex vor den Augen der anderen.« Sie fragte, ob ich so etwas schon einmal erlebt hätte. Ich bekannte: »Nein, der Gedanke daran ist mir noch nie gekommen.«

»Solltest du mal ausprobieren«, sagte sie und ich glaubte, es sei nur ein Scherz gewesen, weil sie meinem Gesicht entnommen haben musste, wie bestürzt ich über ihre Äußerungen war. Allerdings bohrte sie nach: »Willst du es mal ausprobieren?« Ich kam mir vor wie ein kleines Kind, dem man zum ersten Mal anbot, mit der Achterbahn zu fahren, sich zu rasieren oder ein Glas Bier zu trinken. Nein, natürlich wollte ich nicht. Inge ließ nicht locker. »Was hast du zu verlieren?«, fragte sie mich.

Wieder ging der Punkt an sie. Diesmal sagte ich es ihr nicht. »Nichts«, erklärte ich ihr nur.

»Na also«, meinte sie und schlug mir vor, sie am kommenden Wochenende doch einfach einmal in einen der Swingerclubs zu begleiten. Ich bräuchte nichts zu machen, nur gucken, vielleicht etwas trinken. »Und der Rest ergibt sich ohnehin von selbst, vor allem bei euch Männern«, fügte sie mit einem Augenzwinkern hinzu.

Damit traf sie einen wunden Punkt bei mir. Von den zwei bereits erwähnten, kurzen Affären abgesehen, war bei mir die letzten Monate nicht viel im Bett passiert. Nicht, dass ich großes Verlangen danach verspürt hatte. Die ersten Jahre mit meiner Frau waren von hemmungsloser Leidenschaft geprägt und ich glaubte alles erlebt zu haben, was mir zu wissen wichtig war. Zuletzt schliefen meine Frau und ich vielleicht einmal die Woche miteinander, was aber meine Grundbedürfnisse als Mann stillte und mich zu der Annahme verleitete, unsere Beziehung sei längst auf einer anderen Ebene angelangt.

Seit der Scheidung spürte ich, dass Enthaltsamkeit für einen Mann unweigerlich zu kleineren Unannehmlichkeiten führen kann; nicht nur, dass er die Realität der feuchten Träume wiederentdeckt, sondern auch dass das Bedürfnis nach körperlicher Nähe wächst, beinahe so wie in der Pubertät. Vielleicht hatte Inge ja Recht. Ein zwangloser Abend ohne Verpflichtungen in einem Swingerclub, was hatte ich schon zu verlieren? Mag sein, dass ich meine Zustimmung aus einer Bierlaune heraus gab. Schon möglich, dass ich mich in der Woche darauf vergeblich um eine Ausrede bemühte, eine, die Inge mir auch abnehmen würde. Aber ich fand keine, sicherlich auch, weil ich ganz genau wusste, dass es keine Ausflucht gab, die sie mir wirklich abnahm. Das schmeichelte mir einerseits, andererseits war es unangenehm, wenn ich daran dachte, um was es eigentlich ging, nämlich einen Besuch in einem Sexclub. Nichts anderes waren diese Läden für mich.

Eine Woche später traf ich mich mit Inge. Wir hatten uns bei ihr verabredet und ich erlebte meine erste Überraschung. Nicht nur, dass Inge sich mir vor unserer Abfahrt in einem hauchdünnen Dessous präsentierte und wissen wollte: »Meinst du, ich kann dies anziehen?« Bevor ich mich versah, saß ich mit ihr auf der Couch und wir küssten uns. Ich war überrumpelt worden. Sie gestand mir, dass sie schon lange ein Auge auf mich geworfen habe. Jetzt verstand ich, dass unser Aufeinandertreffen am ersten Adventsvorabend, also am Tag unseres Betriebsfestes, kein Zufall gewesen war. Ich ahnte auch, worauf sie mit dem damals geführten Gespräch hinauswollte. Sie wollte mich! Aber gleichzeitig wollte sie nicht auf ihre Clubabende verzichten.

Mit gemischten Gefühlen machten wir uns auf den Weg in den Club. Er hieß »Fantasy-Oase« und ich könnte jetzt viele Worte darüber verlieren, wie der Club beim Eintritt auf mich wirkte. Doch ich denke, die Schilderungen, die Inge über ihr erstes Mal machte, treffen es ganz gut und sind mit meinen Empfindungen indentisch. Anstatt des Besitzers führte mich Inge durch das weitläufige Gebäude und erklärte mir die Regeln. Es war interessant zu sehen und zu hören und ich gestehe, ich musste meinen Eindruck, es handele sich bei diesen Einrichtungen um reine Sexclubs, relativieren. Es herrschte eine angenehme Atmosphäre, entspannt und von eigentümlich knisternder Erotik erfüllt. Ich war überrascht, wie viele ältere Paare hier anzutreffen waren.

In der Bar tranken wir ein, zwei Cocktails und danach fragte sie mich, ob ich Lust hätte, mit ihr auf eines der Zimmer zu gehen. Sie legte ein mächtiges Tempo an den Tag und ich überlegte ernsthaft, ob ich Schritt halten wollte *und* konnte. Doch im Grunde war der Weg bereits geebnet in dem Augenblick, in dem wir daheim auf ihre Couch niedersanken und uns küssten. Und überhaupt, ich konnte nicht leugnen, die Atmosphäre in dem Club erledigte den Rest. Die allgegenwärtige Erotik, nur halb verhüllte Körper an der Bar und an den Tischen, schwitzende und verschlungene Leiber auf den Zimmern, blieb tatsächlich nicht ohne Wirkung auf mich und meine Manneskraft. Ich konnte mich nicht einmal dagegen wehren. Inge behielt Recht, die Erregung war unübersehbar und seltsamerweise war es mir nicht einmal peinlich.

Hier waren so viele Menschen versammelt, die ungeniert ihre Sexualität genossen. Gerade eben hatte ich noch mitbekommen, dass sich ein Mann im Eifer des Gefechts auf eines der Sofas ergossen hatte. Niemand nahm das zur Kenntnis; der Mann hatte den Fleck mit einem der überall bereitgestellten Tücher weggewischt, danach für sich und seine Begleitung ein Getränk an der Bar geholt und zu plaudern begonnen, als wäre nichts passiert. Warum also um alles in der Welt sollte mir mein steifes Glied peinlich sein? Warum sollte es ein Problem sein, mit Inge auf eines der Zimmer zu gehen und Sex zu haben? Deswegen waren die Menschen hier, und keiner sah mich schief an, wenn ich mir das nahm, worauf ich in diesem Augenblick Appetit hatte.

Inge führte mich auf eines der Zimmer, wir schliefen miteinander und als sie mich anschließend fragte, ob es mich störte, dass andere dabei zugeschaut hätten, zuckte ich mit den Achseln. Anfangs irritierte es mich, doch die Leidenschaft, mit der Inge mich verschlang, ließ mich die Umgebung vergessen. Ich gebe sogar zu, der Sex war gut gewesen, erfrischend anders noch dazu, etwas, was ich zuvor nie für möglich gehalten hatte.

Jedoch, das möchte ich ebenfalls nicht verschweigen und ich erklärte es Inge während der Heimfahrt, fiel es mir nicht leicht, Inge, mit der ich mich eine Stunde zuvor geküsst und geliebt hatte und die mir atemlos gestand, mich haben zu wollen, erneut auf eines der Zimmer verschwinden zu sehen in dem Wissen, sie würde sich dort nun einem anderen Mann und dessen Frau hingeben. Sie bot mir zwar an, sie zu begleiten, doch das war mir an diesem ersten Abend in einem Swingerclub definitiv zu viel auf einmal. Ich blieb an der Bar zurück, nippte an meinem Cocktail und lieferte mich den Gedanken aus, die unweigerlich auf mich einstürmten. Nicht, dass ich mit der Situation nicht zurechtkam. Unser Abend im Club war unverbindlich und sollte es auch bleiben, zumindest redete ich mir das ein. Aber war ich nur ein einmaliges Abenteuer für Inge? Oder wie weit ging das »Haben-Wollen«, von dem sie sprach? Wenn es weiter ging als nur diese eine Nacht im Club, inwieweit konnte ich akzeptieren, dass sie nach wie vor in Swingerclubs ging? Ich glaube, um diese Frage drehte sich alles, was wir an diesem Abend taten; genau das versuchte sie mir auf diesem Weg klarzumachen. Vieles war möglich. War es das auch für mich?

Auf der Heimfahrt sprachen wir über den Abend. Ich räumte ein, dass das, was ich erlebt hatte, durchaus seinen Reiz für mich besäße, wovon ich zuvor nicht einmal zu träumen gewagt hätte. Als ich den Wagen vor ihrer Haustür ausrollen ließ, fragte sie mich, ob ich sie noch ein weiteres Mal in die »Fantasy-Oase« begleiten würde? Sie sah mich an, ich erwiderte den Blick, versank in diese Augen und überlegte nicht lange. Ich sagte zu. Ich glaube, in diesem Augenblick begann unsere Beziehung erst richtig. Von nun an waren wir ein Paar. In der Firma machte die Neuigkeit schnell die Runde, viele meiner Kollegen beglückwünschten mich zu meinem Glück, andere machten aus ihrem Neid keinen Hehl. Inge war eine gutaussehende Frau, intelligent und humorvoll, das, was man eine gute Partie nennt.

Manchmal wüsste ich gerne, ob meine Kollegen immer noch neidisch wären, wenn sie wüssten, wie wir unser Sexleben gestalten. Ob sie ebenso reagieren würden, wie ich darauf reagiert habe, als ich zum ersten Mal davon hörte? Die meisten meiner Kollegen sind in unserem Alter, Mitte oder Ende 40, also eine Generation, die mit anderen Moralvorstellungen aufgewachsen ist. Swingerclubs sind nicht ihre Sache. Allerdings kann man Einstellungen und Ansichten ändern. Ich konnte es ja auch. Dies fiel mir natürlich nicht immer leicht, und noch heute habe ich in gewissen Situationen, die ich mit Inge erlebe, zu knabbern. Ihr dabei zuzusehen, wie sie im Club mit anderen Männern Sex hat, fällt mir manchmal schwer. Allerdings besitze auch ich die Freiheit, mich in den Clubs mit anderen Frauen zu vergnügen, wenn sie mir gefallen. Und Sex zu dritt oder viert hat auch seinen Reiz. Man muss also Vor- und Nachteile abwägen. Das klingt wie das Alibi eines Mittvierzigers, der lieber vieles hinnimmt, als am Ende leer ausgehen zu müssen. Ich glaube nicht, dass ich Angst davor habe.

Inzwischen habe ich mein Selbstbewusstsein zurückgewonnen. Den Miesepeter Dirk gibt es nicht mehr. Ich glaube, wenn ich wollte, könnte ich mittlerweile auch eine andere Partnerin finden, eine, die vielleicht noch einmal eine Familie gründen möchte. Doch will ich das? Ich habe 15 Jahre Ehe hinter mir. In dieser Zeit war die Familie mein höchstes Gut. Heute brauche ich die Erfahrung nicht mehr. Was spricht dagegen, die nächsten 15 Jahre ein wenig Spaß zu haben, und zwar mit Inge. Ich finde, sie ist der ideale Partner für mich. Und sie findet, ich wäre der ideale Partner für sie. Sie hat nicht ganz Unrecht, wenn sie sagt: »Wir erhalten uns unseren Kick.« Kick klingt so nach Jugend. Auch meine Töchter gebrauchen den Begriff sehr oft. Ich würde es anders bezeichnen: Unsere Beziehung baut auf Toleranz und Offenheit. Wenn meine Frau und ich mehr davon einander gezeigt hätten, vielleicht wären wir heute noch zusammen. Vielleicht auch nicht. Im Grunde ist es müßig darüber nachzudenken. Seit einem halben Jahr lebe ich mit Inge zusammen. Wir lieben uns. Das tun viele Paare. Doch das Sexleben von Inge und mir ist ein wenig anders, und das ist gut so.

# *In mir steckt eine exhibitionistische Ader*

**Senta, 29**

*Angestellte*

Ich gebe zu, ich liebe den Nervenkitzel. Zwar kann ich ohne dieses Prickeln der Gefahr meinen Sex genießen, aber mit ist umso besser und mir daher lieber.

Das alles begann mit meinem Freund Joachim, der mir direkt zu Anfang unserer Beziehung gestand, er möge Sex lieber etwas anders. Anders? Darunter konnte ich mir natürlich gar nichts vorstellen, deshalb bat ich ihn, dies doch ein wenig zu spezifizieren. Daraufhin sagte er: »Ich mag Sex an gewagten Orten.« Das machte die Sache ein wenig klarer für mich – wie andere Jugendliche meiner Generation hatte auch ich mich von *Wahre Liebe* und *Peep* über Sex an gewagten Orten aufklären lassen –, aber eigentlich nicht so klar, dass ich jetzt auf Anhieb Bescheid wusste, was er mir damit sagen wollte. Ich meine, genauso gut hätte er sagen können: »Ich arbeite als Beamter.« Damit hätte er noch immer einen Spielraum gehabt, der vom Finanzbeamten über den Lehrer bis hin zum Polizisten reichte. Also: Was waren gewagte Orte für ihn?

Ich sollte es bald erfahren. Sicherlich war mir der Nervenkitzel, den der Sex im öffentlichen Raum verursacht, durchaus bewusst. Erlebt hatte ich ihn allerdings nicht. Die Partner, mit denen ich vor Joachim zusammen war, gehörten eher der Gattung Langweiler an. Wobei das auch wieder übertrieben ist. Als langweilig habe ich den Sex mit ihnen ja nicht empfunden. Erst als ich Joachim kennenlernte, merkte ich, was ich die Jahre zuvor versäumt habe und dass Sex nicht zwangsläufig nur im Bett stattfinden muss.

Joachim brachte mir keine absonderlichen Praktiken bei, aber die Art und Weise, wie und vor allem wo er es mit mir machte, war phänomenal. Kennen Sie die Szene aus *American Pie – Jetzt wird geheiratet,* in dem die Frau unter den Restauranttisch kriecht und dem jungen Typen – wie war noch gleich sein Name? – einen bläst? Der Großteil der Leute, der den Film guckt, denkt wahrscheinlich: »O Gott, o Gott, wie können die bloß?« Und dabei lachen sie sich halbtot. Wenn man es selbst schon einmal so getrieben hat, kann man der Szene nur ein müdes Lächeln abgewinnen. Obschon die Aktion damals mit Joachim natürlich alles andere als normal war.

Im Gegenteil, ich schwitzte Rotz und Wasser bei dem Gedanken daran, erwischt zu werden. Doch ebendiese unmittelbare Gefahr erregte mich und fachte noch mehr meinen Eifer an, es ihm zu besorgen.

Ein anderes Mal machten wir es während der Autofahrt. O Gott, ich darf gar nicht mehr daran denken. Ich bin glücklicherweise nicht die Größte, so dass es auch nicht wirklich ein Problem darstellte. Ich saß auf Joachims Schoß, während er den Wagen über die Autobahn lenkte. Es war eine aberwitzige Situation und gerade deshalb war sie so verflixt geil. Ich spreizte meine Beine und streckte sie zu beiden Seiten seines Sessels vorbei, wie genau weiß ich gar nicht mehr, irgendwie hat es funktioniert. Andere PKWs rauschten an uns vorbei und ich will gar nicht wissen, was der eine oder andere, der einen Blick zu uns risikierte, gedacht haben mag.

Sex im Wald oder Stadtpark kam auch nicht schlecht. Selbstverständlich wählten wir keine gut besuchten Parkanlagen aus, in denen Mütter mit ihren Kindern spazieren gehen oder Rentner in Gruppen vorgefahren werden. Aber die Parks, die wir aufsuchten, waren auch nicht so besucherarm, dass sie für uns ihren Reiz verloren. Denn das Wissen, jeden Augenblick könnte ein Passant an unserem Busch vorbeilaufen und uns beim Sex entdecken, trieb uns ja erst zu Höchstleistungen an und unterbrach unser Treiben, was natürlich auch seinen Vorteil hatte. Bei jedem kleinsten Geräusch – egal ob von einem Spaziergänger oder nur einem Eichhörnchen – hielten wir natürlich inne, was uns nicht leicht fiel, da wir hechelten und stöhnten und die Geilheit einfach nur gerne rausgeschrien hätten.

Joachim war es, der mir auch gestand, er würde sich tagsüber während der Arbeit gelegentlich einen runterholen. Zuerst dachte ich, ich höre nicht recht. Dann erklärte er mir, warum er dies täte. Einerseits natürlich, weil er in dem Augenblick erregt sei und das Bedürfnis habe zu kommen. Andererseits hänge es mit seiner Arbeit zusammen: Er arbeitet in einem Lagerbetrieb für Autozubehör. Dort ist es in Spitzenzeiten, vor allem in den Herbst- und

Wintermonaten, wenn Unfälle an der Tagesordnung sind und viele Ersatzteile nachgefragt werden, ziemlich stressig. Es kann passieren, dass es unter Kollegen zu Reibungen kommt. Joachim meinte: »Bevor ich jemandem meiner Kollegen eines auf die Nase haue, sorge ich lieber anderweitig für Druckausgleich.«

Damit mochte er nicht ganz Unrecht haben, trotzdem fiel es mir anfangs schwer nachzuvollziehen, warum er tagsüber auf der Arbeit onanierte. Das war bei aller Offenheit und Liebe zum außergewöhnlichen Sex ungewöhnlich. Doch je länger ich darüber nachdachte, umso mehr leuchtete mir seine Argumentation ein: Wenn man das Nützliche mit dem Angenehmen verbinden kann, ist das doch umso besser, oder? Ich beschloss, es selbst einmal drauf ankommen zu lassen. Inzwischen mache ich es selbst beinahe regelmäßig.

Ich arbeite als Callcenter-Agentin bei einem Telefondienstleister. Natürlich ist es bei diesem Job nicht so einfach, für ein paar Minuten auf die Toilette zu verschwinden. Aber es gibt immer Mittel und Wege. Anfangs fiel mir das nicht leicht, weil ich natürlich Angst hatte, erwischt zu werden. Stellen Sie sich vor, eine Kollegin kommt auf die Toilette und hört mich hinter einer der Türen gerade stöhnen? Ich bin jemand, der sich gerne gehen lässt, wenn es ihm kommt. Das habe ich mir abgewöhnt, aber trotzdem: Wenn es mich während der Arbeit überkommt und ich die Möglichkeit habe, für ein paar Minuten meinen Apparat auf den einer Kollegin umzuleiten – was generell nicht das Problem ist, da ja jeder mal auf die Toilette muss –, schnappe ich mir meine Handtasche und verschwinde kurz. In meiner Handtasche ist ein kleiner, feiner Dildo, sozusagen für den Ernstfall, mit dem ich es mir mache. Ist schon witzig, in der kleinen Kabine zu sitzen und mir das Teil rein und raus zu schieben, während ich draußen eine andere Kollegin am Waschbecken hantieren höre.

Irgendwann trennten sich die Wege von Joachim und mir. Für mich kein Grund, traurig zu sein. Ich bin Pragmatiker. So was passiert nun mal, Menschen kommen, Menschen gehen. Allerdings hatte Joachim mir Wege und Möglichkeiten eröffnet, auf die ich fortan nicht mehr verzichten wollte. Es war nicht immer einfach, ein entsprechendes Pendant zu finden. Nicht jeder Mann mag das Spiel mit dem Risiko, viele Männer scheuen davor zurück. Ich will nicht behaupten, dass das wie mit dem Teufel und dem Weihwasser ist. Allerdings hatte ich nach Joachim den einen oder anderen Macker an meiner Seite, der mich, als ich ihm im Fahrstuhl an die Wäsche ging, entgeistert anglotzte, als ob ich die Leibhaftige persönlich wäre. Ich drängte dann auch nicht weiter. Ich bemühte mich zwar, die Männer, so sie mich denn faszinierten, ein wenig zu steuern und sie an gewissen Orten mit meinen Reizen zu überraschen. Ob sie darauf eingingen, überließ ich ihnen. Die wenigsten taten das, so viel ist sicher.

Dann lernte ich Kai kennen. Er kam aus einer ganz anderen Ecke – SM – und wusste meine Neigung für den Sex an außergewöhnlichen Orten in ganz neue Bahnen zu lenken. Wobei das jetzt nicht heißen soll, dass unsere Rollenverteilung dementsprechend war, also ich die Devote, er die dominante Führung. Über die zwei Jahre, die ich nun mit Kai zusammen bin, merkte ich, ich mag es zwar, wenn ich unterworfen werde und meinem Partner ausgeliefert bin, ebenso genieße ich es aber, mich in ein raffiniertes Ledertop zu kleiden und selbst diejenige zu sein, die über Lust und Leid ihres Partners entscheidet. Was ich damit sagen will: Ich switche gerne. Es gibt ja SMler, die meinen, das sei ein Unding. Entweder man sei dominant oder devot, aber beides zusammen ginge nicht. Blödsinn! Kai und ich waren der beste Beweis, dass es funktioniert und beide trotzdem viel Lust dabei empfanden, egal, wer gerade die Führung hatte.

Wobei es bei mir und Kai ohnehin mehr um die Lust ging, weniger um Leid oder richtiges Sklaventum. Wir peitschten nicht, stachen uns keine Nadeln durch die Haut, klemmten uns keine Genitalien ein oder ab. Das höchste der Gefühle waren Fesselungen, die dazu dienten, dem anderen wehrlos ergeben zu sein. Das genügte uns voll und ganz, war ein schönes Spiel, mehr nicht und ganz sicher keine Lebenseinstellung. Eher eine Bereicherung. So zumindest empfand ich es.

Was das jetzt mit meiner Faszination am Nervenkitzel zu tun hat? Sehr viel. Denn die Spiele von Kai und mir verlagerten sich nach kurzer Zeit schon in den öffentlichen Raum. Egal ob ich die Dominante war oder er in die Rolle des Dominus schlüpfte, immer wieder war es aufregend, dem anderen Aufgaben zu erteilen, die er zu erledigen hatte. Kai beispielsweise trug mir einmal auf, mich mit Highheels, bauchfreiem Top, knappem Minirock und ohne Schlüpfer in den Fahrstuhl eines vielbesuchten Kaufhauses zu stellen. Dort sollte ich eine geschlagene Stunde hoch und runter fahren. Kai stieg ab und zu in den Aufzug, fuhr einige Stationen mit und stieg wieder aus. Er ließ dabei nicht erkennen, dass er mich kannte. Er beobachtete mich und die Reaktion der Leute auf mein Outfit. Ein anderes Mal trug ich die gleichen Kleider und wir gingen einkaufen. Mehrmals ließ Kai das Portemonaie fallen und forderte mich auf, es aufzuheben. Dabei war ich natürlich gezwungen, den Leuten hinter uns einen Blick auf meine nackte Kehrseite zu bieten. Ich wiederum genoss es, bei einem sonntäglichen Spaziergang im Wald ihn abseits der Wege an einen Baum zu fesseln, ihm die Hose herunterzureißen und ihn so stehen zu lassen, während ich mich ein Stück weiter ins Gebüsch verdrückte, um ihn zu beobachten. Der Anblick, ihn in der freien Wildbahn dort nackt und hilflos stehen zu sehen, und dazu das Wissen, es könnte ihn jederzeit ein Spaziergänger entdecken, machte uns beide an. Natürlich ging die Wahrscheinlichkeit, entdeckt zu werden, gegen Null, dazu hatten wir uns viel zu tief in den Wald verdrückt. Aber allein die Vorstellung reichte uns schon aus.

Logischerweise fiel es Kai nicht schwer, mich für den Besuch von Swinger- und SM-Clubs zu begeistern. Weiß gar nicht, warum ich selbst nicht schon viel früher darauf gekommen bin; immerhin glaube ich, steckt eine exhibitionistische Ader in mir. Anders kann ich mir zumindest meine Leidenschaft für den Sex an gewagten Orten nicht erklären. Natürlich sind Clubbesuche nicht vergleichbar mit Sex an gewagten Orten. Beim Sex im öffentlichen Raum weiß ich, es könnten mich jederzeit andere dabei erwischen oder mir zuschauen – das macht den Kick aus. Im Club verhält es sich selbstverständlich anders:

Dort weiß ich, es gucken mir auf jeden Fall andere beim Sex zu. Das hat seinen Reiz, auf jeden Fall. In Wahrheit ist das auch der Grund, warum ich mit Kai in die Clubs gehe. Ich stehe zumindest nicht drauf, meinen Partner gegen einen anderen Macker zu tauschen. Ich gebe zu, da bin ich ein wenig spießig veranlagt. Ich bin der Auffassung, mein Freund ist *mein* Freund und das bleibt er. Ich möchte ihn mit keiner anderen Frau teilen. Glücklicherweise sieht Kai das ähnlich. Es würde ihm gar nicht gefallen, mich mit einem anderen Typen zu teilen. Und den Wunsch, es mal mit zwei Frauen zu machen, hat er bisher auch nicht geäußert. Ich weiß auch nicht, ob ich darauf so viel Lust hätte. Deshalb kommt Sex zu dritt bei uns auch nicht in Frage. Viel mehr Spaß bereitet es uns, vor den Augen der anderen miteinander Sex zu haben.

# *Trotz der Härte herrscht Achtung voreinander*

Nicki, 43

Viele Jahre meines Lebens war mein Sex langweilig. Er passierte, und wenn er passierte, tat er das immer wieder gleich. Ich lernte einen Mann kennen und dachte automatisch an ein Verhältnis und eine Beziehung. Ich kam gar nicht auf die Idee, Sex ohne eine Beziehung haben zu können. Während ich in diesen Beziehungen anfangs permanent am Samstagnachmittag vögelte, ließ diese Euphorie über die Länge der Zeit nach. Damit setzte ich mich aber gar nicht auseinander. Ich hatte Sex, machte mir keinerlei Kopf darüber, ob er gut oder schlecht war. Ich merkte nur, irgendwann langweilte er. Was zwangsläufig zu Auseinandersetzungen führte. Heute bin ich fest davon überzeugt, ein Großteil der Streitigkeiten in Partnerschaften ist darauf zurückzuführen, dass man sich sexuell miteinander langweilt.

Aber so war es damals. Als ich sexuell erwachte, war es eine ganz andere Zeit als heute. Sex gab es nur in einer Beziehung. Ansonsten wurde nicht viel darüber gesprochen. Viele Jahre meines Lebens blieb mir daher verborgen, dass es so etwas wie SM gibt. Das klingt eigentümlich. Aber es ist wahr. Ich hatte keinerlei Vorstellung, dass es so etwas gibt.

Dann allerdings, das ist nun zehn Jahre her, lernte ich während meines Urlaubes einen Mann kennen, der einen Bezug zu SM hatte. Wir kamen uns näher. Was heißt näher? Eigentlich tat er nichts Besonderes mit mir. Er fesselte mich an einen Stuhl und unterzog mich anschließend einem spielerischen »Verhör«. Das Erstaunliche war: Darauf fuhr ich fürchterlich ab. Den Mann habe ich danach nie wieder getroffen, das Thema allerdings ging mir nicht mehr aus dem Kopf. Die nächsten zwei Jahre las ich dort beinahe nur Bücher und Zeitschriften zu SM. Was ist das? Um was geht es dabei?

Das Thema wirkte faszinierend auf mich, gleichzeitig fand ich diese Faszination sehr erschreckend. Ich hatte studiert und dachte: »Wie komme ich als studierte, aufgeklärte Frau auf diese Ideen? Wie passt das zusammen?«

Dann zog ich nach Berlin. Dieser Umzug war der Auslöser für mich, den Dingen, über die ich so viel gelesen hatte, auf den Grund zu gehen. Ich machte mich auf den Weg in die entsprechenden Lokalitäten und entdeckte eine neue Welt, meine Welt. Normalerweise – ich weiß gar nicht mehr genau, wie normaler Sex geht, weil ich mich damit kaum noch beschäftigte – lastet auf uns Frauen ja der enorme Druck, besonders gut im Bett sein zu müssen. Das klappt allerdings nicht, wenn wir Frauen passiv sind.

Ganz anders funktioniert es in der SM-Szene. Der Sex war für andere umso besser, je mehr ich mit mir geschehen ließ. Andere beschäftigten sich mit mir, und ich musste noch nicht einmal etwas dafür tun, dass auch ich Gefallen daran fand. Das war eine richtig geile Geschichte: Ich stellte mich in den SM-Clubs oder auf den Partys zur Verfügung und ließ mit mir machen. Allerdings war ich eine Anfängerin, der jegliche Vergleichsmöglichkeiten fehlten. Insofern war ich auch ein willkommenes Opfer für eingefleischte Hasen. In meiner Anfangszeit habe ich viele schlechte Erfahrungen sammeln müssen: Mehr als einmal lernte ich auf den Partys einen Mann kennen, verabredete mich mit ihm für den nächsten Tag in einem Café. Dort fragte er mich: »Na, wie sieht es aus, würdest du mal drei Stunden tun, was ich will?« Natürlich dachte ich, der Mann ist ganz interessant, er ist älter, er kann was, er hat sicherlich Ahnung von dem Thema. Also fuhr ich mit ihm ins Studio und er verprügelte mich. Ich sah danach grün und blau an allen möglichen Körperstellen aus. Damit wusste ich natürlich gar nichts anzufangen, nicht mal im Entferntesten. Es war einfach nur ... *scheiße.* So war es nur eine logische Konsequenz, dass ich sagte, ich möchte mit der Szene nichts mehr am Hut haben. Dieser Vorsatz aber hielt nicht lange an. SM reizte mich nach wie vor. Ich fragte mich: Das kann es doch noch nicht gewesen sein? Bloß was war es, was mich faszinierte? Die Antwort fand ich schon bald, als ich einen Mann traf, mit dem ich fortan eine feste Beziehung führte. Diese besaß eine ganz eigene Romantik.

Es faszinierte mich das Devote, das Ausgeliefertsein. Tun, was der andere möchte. Doch so schön die SM-Spiele waren – heute nennt man das »Spiele«; wir wären damals niemals auf die Idee gekommen, es Spiel zu nennen, ein saublöder Begriff, für uns war es bitterer Ernst –, die Beziehung als solche erwies sich als Eigentor! Als ich mich nach drei Jahren von meinem Partner trennen wollte, musste ich erst einmal eine lange Zeit überlegen, ob wir uns tatsächlich trennen sollten; unser Sex funktionierte nämlich hervorragend und wir wussten, etwas in der Form würden wir so schnell nicht mehr finden. Doch das Problem war: Mein Freund und ich, wir hatten uns über SM kennengelernt und versucht, aus der Szene heraus eine richtige Beziehung zu führen. Wir haben eine gemeinsame Wohnung bezogen – was ich nie mehr tun würde. Eine gemeinsame Wohnung nimmt einer Beziehung zu viel ihrer Spannung, vor allem wenn es dabei um eine SM-Beziehung geht, die nahezu rund um die Uhr andauert. Das ist sehr nervenaufreibend. Ich habe einen sehr anstrengenden Beruf, und wenn ich abends nach Hause komme und sofort auf Sklavin umschalten muss, nicht nur in meinem Gebahren, auch von der Optik her, dann baut sich ein ungemeiner Druck auf. Das ist einfach zu viel, das muss ich nicht jeden Tag haben.

Zusätzlich tauchten die üblichen Streitigkeiten auf, die es in einer Beziehung gibt: Es raucht der eine, der andere raucht nicht. Der eine kauft lieber einen Computer, der andere möchte lieber in Urlaub fahren. Ergo: So schön also der Sex zwischen uns war, der Rest funktionierte nicht. Und dann kam noch ein weiteres Problem hinzu, das schließlich zur Trennung führte. Ich wollte weitergehen. Ich war nicht nur devot, ich war masochistisch, mehr als mein Partner schließlich sadistisch zu leisten vermochte. Ich bin Hardcore-Masochistin. Gleichwohl gibt es eine Verbindung zwischen beidem, devot und masochistisch, zumindest was mich betrifft. Ich bin sehr sexgesteuert. Wenn mein Sex gut ist, dann kommt bei mir auch die devote Ader durch. Wenn ich allerdings nur durch die Gegend kommandiert werde, ohne dass etwas mit meinem Körper geschieht, dann finde ich es nicht mehr erregend, sondern langweilig und nervend.

Seit drei Jahren lebe ich in einer idealen Beziehung. In meinen Augen ist es aber nicht wirklich eine »Beziehung«, denn im üblichen Sinne habe ich nichts von diesem Mann, trotzdem ist eine intensive Beziehung entstanden, die wir wie unseren Augapfel hüten. Öffentlich treten wir nicht auf.

Ich kannte ihn schon von Partys der SM-Szene. Wir sind uns mehrfach über den Weg gelaufen und haben irgendwann sogar einige Sessions zu dritt gemacht, zusammen mit seiner Frau. Dadurch, dass ich zuvor schon Sessions mit anderen Paaren unternommen, mich auch in Swingerkreisen bewegt hatte, waren mir solche Sessions zu dritt oder zu viert nicht fremd. Gerard ist Sadist und die paar Mal, die wir uns trafen, stellten wir fest, sexuell passten wir hervorragend zueinander. Seine Frau aber lehnte weitere Treffen ab.

Gerard und mich hinderte es aber nicht daran, uns regelmäßig zu treffen. Damit war klar, unsere Sessions konnten nur in aller Heimlichkeit stattfinden. Anfangs habe ich mir natürlich meine Gedanken darüber gemacht. Ziemlich viele sogar, ein paar Wochen lang. Allerdings ist unsere »Beziehung« so selten zu finden, eine Beziehung, die so gut passt, dass ich nicht einsah, warum ich darauf hätte verzichten sollen.

Seine Frau weiß bis heute nichts davon, glaube ich zumindest. Ich habe Gerard nie nach seiner Frau gefragt und was in ihrer Ehe läuft oder nicht läuft oder warum er sich auf einen, naja, Ehebruch einlässt. Wir treffen uns alle paar Wochen – auch mal häufiger, es ist völlig unterschiedlich, es liegen aber nie Monate dazwischen – in Studios, die wir für unsere Zwecke anmieten, in seinem Büro oder in meiner Wohnung. Wir brauchen keinen künstlich geschaffenen Anlass, also ein Spiel, in dessen Rahmen ich mir erst einige Verfehlungen leisten muss, um hiernach dafür bestraft zu werden. Unsere Sessions entwickeln sich aus einer gewissen Nähe heraus. Manchmal gehen wir vorher essen, manchmal treffen wir uns zum Quatschen. Aber es gefällt mir, dass ich bei ihm nicht die devote Nummer fahren muss.

Aber ansonsten geht es in unserer »Beziehung« schlicht um sadistische Praktiken, die funktionieren und die Lust erzeugen. Bis eine Session beginnt, kann aber durchaus eine Stunde oder mehr vergehen. Was wir dann tun, wäre für die meisten SMler nicht zu verschmerzen, aber wenn er mich quält, sei es mit Nadeln oder mit dem Rohrstock, dann liebe ich ihn so sehr und bin so scharf auf ihn, wie ich noch keinen Mann begehrt habe. Schlimm sehe ich manchmal danach aus. Ob das nun Rohrstockschläge sind, die so weit gehen, dass der Arsch aufplatzt. Ob das extreme Nadelungen an der Brust sind. Oder ob das extreme Fistings sind, auch Analfistings. Das sind alles Dinge, die ich vorher nicht kannte. Dinge, von denen ich dachte: »Um Gottes willen, gibt es das wirklich? Kann das funktionieren? Kann das sogar Lust machen?« Und ich erfuhr: »Scheiße, ja, es erzeugt Lust.«

Irgendwann ahnte ich, dass ich bei extremen Schmerzen einen Orgasmus kriegen kann. Anders als vielleicht andere Masochisten, denen ein Orgasmus ziemlich egal ist – solche Masochisten gibt es, ob die sexuell motiviert sind, möchte ich aber dahingestellt lassen –, lege ich sehr viel Wert auf einen Orgasmus. Ich meine, wenn ich auf Schmerzen nicht geil werden würde, wären die Sessions doch uninteressant für mich, oder? Wenn die Schmerzen keinen Orgasmus auslösen würden ... also, ich bin ja nicht bekloppt ... dann würde ich all das ja nicht tun beziehungsweise mit mir machen lassen. Ich gebe ja zu: Im Rahmen unserer Sessions haben Gerard und ich auch ganz normalen Verkehr. Ich denke, dass es für ihn nicht so wichtig ist wie für mich, aber ich finde es eine sehr schöne Erfahrung zu spüren, dass auch er sehr geil auf unsere Spiele reagiert. Ich habe durchaus Sadisten kennengelernt, die überhaupt keinen mehr hochbekommen, weshalb auch immer. Das ist in meinen Augen kein so tolles Gefühl.

Ich habe mich im Internet informiert und festgestellt, dass alles, was wir tun, abgesehen natürlich vom Verkehr, Praktiken sind, die sehr selten vollzogen werden. Ich denke daher schon, dass meine »Beziehung« zu Gerard extrem ist. Manchmal machen wir sogar Dinge, in deren Anschluss ich erschöpft bin, zwar nicht tagelang, aber doch so, dass ich mich, wenn ich am nächsten Tag von der Arbeit zurückkehre, erst einmal ins Bett legen muss. Zu Anfang gab es durchaus die Situation, in der ich dachte, es wäre schön, wenn er jetzt bei mir wäre. Andererseits glaube ich, bei SM, hartem SM, geht es um Verzicht und nicht darum, im Anschluss getröstet und getätschelt zu werden. Es geht darum zu merken, was Sache und was richtig ist. Gleichwohl herrscht auch keine Lieblosigkeit. Trotz dieser Härte herrscht Achtung und Respekt voreinander.

Über die Jahre, die ich mich nun schon mit Gerard treffe, haben sich meine Grenzen verschoben. Früher hatte ich fürchterliche Angst vor Nadeln. Nachdem Gerard die Nadelungen einige Male an mir vorgenommen hat, fuhr ich total darauf ab. Heute kann ich sie genießen, obwohl ich es immer noch extrem finde, wenn Nadeln durch die Brüste gebohrt werden. Ähnlich verhält es sich mit Analfisting, das ich mir anfangs gar nicht vorstellen konnte. Doch in dem Augenblick, wo ich es zum ersten Mal machte, eröffnete sich mir ein neuer Horizont. Dadurch wurde ich auch mutiger. Wenn es mit einer Hand geht, so stellte sich mir zwangsläufig die Frage, was geht denn dann da noch hinein?

Ich habe mich immer gegen Natursekt gesträubt. NS gibt es in meinem Verhältnis zu Gerard nicht. Aber ich erinnere mich an Situationen, in denen ich so weit war, dass ich gedacht habe: »Es wäre klasse, wenn er mich jetzt anpissen würde. Das würde dem allen noch ein Ding draufsetzen.«

Für mich hat das Verhältnis zu Gerard so etwas wie einen Experimentcharakter. Was geht noch? Was wird noch passieren? Darüber reden tun wir in den seltensten Fällen, allenfalls in Andeutungen. Meist macht Gerard die Dinge mit mir, die er machen möchte. Wenn er merkt, dass er bei mir auf Ablehnung stößt, versucht er mich zu verführen. Natürlich ist das nicht mit einer klassischen Verführung zu vergleichen. Er muss zielgerichtet fummeln, so lange fummeln, bis mein Erregungsgrad diverse Praktiken zulässt.

Die Gefahr ist sehr groß, dass sich Dinge zu wiederholen beginnen und unser Verhältnis sich abnutzt. Das, glaube ich, hat aber weniger mit SM zu tun, sondern vielmehr damit, dass wir beide uns auch in einem heimlichen Verhältnis sehr nahe kommen. Nur weil wir uns selten sehen, bedeutet es ja nicht, dass wir nichts vom anderen erleben. Über einen längeren Zeitraum hinweg lernen auch wir beide uns näher kennen. Daher glaube ich, das Persönliche an der Beziehung wird sich eher abnutzen als die SM-Praktiken.

Um ein wenig Abwechslung zu erleben, gehe ich nach wie vor auch raus auf Partys und in Clubs. Aber ich finde es teilweise sehr unbefriedigend. Häufig passiert auf den Partys in Berlin auch nicht viel Aufregendes. Da stehen die Leute in ihren schönen Kleidern herum und das war's. Und wenn denn was passiert, sind es Sachen, die ich in den zehn Jahren, die ich nun in der SM-Szene bin, schon einige Male erlebt habe, die ich als oberflächlich empfinde und die nicht sehr spannend sind – im Vergleich zu dem, was ich erlebe. Klar, ich habe auch private Treffen mit anderen Leuten, allerdings zunehmend weniger mit Männern alleine.

Gelegentlich treffe ich mich mit Paaren, was ich nicht uninteressant finde, aber in der Regel funktionieren die Sessions nicht. Meist werden die anderen Frauen sehr schnell eifersüchtig, und dann ist ein Abend in der Regel gelaufen. Auch die Spiele, die dann exerziert werden – ich als die Zweitsklavin, na super! –, sind für mich sehr gewöhnlich. Wenn man so lange in der Szene ist wie ich, werden aus diesen Spielchen Rituale. Man bekommt sehr schnell das Gefühl, diese Rituale werden abgearbeitet. Das sehe ich, merke ich, spüre ich sehr genau. Und denke mir: »Naja, das muss ich auch nicht unbedingt mehr haben.«

Ich bin mir durchaus bewusst, dass einige Dinge auf der Strecke bleiben: Nähe, Geborgenheit, die Gemeinsamkeit, an irgendeiner Form von kulturellem Leben teilzuhaben. Aber ich bin nicht auf der Suche nach einem Mann, der mir das bieten kann. Die Suche habe ich längst aufgegeben. Denn mal ehrlich: Ich habe lieber alle drei oder vier Wochen einen geilen Abend mit Gerard als eine Beziehung, die sich drei oder vier Jahre hinschleppt, weil es ansonsten, auch im Bett, nicht klappt. Davon habe ich bereits einige Beziehungen gehabt. Ich muss mich entscheiden: Will ich so etwas wie soziale Geborgenheit oder Aufregung in meinem Leben? Im letzteren Fall ist man natürlich bis auf einige wenige Leute sehr alleine. Aber ich finde, man muss halt Dinge in Kauf nehmen, um andere erleben zu dürfen.

Tja, das alles ist nicht so ganz nachvollziehbar für normale Menschen.

# *Ringe solchen Ausmaßes bereiten mir sexuelle Freuden*

**Pit, 54**

*Vorruhehständler*

Mein Leben war schon immer ein bisschen anders. Anders aber nicht im Sinne von extrem. Obwohl dies in den Augen anderer Menschen vielleicht der Fall wäre. Aber extrem ist immer eine Ansichtssache. Als Jugendlicher, gerade mal 16, wollte ich von zuhause ausziehen. Meine Eltern fanden das alles andere als toll und legten ihr Veto ein. Da waren sie bei mir an der richtigen Adresse, ich drohte ihnen: »Wenn ihr mich jetzt nicht gehen lasst, gehe ich, sobald ich volljährig bin und komme nie wieder.« Ein Argument, gegen das nur schwerlich eine Antwort zu finden war, vor allem wenn man das Kind liebender Eltern ist. Meine Eltern ließen mich ziehen. Ich zog durch die Welt, unternahm einen Trip nach Australien, durchkreuzte Thailand, stand an der Chinesischen Mauer, guckte mir den Kreml an und schlug meine Zelte Ende der 70er Jahre in Berlin auf, das durch seine geographische Lage und seine Situation eine ungeheure Faszination auf mich ausübte. Hier blieb ich und wurde Blumenhändler. Das mag für manche jetzt natürlich absurd klingen, einige meiner Freunde guckten auch nicht schlecht: ein Weltenbummler und Lebemann wie ich, der am Ende seiner Tage ausgerechnet Blumen verkauft. So paradox empfand ich es nicht. Gerade ich als Weltenbummler, der Mutter Erde lieben gelernt hatte, blieb der Natur auf diesem Wege verbunden.

Wenn man so will, tat ich dies auch durch meinen Körperschmuck, der schließlich keine Erfindung des zivilisierten Westens, sondern eine Errungenschaft der Naturvölker ist, von denen ich sogar einige während meiner ausgedehnten Reisen kennenlernte. Ich denke, beim Anblick der Einheimischen mit ihren Ringen erwachte meine Leidenschaft für Piercings. Ende der 80er Jahre, Anfang der 90er war mir klar, ich möchte auch Piercings tragen. Damals gab es keine Studios wie heute. Ich hörte von einigen Ärzten, die Piercings unter der Hand stachen, aber an sie heranzukommen, war sehr schwierig. Also blieb mir nichts anderes übrig, als mich selbst zu piercen. Was so einfach klingt, war natürlich ein Prozess. Zu Anfang hatte ich mich natürlich mit der menschlichen Anatomie auseinanderzusetzen, denn Piercings tragen ist das eine, sich verletzen das andere. Weil es schließlich aber so gut klappte, begann ich auch Freunde und Bekannte zu piercen. Geld wollte ich dafür keines. Piercen war etwas, was mir Spaß machte, was mir Freude bereitete, es war ein Hobby. Geld, so sehe ich das, bekomme ich für die Arbeit, aber nicht für ein Vergnügen. Ich selbst brachte es irgendwann auf 32 Ringe am Sack. Zwei davon haben noch heute eine Ringstärke von einem Zentimeter. Das ist ein gewaltiger Durchmesser, da passt locker der kleine Finger durch – vorausgesetzt, ich nehme den Ring raus. Mache ich aber nicht, selbst im alltäglichen Leben nicht. Manch einer, der davon hört, nimmt an, so gewaltige Ringe würden mir Probleme bereiten. Im Gegenteil. Ringe solchen Ausmaßes bereiten mir sexuelle Freuden. Schließlich kann ich einiges mit ihnen machen, Gewichte dranhängen zum Beispiel. Okay, ich gebe zu, neben dem rituellen Aspekt der Naturvölker sind Piercings für mich natürlich auch eine sexuelle Geschichte. Ich bin in der Schwulenszene aktiv, da läuft der Sex ja ohnehin ein bisschen anders, manchmal ein wenig härter. Ich kenne andere Männer, die haben weitaus mehr Piercings im Genitalbereich als ich. Es stört niemanden. Im Gegenteil, das finden die Leute richtig geil.

Es gab allerdings auch Situationen, in denen diese Menge an Piercings im Intimbereich nicht auf Begeisterung stieß. Zum Beispiel bei Ärzten. Es gab Momente, in denen Ärzte sich weigerten, mich zu behandeln, weil sie der Ansicht waren, ich hätte die Beschwerden mit meinen Piercings selbst verursacht. Egal was ich versuchte ihnen zu erklären, sie blieben stur der Auffassung, Auslöser meiner Krankheit wären die Piercings. Unglaublich, wie verbohrt manche Ärzte sich gaben. Als wäre man der letzte Penner und hätte von nichts eine Ahnung.

Einmal musste ich ins Krankenhaus, weil mir Schmerzen in der Schulter bis runter zur Leiste arg zusetzten. Keiner wusste, woher die Schmerzen rührten, und als ich schließlich in der Uniklinik lag, behandelte man mich mit meinen vielen Ringen als Anschauungsobjekt. Die Studenten kamen in Scharen durch mein Zimmer marschiert. Stundenlang ging das so. Keiner wusste zwar, woher meine

Schmerzen kamen, aber alle wollten mich befragen, bewundern, bestaunen. Ich kam mir vor wie in einem Zoo. Das alles wäre ja noch nicht einmal so schlimm gewesen, wenn ich nicht zunehmend den Eindruck gewonnen hätte, alle wollten zwar gaffen, aber keiner wollte mir helfen. Irgendwie hatte ich das Gefühl, keiner nahm mich und meine Schmerzen wirklich ernst.

Die Dreistigkeit kam jedoch, als ich endlich wieder daheim war: Als sie mir die Rechnung schickten – ich war privat versichert –, fand ich in der Auflistung der Leistungen und Untersuchungen des Krankenhauses auch einen Schwangerschaftstest, den sie angeblich an mir vorgenommen hatten. Das setzte allem nun wirklich die Krone auf: Glaubten die denn tatsächlich allen Ernstes, nur weil ich ein Mann war, der über 30 Intimpiercings trug, sei ich kein Mensch, der ein bisschen Grips im Schädel hat? Offenkundig, sonst hätten sie ja nicht geglaubt, mich übers Ohr hauen zu können. Glücklicherweise war der Schwangerschaftstest negativ ausgefallen. Nicht auszudenken, wenn er positiv gewesen wäre ...

Mitte der 90er hatte ich die Schnauze voll von meinem Blumenladen. Ich arbeitete 365 Tage im Jahr, in Schaltjahren 366 Tage. Morgens um 5 Uhr stand ich auf, abends um 8 Uhr ging ich nach Hause und ins Bett. Die meisten Leute können sich das gar nicht vorstellen, aber ganz ehrlich, einen Blumenladen zu betreiben ist ein harter Job. Ein guter Blumenladen sollte immer um die 8 Grad Raumtemperatur besitzen. Ein Blumenladen, der im Sommer die Tür offen stehen hat, wirkt zwar einladend für die Kunden, bietet ihnen aber keine guten Blumen. Darauf sollten Leute, wenn sie Blumen kaufen gehen, einmal achten. Hinzu kam, dass die vielen Blumen in den Vasen auf den Boden nässten und ich nicht selten mit nassen Füßen herumrannte. Warum ich das erzähle? Nun, mindestens acht Mal im Jahr quälte ich mich mit Blasenentzündung herum. Und die Ärzte wollten mir dann immer weismachen, schuld seien nur meine Piercings.

1996 hängte ich meinen Blumenladen an den Nagel. Ich hatte genug Geld verdient, um mein Leben fortan genießen zu können

– ohne Blasenentzündung, aber mit jeder Menge Piercings. Endlich war auch der Moment gekommen, dass ich mich tätowieren lassen konnte, und zwar richtig. Die wenigen Tattoos, die ich mir bisher hatte stechen lassen, unbedeutend kleine Motive, ließ ich mir schwarz färben.

Schwarze Flächen haben mich, seit ich sie zum ersten Mal bei den Naturvölkern gesehen hatte, schon immer fasziniert. Aber ich hatte nie die Zeit und den Mut dazu gefunden. Als ich mit meinem Blumenladen aufhörte, war der Zeitpunkt gekommen. Wie der Zufall es wollte, sah ich jemanden mit ähnlichen Tätowierungen und sagte mir: »Jetzt oder nie!« Fortan lag ich jede Woche unter der Nadel, Stückchen für Stückchen wurde meine Haut schwarz gefärbt. Das kostete mich sehr viel Kraft. Es ging an die Substanz. Noch dazu tat es stellenweise verdammt weh. Am schlimmsten waren die Arschbacken. Irgendjemand erzählte mir von Emlersalbe, sie würde Wunder wirken. Ich probierte die Salbe an den kritischen Stellen aus. Es klappte. Das Tätowieren bereitete keinerlei Schmerzen mehr. So kam es, dass ich irgendwann für alle Körperregionen Emlersalbe verwendete. Ich sagte mir: »Warum mich unnötig quälen?«

Inzwischen ist mein Körper komplett schwarz. So was kann man schlecht beschreiben. Es ist wie eine zweite Haut, die ich trage, und irgendwie auch wieder nicht. Denn es ist ja meine eigene Haut, nur dass sie statt fleischfarben jetzt pechschwarz ist. Hier und da sind ein paar Lücken, die aufgefrischt werden müssen, weil die Farbe ausgelaufen ist, aber ansonsten bin ich am Ende angelangt. Emler wird sich sicherlich schon fragen, warum die Umsätze eingebrochen sind ...

Meine Mutter weiß von meinen Tätowierungen und Piercings bis heute nichts. Wann immer ich in den vergangenen 20 Jahren daheim war, habe ich vermieden ihr zu sagen, ich sei tätowiert oder gepierct. Manche könnten mich jetzt einen Feigling schimpfen, weil ich mich nicht getraut habe. Andererseits, weil mein Blumenladen die vergangenen Jahre so viel Arbeit für mich bedeutete, besuchte ich meine Eltern meist nur einen Tag; wenn ich diesen einen Tag bei meinen Eltern war – Familienbesuch, Essen, Kaffee und Kuchen, das übliche Procedere –, wollte ich die wenigen Stunden nicht mit Diskussionen und Auseinandersetzungen über Konventionen und Traditionen verbringen. Ich wollte die Zeit mit ihnen genießen. Heute bedaure ich es ein bisschen, dass ich den richtigen Zeitpunkt versäumte, es ihnen zu sagen. 1999 starb mein Vater. Meine Mutter lebt alleine. Ihr möchte ich meine Tätowierungen und Piercings auch nicht mehr zeigen. Nicht weil es mir schwerfällt, dass ich ein Geheimnis vor ihr habe, das ich mit mir herumschleppe und mich belastet, deswegen nicht. Ich finde, ich lebe mein Leben, sie lebt ihr Leben, und warum sollte ich mit ihr die letzten Tage noch Konflikte austragen? Sie würde es eh nicht mehr verstehen.

Klar, ärgern tut es mich in gewissen Situationen trotzdem, dass ich beschlossen habe, ihr nichts zu sagen. Zum Beispiel wenn ich mal auf Besuch bei meiner Mutter bin. Meine Mutter hat Arthrose, sie kann nicht mehr richtig laufen, sich nicht mehr bücken und als sie kürzlich die Handwerker im Haus hatte, die die Heizung von Öl auf Gas umstellten, versprach ich, ihr am Abend beim Aufräumen und Putzen zu helfen. Ausgerechnet an dem Tag war es mörderisch heiß und ich schwitzte unter meinem Hemd mit langen Ärmeln wie eine Sau. Das gleiche Problem stellte sich mir bei der Hochzeit meiner Schwester. Es war Sommer, als die Gartenparty stieg. Es war heiß. Freunde, Verwandte, Bekannte gaben sich piekfein ein Stelldichein, traditionell in Anzügen und Kleidern. Auch ich war anwesend, natürlich mit weißem Hemd. Mir war klar, unter dem weißen Hemd schien die schwarze Haut durch, also trug ich unter dem weißen Hemd noch ein weißes, langärmliges T-Shirt – und das bei den vorherrschenden Temperaturen.

Selbst heute bei Behördengängen trage ich noch Hemden mit langen Ärmeln. Eigentlich hätte ich das nicht nötig. Aber das ist eine Sache des Anstands, der Erziehung. Ich bin mit meinen 54 Jahren in einer Zeit aufgewachsen, in der Behörden noch ganz anders arbeiteten und Tätowierungen und Piercings mit Argwohn begegneten. Dementsprechend verhalte ich mich auch heute noch den Behörden gegenüber. Die Jugendlichen gehen heute zwar lockerer damit um, aber meine Erziehung steckt noch in mir drin. Ich komme nicht dagegen an.

Andererseits besitzt diese Doppelrolle natürlich auch ihren Reiz. Wenn ich durch die Stadt spaziere, ahnt niemand, was sich unter meinem Hemd, meiner Jacke, meiner Hose alles verbirgt. Einerseits bin ich der kreuzbrave Blumenhändler und Ruheständler, den auch die Oma gerne grüßt, andererseits der tätowierte und gepiercte Freak, dessen Körperschmuck ein Ausmaß angenommen hat, bei dem die Oma wahrscheinlich nur mit dem Kopf schütteln würde – würde sie davon erfahren. Aber ich bin nicht der Typ, der seine Zierden an die große Glocke hängen muss. Ich bin sogar der Auffassung, was ich am Körper trage, brauchen die Leute nicht zu wissen. Das geht sie nichts an. Wenn dann doch mal jemand von meinem Körperschmuck erfährt, auch nicht weiter schlimm. Hauptsache er akzeptiert es. Stört es ihn, kann ich ihm auch nicht helfen. Was andere darüber denken, interessiert mich nicht. Natürlich haben sich durch die Menge und den Umfang meiner Piercings Einschränkungen ergeben. Nicht mehr jede sexuelle Spielart ist möglich. Und nicht jeder fühlt sich davon angetörnt. Kontakte haben sich dadurch natürlich erschwert. Nicht jeder ist davon begeistert. Muss aber auch nicht. Es ist *mein* Leben, meine *Leidenschaft*. Die, die sich von meinen Piercings angetan zeigen und im Idealfall Gefallen daran finden, sind umso begeisterter. Und die, die mich auch mit dem Körperschmuck mögen, von denen weiß ich, dass sie mich als Mensch mögen, so wie ich bin. Ich kann mir sicher sein, sie stehen hinter mir. Insofern passiert durch meine Tätowierungen und Piercings auch eine natürliche Auslese ...

Aber sie waren für mich nicht von Anfang an ein Mittel, mich von den anderen abzuheben. Bei vielen Leuten, die es übertreiben, ist das ja so. Sie wollen Rebell sein, provozieren oder erschrecken. Hätte ich das gewollt, ich denke, dann hätte ich meinen Eltern davon erzählt. Ich hätte meine Eltern erschrecken können, denn sie sind bieder, konservativ und halten viel auf traditionelle

Werte. Wenn dem so gewesen wäre, dann hätte ich meinen Körperschmuck an die große Glocke hängen, hätte meinen Eltern beweisen müssen, dass ich noch immer gegen sie bin. Aber ich muss nichts beweisen, nicht ihnen, nicht mir selbst, niemandem gegenüber. Körperschmuck ist eine ganz persönliche Sache, nur für mich selbst. Dass es am Ende von allem so viel wurde, ist einfach passiert. Ich ging ja nicht von Anfang an davon aus und sagte mir: »Ich will so viele Piercings oder so viele Tätowierungen haben.« Es reizte mich, es faszinierte mich und irgendwann waren die vielen Piercings und die Tätowierungen da.

# *Ein Feuer, das nicht zu löschen ist*

**Melanie, 31**

*Arzthelferin*

Viele meiner Freunde sagen, meine Beziehung sei ziemlich extrem. Das finde ich nicht. Meine Beziehung ist anders, das trifft es eher. Es ist vier Jahre her, dass ich Daniel in einem der Clubs in Berlin kennenlernte. Zuerst war er eine flüchtige Bekanntschaft, wie sie für die Szene, in der wir verkehrten, typisch ist.

Der Club war gut gefüllt. Überall bewegten sich schwitzende Körper zu einer energetischen Musik. Es war ein schwelendes Etwas aus nassen, zuckenden Leibern, die sich in der Dunkelheit berührten, aneinander rieben und die der Beat zu noch mehr Leidenschaft peitschte. Genau das war es, was mich immer wieder in diese finsteren Verliese zog, dieser Sex, über den niemand sprach und doch jeder fand, mal mehr, mal weniger. Der Weg war das Ziel, der Club die Erotik, die Musik der Orgasmus, der Schweiß das Sperma.

Daniel und ich, wir sahen uns und wir fanden uns später in seinem Bett wieder. Keine Ahnung, wie wir dorthin geraten waren. Ich erinnere mich nur noch an die Tracks, *Sweet Muzik,* die der DJ in dem Bunker fünf Meter unter der Erde aus den Boxen hämmerte. Da waren Nebel, *Midnight After Dark,* und Lichterblitze, *Freaks On Hubbard.* Und da waren die Augen, die sahen, und Augen, die gefunden wurden. *Look And See.* Der Fick war ... *anders.* Ja, genau, das war er. Statt einem langen Vorspiel ging es gleich zur Sache. Daniel wusste, was er wollte. *Sex Me All Nite Long!* Mir gefiel, dass er wusste, was er wollte. Statt einer Kuschelrock-CD lief Techno, in dessen Takt unsere Becken aneinanderklatschten. *Jaywalkin'*. Statt mich zu streicheln, schlug Daniel auf meinen Arsch. Statt meine Brustwarzen zu liebkosen, kniff er sie. Er erzeugte Gefühle an Körperstellen, die, wie ich glaubte, bis heute empfindungslos gewesen waren. Daniel machte mich rasend vor Lust, schickte meinen Körper auf einen Höllentrip. Ich zitterte und schauerte und irgendwann gab ich auf, die Orgasmen zu zählen, die ich bekam. Ich glaubte, den Verstand zu verlieren. Ich hoffte sogar, den Verstand zu verlieren, denn mein Kopf war wie in einem Strudel gefangen, der Leidenschaft und Wahnsinn umherschleudert, und ich befürchtete, am Ende würde nur der Wahnsinn übrig bleiben, so entsetzlich geil war es. Ich war ihm willenlos ausgeliefert, tat alles, was er von mir verlangte. An vieles kann ich mich nicht mehr erinnern. Nur, dass es mir nichts ausmachte. Ich wünschte mir, diese Nacht würde nie vergehen.

Doch bekanntlich hat alles ein Ende. Deswegen wollte ich, dass dieses Erlebnis wenigstens nicht einmalig blieb. Am nächsten Morgen tat ich etwas, was ich normalerweise nie machte. Ich hinterließ ihm meine Handynummer in der Hoffnung, er würde empfinden wie ich und mich wiedersehen wollen. Schon auf dem Heimweg bekam ich die erste SMS: »Ich will mehr!« Ich wollte auch.

Es ist nicht so, dass ich bis zu dem Tag, an dem Daniel in mein Leben trat, keinen Spaß am Sex hatte. Die Beziehungen, die ich führte, und erotischen Abenteuer, in die ich mich stürzte, waren befriedigend.

Dies darf man ruhig mehrfach deuten. Befriedigend im Sinne von Orgasmen, die ich erlebte. Ich kam also auf meine Kosten. Befriedigend aber auch im Sinne der Schulnoten, die wir als Kinder bekamen: eine Drei. Das bedeutete in der Regel, die Leistungen waren durchschnittlich.

So habe ich meinen Sex freilich nie gesehen. Erst als ich Daniel kennenlernte, ging mir auf, was noch möglich war, und obwohl ich erst einmal mit ihm gevögelt hatte, war ich mir sehr wohl schon bewusst, dass das noch längst nicht alles war. Es gab noch so viel zu entdecken. Jetzt ärgerte ich mich, dass ich mich die vielen Jahre zuvor mit so wenig zufrieden gegeben hatte. Befriedigend. Durchschnitt eben. O Mann!

Die zweite Nacht ließ nicht lange auf sich warten. Wir redeten viel, hörten einander zu. Dabei ging es überwiegend um Sex. Seltsamerweise störte mich das in keinster Weise. Unsere erste Nacht hallte noch nach in mir, und wenn Daniel erzählte, malte ich mir das, von dem er sprach, in den heißesten Phantasien aus. Ich drehte durch, klinkte aus. Ich wollte es noch einmal und noch einmal und immer wieder. Darauf lief es doch hinaus. Keiner von uns wollte, dass es bei der einen Nacht blieb, oder? Deshalb tat ich erneut etwas, woran ich bis dahin noch nie zu denken gewagt hatte. Ich sagte zu ihm: »Benutz mich!«

Allein die zwei Worte, die aus meinem eigenen Mund kamen, ließen mich erbeben. Sie klangen so ekelhaft verdorben, aber dass mir das gefiel, überraschte mich in keinster Weise. So wenig Zeit vergangen war, so sehr war ich bereits dafür sensibilisiert. Gerade das, diese Grenze, die ich in diesem Augenblick mit einer Leichtigkeit überwand, und die Erkenntnis, dass Daniel um meine Bereitwilligkeit wusste, heizte die Atmosphäre zwischen uns noch einmal an.

Es geschah ohne Vorspiel und Streicheleinheiten. Es musste schmerzen, es schmerzte. Daniel kratzte und ziepte und quälte. Unser Sex war wild und hart. Irgendwann fand ich mich in Schnüre gebunden und auf Knien vor ihm wieder, an meinen Brüsten hingen Klammern, ich weiß gar nicht wie viele, und hatte seinen Schwanz im Mund. Seine Hände hielten meinen Kopf, es gab kein Entrinnen. Jede andere Frau wäre wahrscheinlich in Verzweiflung ausgebrochen, so wehrlos und gedemütigt, wie ich in dieser Situation gefangen war. Aber es war mitnichten eine Gefangenschaft. Stattdessen zerfloss ich vor Leidenschaft und wünschte mir von allem nur noch mehr, noch mehr Hilflosigkeit, noch mehr Ausgeliefertsein, noch mehr Abartigkeit, noch mehr Geilheit. Das war es: abartig, und trotzdem geil. Abartig geil! Ich nahm Daniels bestes Stück tief in mir auf und schließlich alles, was er gab.

Jeder von uns bekam, was er wollte, was er brauchte. Jedesmal ein Stück mehr. Ein Ziel hatte Daniel dabei nicht. Nur Regeln. Ohne die geht es nicht. Aber irgendwie musste ich Daniel nicht bremsen, er wusste, wie weit er gehen durfte. Immer einen Schritt weiter. Genau das war das Besondere: Wir waren einander vertraut, praktisch vom ersten Tag an. Ich wollte, er hatte. Ich gab, er nahm. Das Wissen darum war es, was mich in dieser Zeit auch veränderte: Daniel gab mir das Gefühl, dass nur ich ihm das geben konnte, was er brauchte. Das, was auch ich brauchte und was ich immer gesucht hatte. Nur dass ich von dieser Suche bis zu unserer ersten Begegnung noch nichts wusste.

Anfangs waren wir zufrieden mit uns selbst. Dann deckte er mich irgendwann mit Klamotten ein – Strings, Riemen-Bustier, Kettengeschirr, Harnas, Halsband, Augenmaske, alles, was dem Rahmen, den er schuf, nur irgendwie gerecht wurde. Ich begehrte nicht dagegen auf, nicht nur, weil ich neugierig war, auf das, was noch alles zu kommen versprach. Auch nicht, weil mir die Kleidungsstücke gefielen, was sie sehr wohl taten. Es lag nicht einmal daran, dass ich glaubte, er würde auf diese anrührige Weise um mich und für seine Inszenierungen werben. Nein, die Wahrheit war so banal: Die Kleider gehörten wie selbstverständlich zu meiner Rolle hinzu, ihm und seinen Wünschen eine ergebene Sklavin zu sein. Ich ließ es geschehen, weil ich es wollte. So einfach war es.

Er kaufte Spielzeug, Dildos, Anal-Stimulatoren, Spreader, Seile, Ketten und Handschellen, Peitschen, Penisringe, Brustklemmen – das komplette Arsenal von Beate Uhse und Sex World, das in Aussicht stellte, mit ihnen die bizarre Welt erobern zu können. Er bestellte DVDs und Videos mit so verheißungsvollen Titeln wie *ArtBizarre*, *Das Verlies des Dr. Fetish* oder *SM-Club*. Ich gierte nach den Filmen und machte es den Darstellerinnen gleich, kaum dass der Film vorbei war. Es war ein Spiel und die Realität zugleich. Er war mein Meister, ich seine Sklavin, wir waren ein Team.

Manchmal, an Tagen, an denen wir uns nicht sahen und ich vor Sehnsucht nach einer Erziehung durch seine Hand verging, stellte ich mir die Frage, ob ich die erste Frau in seinem Leben war, für die er all diese Investitionen auf sich nahm. Dann verwarf ich den Gedanken. Natürlich war ich nicht die erste. Was für ein blöder Gedanke. Er führte mich mit geübter Hand, ließ keinen Zweifel daran, dass er wusste, was er wollte. Und wie er mich bekam. Und ich war bereit, mich ihm auszuliefern, immer und immer wieder. Was machte also schon die Vergangenheit aus? Wir genossen die Lust hier und jetzt, jeder für sich mit seinem Körper und trotzdem der eine nicht ohne den anderen, gemeinsam einem ungewissen Ziel entgegen.

An manchen Abenden hatte ich nur in Highheels durch die Wohnung zu laufen und auf den Befehl zu warten, ihn oral zu bedienen. Eine Weigerung ließ er nicht durchgehen. Er hätte mich gefesselt und gepeitscht, ohne mich zum Orgasmus zu bringen. Hatte ich ihn befriedigt, fesselte und peitschte er mich, bis ich zum Orgasmus kam, und das war es, was ich wollte. Gepeinigt und erlöst durch den Höhepunkt. An anderen Tagen fesselte er mich nackt auf einen Stuhl, stellte sich davor, öffnete den Hosenspalt und masturbierte. Allein das Wissen, dass er sich an meinem Anblick ergötzte, machte mich bereits halb wahnsinnig. Dann verschwand er plötzlich und ließ mich eine Stunde oder länger mit dem Sperma auf meinen Titten sitzen. Das machte mir nichts aus, denn in der Zeit trieb meine Phantasie wilde Blüten mit dem, was passieren würde, wenn er zurückkehrte. Als er schließlich zurückkehrte, war er fast nackt, nur gekleidet in einen Lederharnass, der ihm eine finstere Strenge verlieh. Er war erregt und erklärte lapidar, er habe sich an einem Pornofilm aufgegeilt. Vor meinem geistigen Auge sah ich ihn im Wohnzimmer vor dem Fernseher sitzen, sich den Schwanz massieren, während ich hier auf dem Stuhl gesessen und förmlich ausgelaufen war. Ich flehte ihn an, sich ausgiebig mit mir zu beschäftigen. Meine Belohnung war die Gerte, die mich zum Höhepunkt peitschte. An noch anderen Tagen trug er mir auf, für die Zeit des Supermarkteinkaufes einen Dildo in der Möse zu tragen. Hätte ich mich geweigert, hätte er mich gefesselt und anal gevögelt. Also trug ich den Dildo und es versteht sich von selbst, dass Daniel das Shopping an solchen Tagen in die Länge zog. Den Dildo zu tragen, war dabei nicht das Unangenehmste. Unangenehm waren die Orgasmen, die ich an der Wursttheke, an der Kasse, auf dem Parkplatz erlebte und die ich nur mit Mühe verbergen konnte. Wenn wir an den Wochenenden nachts durch die Clubs zogen, brannten an meinen Brustwarzen kleine, unscheinbare Klemmen.

Daniels Phantasie war unerschöpflich. So kam ihm bald auch die Idee zu einem Dreier. Eine zweite Frau würde unser Spiel erneut bereichern. Es war wie mit jeder Idee, die er bis dahin hatte. Zuerst existierte sie nur in seinem Kopf. Wenn er und ich es aber miteinander trieben, ich vor ihm stand, kniete oder lag, gefesselt und wehrlos, trat die Idee zum Vorschein, als hätte sie in irgendwelchen seiner Hirnwindungen nur darauf gewartet, dass ich sie endlich hervorzerren würde. Wieder kam mir nicht ein einziges Mal der Gedanke, seinen Vorschlag abzulehnen. Wenn er es wollte, bitte schön, ich war der Letzte, der ihm im Wege stand. Ich wollte es doch auch. Weil er es wollte. Sein Wunsch war mir Befehl.

Erst lief das Szenario hinter unseren Augenlidern ab wie ein Film. Aus dem Film wurden Worte, die wir uns abwechselnd erzählten und mit denen wir uns gegenseitig vorwärtstrieben. Was würden wir mit der Frau machen? Würde sie das Gleiche erfahren müssen wie ich? Unterwürfigkeit? Demut? Lust? Je öfter wir es taten, umso detaillierter wurden die Szenen. Nichts ließen wir dabei aus, kein Spiel, keine Stellung, keine Qual. Beinahe begierig lauschte ich Daniels Schilderungen, wie er die Frau dazu bringen würde, mich mit Fingern, Mund und Umschnalldildo zu besteigen. Alles würde sie machen müssen, meiner Lust zuliebe, so wie ich seiner Lust ausgeliefert war. Es gab keine Hemmungen, wir ergänzten uns wunderbar. Was Daniel ausließ, fügte ich hinzu. Es schien fast, als würden wir den gleichen Film erleben. Und so war es auch. Der Film wurde Wirklichkeit.

Diese begann im Sommer und in einem Club. Es war unerträglich heiß, die Luft stand still, doch das schien die Leute in dem Bunker nicht zu stören. Sie waren gut drauf. Ihre klatschnassen Körper, nur mit den notdürftigsten Kleidern bedeckt, bewegten sich ekstatisch auf der Tanzfläche, jeder in sich selbst und in den monotonen Beat der Musik versunken, und trotzdem zu einer homogenen Masse vereint. Auch an der Bar hielten die Menschen nicht an sich. *The rhythm is gonna get you.* Es packte auch Daniel und mich. Wir tauchten ein in die Menge und ließen uns treiben.

An diesem Abend war ich auf Frau sensibilisiert. Ich war sehr aufgeregt, das weiß ich noch ganz genau. Nie zuvor hatte ich einen Gedanken an einen Frauenkörper verschwendet. Dass der Körper einer Frau ästhetischer, schöner, fließender war als der eines Mannes, keine Diskussion. Was ich mich aber an jenem Abend wiederholt fragte: Warum hatte ich nie zuvor das Verlangen nach einer Frau verspürt, und sei es nur aus reiner Neugierde?

Warum hatte erst Daniel mein Verlangen wecken können nach einer Frau, ebenjenen Geschöpfen, die ich, wenn sie nicht gerade meine Freundinnen waren, in erster Linie dazu verdammte, Konkurrentinnen zu sein? Galt das auf einmal nicht mehr? Wollte ich tatsächlich mein Bett, meinen Körper, meinen Freund mit einer Frau teilen? Der Bass pumpte durch die Nacht und mir den Schädel frei. Ja, genau das wollte ich. Ich wollte an ihren Busen greifen und ihre Schenkel berühren. Ich wollte, dass sie zwischen meine Beine versank und mit mir machte, wozu mich Daniel brachte, immer und immer wieder. In dieser Sekunde fing mein Blick eine junge Frau auf. Wie sie mich anschaute – als würde sie meine Gedanken lesen können. Sie war es. Sie sollte es sein.

Es folgte eine Nacht im Rausch. Später sollte ich mich verwundert zeigen darüber, wie einfach doch alles verlaufen war. Daniel und ich waren übereingekommen, die Wahl der Frau liege bei mir. Wir verschwendeten nicht einen Gedanken daran, dass die Frau, die ich mir auserwählen würde, sich uns möglicherweise verweigern könnte.

Nicht jede Frau stand auf einen flotten Dreier und dazu noch auf SM-Spielchen! Doch wie selbstverständlich nahmen wir in unserem kleinen erotischen Mikrokosmos, in dem wir lebten, an, die von mir Auserwählte würde uns folgen, ohne Wenn und Aber, einfach, weil sie genauso versessen darauf war, die Ketten zu sprengen wie wir. Mein Gott, was waren wir naiv. Aber vielleicht war gerade das der Grund, warum es so lief, wie wir es uns die vielen Male zuvor ausgemalt hatten. Rebecca, so war ihr Name, reagierte über alle zuckenden Menschenleiber hinweg auf meine Blicke. Sie trug Stiefel, einen Lederrock und einen BH aus Leder, der mehr entblößte, als er verdeckte, aber einen Hinweis darauf gab, was möglicherweise ihre Neigungen waren. Sie erwiderte meine zaghafte Annäherung, streichelte meinen Arm, küsste meinen

Mund. Als ich ihr sagte, es gehöre noch Daniel zu mir, nickte sie nur und nahm mir meine letzten Zweifel. Sie hatte uns kommen sehen, ahnte und wusste es. Sie wollte es.

Daniel machte ihr klar, was sie erwarten würde. Trotzdem folgte sie uns. Bereitwillig ließ sie sich fallen, mich mit ihr spielen und ich genoss, den Körper der Frau zu spüren. Daniel, sonst der, der führte, blieb diesmal nur ein Betrachter, genoss aber sichtlich den Anblick, den wir ihm mit unseren nackten Leibern boten.

Bisher hatte ich angenommen, devot veranlagt zu sein, bereit, dem anderen zu gestatten, sich mit meinem Körper nach seinem Ermessen Lust zu verschaffen, aber nicht, diese selbst auch einzufordern. Dass ich dabei auf meine Kosten kam, geschah von selbst und in dem Moment, in dem ich mich auslieferte, gefesselt, geknebelt und mit verbundenen Augen. Diesmal aber, so war die Vereinbarung, sollte ich diejenige sein, die führte. Anfangs fiel es mir schwer, bei Rebecca die Initiative zu übernehmen. Nicht, weil sie sich dagegen wehrte. Die dominante Rolle, in die ich schlüpfte, war vielmehr eine mir ungewohnte und bot mehr Hürden, als ich bereit war zu überwinden. Erst jetzt verstand ich wirklich, welches Risiko der dominante Partner eingeht, wenn er die Verantwortung für den unterwürfigen Gegenpart übernimmt. Wie hart kann er schlagen? Wie fest darf er binden? Wie weit darf er gehen? Und was, wenn es entgegen aller Absprachen trotzdem passiert und er eine Grenze übertritt? Wie einfach war es dagegen, sich fesseln und auspeitschen, sich den Busen abbinden und die Schmamlippen mit Gewichten versehen zu lassen. Man war ja nicht dafür verantwortlich.

Hin und wieder griff Daniel ins Geschehen ein und gab mir ein wenig Anleitung, meist dann, wenn ich ins Stocken geriet. Trotzdem wurde es eine wunderbare Nacht, bei der es natürlich nicht blieb. Wir wiederholten sie, natürlich mit Rebecca, und je öfter wir uns trafen, umso mehr genoss ich das Gefühl zu switchen und selbst auf der anderen Seite zu stehen. Ich bekam Routine und deshalb ergab sich so etwas wie eine Hierarchie: Rebecca wurde meine Gespielin, und beide waren wir Daniels Lustsklavinnen. Denn natürlich wollten wir das Kopfkino, das wir uns die vielen Nächte vor dem ersten Mal mit Rebecca entworfen hatten, in der Realität umsetzen. Abermals entdeckte ich meinen Körper neu. Das Spiel mit Daniel *und* Rebecca entfachte in mir ein Feuer, das nicht mehr zu löschen war. Wo ich mich früher gescheut habe, das Wort »Dreier« überhaupt auszusprechen, gehörte es jetzt wie die normalste Sache der Welt einfach zu uns hinzu. Grenzen verschoben sich zwangsläufig. Und wieder war es Daniel, der den Anstoß dazu gegeben hatte.

Wir taten Dinge, über die ich bisher mit keinem geredet habe, selbst mit meinen Freundinnen nicht. Viele von ihnen können es sich überhaupt nicht vorstellen, sich eine zweite Frau ins Bett zu holen. Die Angst, dass der Partner mehr Gefallen an dieser Frau findet, ist ihnen einfach zu groß. Ich erinnere mich, dass ich einst auch so gedacht habe, und insgeheim bedauere ich sie, denn sie ahnen ja nicht, was sie versäumen. Zu keinem Zeitpunkt bestand die Gefahr, dass Rebecca mir Daniel abspenstig machen würde. Ich glaube, das hatte sehr viel mit den Praktiken zu tun, die wir ausübten. Rebecca war, wenn man so will, unser Sexobjekt, ein Spielzeug wie die Dildos oder Vibratoren, die in unserem Schlafzimmerschrank lagen, einzig für uns und unsere Befriedigung vorhanden. Ich fragte sie einmal, ob sie nicht selbst den Wunsch verspüre, gelegentlich den dominanten Part zu übernehmen. Das lehnte sie erschrocken ab: »Ich bin eine naturveranlagte Sub.« Meinen Einwand, ich selbst hätte dies bis zu unserem Kennenlernen von mir behauptet, wehrte sie entschieden ab. Die Peitsche zu schwingen sei für sie undenkbar, dafür empfange sie sie viel zu gerne.

Immer weiter ließen wir uns fallen, bis wir dort anlangten, wo wir uns heute befinden. Nachdem wir nach allen Regeln der Kunst uns geliebt, gefickt und gequält und alles ausprobiert hatten, was zu dritt auszuprobieren war, wollte Daniel noch einen Schritt weiter gehen: Er wollte mit uns in SM-Clubs gehen, in denen sich Gleichgesinnte treffen und auch das Ambiente ein anderes ist. Er wollte uns vorführen und, bei Gefallen, auch andere Anteil an uns beiden Sklavias haben lassen. Rebecca lehnte ab. Sie hatte bereits ihre Erfahrungen mit den Clubs gemacht und sie meinte, es sei nicht ihr Ding. Ich aber wollte mit. War ich ihm hörig? Ausgeliefert? Oder selbst nur hemmungslos versaut und begierig darauf, weiterzumachen, noch weiter, Schritt für Schritt, auch wenn es gefährlich werden würde. Ist das Leben nicht ohnehin gefährlich? Wer weiß das schon. War das nicht im Grunde egal? Wer nicht lebt, der nicht gewinnt. Ich wollte gewinnen. Hatte ich Daniel nicht längst gewonnen?

Nächste Woche gehen wir in einen der Clubs.

---

* *Anm.: Die eingangs zitierten Songtitel entstammen dem Album »Shall We Dance?« von DJ Rush; auf Kne'Deep, 2000. Für Victoria Music.*

# *Meinen Mann und meine Tochter vernachlässigte ich*

**Claire, 27 – die Ehefrau von Mark, 34**

*Autorin*

Angefangen hat alles damit, dass mein Mann und ich uns von unserem Hochzeitsgeld 1999 den ersten gemeinsamen Computer kauften. Dank AOL waren wir wenige Tage später drin. Wir füllten unser Mitgliedsprofil brav und ehrlich aus und warteten darauf, was passierte. Es passierte nichts. Kurz darauf zeigten sie in einer Comedy-Sendung im Fernsehen eine Zeitungsanzeige, in der zu lesen war: »Sekretärin mit PC- und SM-Kenntnissen gesucht.«

Damals hatte ich noch keinen blassen Schimmer, was SM wirklich bedeutete. Zu diesem Zeitpunkt hatte ich lediglich schon einmal den Film Geschichte der O gesehen, der mich fasziniert hatte, so viel war klar. Allerdings brachte ich diesen Film nicht mit SM in Verbindung. SM war für mich nur das Bild, das Film und Fernsehen vermittelten, nämlich das der in Lack und Leder gekleideten Domina mit der Peitsche in der Hand. Aber irgendwie fand ich diese Formulierung, über die in der Comedy gelacht wurde, ganz witzig, da diese »Berufsbezeichnung« ja auch auf mich zutraf, wenn man die »SM-Kenntnisse« in seiner Bedeutung für Schreibmaschinen-Kenntnisse sah. Also übernahm ich diese Formulierung in mein AOL-Profil und siehe da, kaum konnte ich mich vor Angeboten mehr retten. Diese reichten vom Gesuch des Nacktputzsklaven bis zum Angebot einer kostenlosen einwöchigen Ausbildung zur Sklavin.

Anfangs amüsierte ich mich köstlich über diese ganzen Verrückten da draußen und saß oft genug kopfschüttelnd vor dem PC. Auf einige der Angebote antwortete ich jedoch auch. Dabei lernte ich einen Mann kennen, mit dem ich bis heute Kontakt habe – Karsten. Anfangs haben wir beide uns nur unterhalten. Karsten fragte mich, ob ich wirklich SM-Kenntnisse besitzen würde, was ich ehrlich verneinte. Er zeigte sich nicht enttäuscht, stattdessen blieben wir in Kontakt. Irgendwann gingen wir dazu über, Online-Rollenspiele zu spielen. Lange Zeit verliefen diese in recht romantischen Bahnen des Burgherrn und der Magd oder ähnlichen Szenarien. Dann verschwand Karsten für einige Zeit völlig von der Online-Bildfläche. Schließlich wurde ich schwanger und schränkte meine eigenen Internet-Aktivitäten ein.

Dank der Schwangerschaft entwickelte ich ein ganz neues Selbstbewusstsein, das unter anderem dazu führte, dass ich ein ganz anderes Verhältnis zu meiner eigenen Sexualität entwickelte. Aber das war mir in dem Augenblick noch nicht bewusst, das kam später erst, als ich nach einiger Zeit der Online-Abstinenz wieder ins Netz ging. Eines Tages tauchte auch Karsten wieder auf. Ich fragte ihn nie, warum er verschwunden war. Im Grunde war es auch egal, denn alles war wie bei unserer ersten Mailfreundschaft – und doch war es auch anders. Unsere Rollenspiele gingen unmerklich in härtere Bahnen über. So war er zum Beispiel der Polizist, der eine entflohene Strafgefangene einfing und ihr anbot, sie nicht dem Gefängnis auszuhändigen, wenn sie ihm in entsprechender Art und Weise dienen würde. Das Wort »Sklavin« oder Ähnliches fiel dabei nie, so dass ich völlig ahnungslos war, wohin unsere Spiele führen konnten und würden.

Eines Tages gab Karsten mir einen Link zur Homepage eines Bekannten von ihm. Ich habe die Angewohnheit, durch die Links fast aller Webseiten zu gucken, auf die ich treffe. Und das war in dem Fall auch gut so. Ich stieß nämlich auf die Lustschmerz-Site und habe ein ganzes Wochenende lang die Seite rauf und runter, kreuz und quer gelesen. Plötzlich fielen mir auch meine Experimente als Teenie wieder ein, bei denen ich mir aus dem Verbandsmaterial meiner Mutter heimlich einen String bastelte und diesen so stramm wie möglich zog, während ich mich dabei selbst befriedigte. Schon damals hatte mich die Reibung des rauen Materials erregt. Aber irgendwann hatte ich damit aufgehört und die Erinnerung daran vergessen. Auch meine Fantasien von Entführung, Auslieferung und anderen Dingen fielen mir jetzt wieder ein. Das Lesen dieser Seite war das Licht, das mir aufging. Alle meine Fantasien fanden sich dort wieder. Das Kind bekam einen Namen: BDSM.

Auf der Lustschmerz-Seite stieß ich auch auf die Adresse eines Fotografen, dessen Bilder mir gefielen, weswegen ich ihm eine Mail schickte. Bei der Vorbesprechung für das geplante Fotoshooting war Tom, der Fotograf, der Erste, mit dem ich real über BDSM sprach. Was ist es eigentlich? Wie kann man es ausleben? Was bedeutet es?

Als ich ihm sagte: »Ich vermute, ich bin devot, aber ob ich maso bin, weiß ich nicht«, sagte er mir, dass man dies doch ganz leicht herausfinden könne. Er setzte sich zu mir auf das Sofa und befahl mir, das Kleid herunterzuziehen. Dann kniff er mich ohne Vorwarnung ziemlich heftig in meine Brustwarzen. Es tat ziemlich weh, aber die Neugier war größer. Er befahl mir aufzustehen, mich zu entkleiden und ging in einen Nebenraum, Foto- und SM-Studio zugleich.

Er fragte mich erneut und ausdrücklich, ob ich das Nachfolgende wolle. Ich sagte: »Ja.« Daraufhin fesselte er meine Hände auf den Rücken, verband mir die Augen und fixierte mich in einem Holzgestell, damit ich nicht umfallen konnte, aber sämtliche Stellen meines Körpers frei zugänglich für ihn waren. Er band meine Brüste ab, nahm etwas, von dem ich später erfuhr, dass es Wäscheklammern waren, und setzte sie auf meine Brüste. Danach zündete er sich in aller Ruhe eine Zigarette an und betrachtete meinen Körper. Sonst tat er nichts. Ich stand da und spürte, wie mein ganzer Körper zitterte. Aber es war keine Angst. Unsicherheit vielleicht, aber keine Angst. Noch viel mehr war es aber eine gespannte Erwartung. Was würde er noch mit mir tun? Was erwartete mich? Würde es wirklich so sein, wie ich es mir in meinen Träumen vorgestellt hatte?

Ich spürte, wie der Schmerz, der durch die Klammern und die abgebundenen Brüste ausgelöst wurde, langsam unangenehm wurde. Er schien es nicht zu merken, oder er wollte es nicht merken. Er nahm eine Springgerte, strich mit ihr an meinem Körper entlang. Mittlerweile bebte ich vor Spannung. Tom sagte zu mir: »Wenn du willst, dass ich dich schlage, musst du mich darum bitten.« Also bat ich ihn, mich zu schlagen. Das Zischen der Peitsche ließ mich die Luft anhalten, der Schlag mich aufschreien. Der Schlag war hart. Nein, Rücksicht nahm er nicht wirklich, als er die Peitsche auf meinen Hintern klatschen ließ. Nach einigen Schlägen nahm er die Klammern von meinen Brüsten ab. Der Schmerz war gemein. Das Abmachen schmerzte viel mehr als das Dransetzen. Ich biß die Zähne zusammen und stöhnte auf.

Er fragte mich, ob er aufhören solle. Ich sagte: »Nein!« Wieder musste ich ihn um jeden Schlag bitten und diesmal schlug er mich auf meine Brüste. Ich weiß heute nicht mehr, wie viele Schläge es waren, aber er sagte mir hinterher, dass es mehr gewesen wären, als er normalerweise am Anfang macht. Irgendwann bat ich ihn aufzuhören. Er löste meine Fesseln, nahm mich in den Arm und als er merkte, ich atmete wieder ruhiger, sah er mir in die Augen und fragte: »Alles okay?« Mein Grinsen sagte alles.

Auf dem Heimweg war mein Endorphinspiegel noch so hoch, dass ich mir über die Reaktion meines Mannes überhaupt keine Gedanken machte. Aber er flippte aus. Er warf mir vor, wie ich dies bloß hätte machen können! Gefesselt, Augen verbunden. Und er hatte noch nicht einmal die Telefonnummer geschweige denn die Adresse des Fotografen. Was alles hätte passieren können. Und überhaupt: Mein Mann konnte überhaupt nicht nachvollziehen, was ich daran finden würde, mich schlagen zu lassen. Ich gebe zu: Zu diesem Zeitpunkt konnte ich das selbst noch nicht und tue mich heute noch mit der Erklärung schwer. Aber mir war klar, dass ich eine Leidenschaft entdeckt hatte, die mich nicht mehr loslassen würde. Und ich bin nun mal ein Typ, der, wenn er etwas Neues entdeckt hat, sich mit einer Begeisterung hineinsteigern kann.

Fortan begann ich, meinem Mann Geschichten aus dem Internet auszudrucken und ihm vorzulesen. Ich empfahl ihm Internetseiten, die er sich angucken sollte, und bat ihn, die Texte der Lustschmerz-Mailingliste, auf der ich zwischenzeitlich stand, gemeinsam mit mir zu lesen. Immerhin, langsam entdeckte er, dass SM nicht das Bild ist, das Film und Fernsehen der breiten Masse gerne vermitteln wollen. Und dass es mehr Menschen gibt, die diese Leidenschaft teilen, als er annahm. Gut einen Monat später traf ich mich ein zweites Mal mit Tom, dem Fotografen, und diesmal machten wir ein Fotoshooting, zu dem mein Mann mich begleitete. Von den dabei entstandenen Akt- und Erotikfotos war er sehr begeistert. Auch das anschließende Gespräch mit Tom trug viel zur Entspannung der Lage bei.

Ich brachte meinen Mann dazu, sich mit dem Thema noch ein wenig mehr auseinanderzusetzen. Obwohl er meine Faszination zwar nach wie vor nicht nachvollziehen, geschweige denn teilen konnte, nahmen wir einige Monate später all unseren Mut zusammen und gingen gemeinsam zu einer SM-Party. Wir saßen eigentlich fast den ganzen Abend nur im Barbereich und unterhielten uns mit anderen Leuten, die wir von der Lustschmerz-Mailingliste her kannten. Zwei Mal allerdings verließen wir die Bar und gingen gucken, was an Sessions stattfand, aber eigentlich nicht, weil wir es wollten, sondern weil die anderen gingen. Mein Mann und ich hielten uns im Hintergrund, und ich gebe zu, dass auch für mich der Anblick anderer Leute, die einander auspeitschen oder andere Dinge miteinander tun, noch gewöhnungsbedürftig war. Selbst heute hat es für mich nur einen sehr geringen Reizfaktor, anderen Leuten dabei zuzusehen. Aber indem sich mein Mann mit den Leuten auf der Party unterhielt, stellte er fest, dass auch BDSMler nur Menschen sind, mit denen man sich normal unterhalten kann, die Hobbys und ein Leben haben wie jeder von uns. Bei vielen ist es eben nur eine sehr intensive Art der Sexualität, die sie ausleben.

Zwei Monate später fand die nächste SM-Party statt. Gerne wollte ich erneut dorthin, auch um mit meinen mir mittlerweile lieb gewordenen »Listies« zu plaudern. Mein Mann ließ mich alleine fahren. Auf der Party traf ich jemanden, der mir sympathisch war. Er hieß Axel. Wir kamen ins Gespräch und unterhielten uns lange, gingen uns zwischendurch zwei Mal die Sessions anschauen, aber so richtig traute sich keiner von uns beiden den anderen zu fragen, ob wir nicht zusammen was machen wollten. Bis Axel mich nach dem zweiten Mal fragte, welcher Raum mir am besten gefiel. Daraufhin nahm ich all meinen Mut zusammen und fragte ihn: »Soll das jetzt heißen, dass du mit mir spielen möchtest?«

Da unsere Gespräche gezeigt hatten, dass wir beide eine ausgeprägte Vorliebe für Rollenspiele haben, entschieden wir uns für den Pranger. In diesem stand ich, mit dem Kopf zur Wand. Ich wusste während des Spiels also nicht, ob die Leute vor oder hinter dem Vorhang waren. An diesem Abend habe ich jedoch festgestellt, das öffentliche Spielen, also wenn mir Leute dabei zugucken, hat für mich einen sehr, sehr hohen Reiz. Okay, ich hatte damals bei dem Fotoshooting bereits eine Ahnung davon bekommen, dass ich exhibitionistisch veranlagt bin. Aber wie sehr, das wurde mir an diesem Abend auf der Party ein ganzes Stück klarer.

Ich stand also an dem Pranger, den Kopf gesenkt, das Kleid über meinen Po hochgeschlagen, den Slip zwischen die Stiefel bis zu meinen Knöcheln heruntergezogen. Axel schlug mich mit der Hand auf meinen Po. Ich keuchte auf. Er trat neben mich, griff kräftig in mein Haar und zog meinen Kopf daran hoch und zur Seite, so dass ich ihn ansehen musste. Er sagte mit einer Stimme zu mir, die mir eine Gänsehaut über die Haut jagte: »Tat das weh?« Ich krächzte »Ja!« Woraufhin er mich fragte: »Soll ich weitermachen?« Ich konnte in diesem Augenblick nichts anderes sagen als: »Ja.«

Nachdem Axel mir den Hintern abwechselnd mit seiner Hand und zwei langen, mehrschwänzigen Lederpeitschen schön »aufgewärmt« hatte, hielt er jäh inne. Dann roch ich den Geruch von Desinfektionsspray, das seitdem einen ganz besonderen Reiz für mich hat. Ich spürte, wie er etwas über meinen Po zog, das scharf war. Ich hielt die Luft an, schloß instinktiv die Augen und wagte mich nicht zu rühren. Er zog es ein paar Mal über meinen Po. So sanft, dass es keinen Schnitt hinterließ und doch so fest, dass mir klar war, jede unabsichtliche Bewegung von mir würde einen Schnitt hinterlassen. Später zeigte Axel mir, es handelte sich dabei um einen 15 Zentimeter langen Dolch.

Danach griff er mir zwischen die Beine und fragte mich: »Na, gefällt dir das? Macht dich wohl geil, hm?« Die Scham, dass mein Körper so offensichtlich zeigte, was ich empfand, ließ mich schweigen. Wieder griff er mir ins Haar, zog meinen Kopf daran empor und meinte: »Ob dir das gefällt, hab ich dich gefragt!«

Ich konnte nur ein ganz leises ersticktes »Ja« hervorbringen, aber das reichte. Er hörte es. Da drang er mit dem Finger tief in mich ein. Nach wenigen Stößen hörte er auf und ich stand da, voller Spannung, was als Nächstes passieren würde. Kurz darauf spürte ich etwas an meiner Vagina, was ich beim besten Willen nicht einordnen konnte. Es blieb mir keine Zeit, lange darüber nachzudenken, denn er führte es in mich ein. Ich schrie auf, denn was immer es war, es war deutlich dicker als sein Finger. Als er es in mir hin- und herbewegte, war mir, als würde jede Faser meines Körpers in Flammen stehen. Jede Bewegung dieses eigentümlichen Kolbens löste eine Reaktion aus, die sich durch meinen ganzen Körper zog. Es dauerte nicht lange, da brachte er mich zu einem Orgasmus, wie ich ihn noch nie erlebt hatte. Und als er den Gegenstand aus mir herauszog, hinterließ er ein Gefühl der Leere, das unerträglich war. Er hielt mir den Gegenstand vors Gesicht, es war ein Polizeiknüppel, und ließ ihn mich ablecken. Noch nie hatte ich meinen eigenen Saft geschmeckt, doch der Zustand meiner Erregung ließ mich ihn ablecken, ließ mich ihn schmecken wie eine Köstlichkeit.

Wir trafen uns noch einmal. Axel lud mich zu einem Live-Rollenspiel ein. Dabei lernte er auch seine heutige Freundin kennen. Leider. Aber dank Axel habe ich die Faszination eines Live-Rollenspiels erleben dürfen, die mich mein ganzes Leben begleiten wird.

Partys besuchen und dort spielen wurde für mich die einzige Möglichkeit, meine Lust auszuleben, denn eine Kontaktanzeige blieb ohne Erfolg. Dann traf ich in der Mailingliste eine Frau, die mir sehr sympathisch war und die kurz darauf in meine Nähe zog. Wir trafen uns zum Plaudern und dabei lernte ich ihren neuen Freund und Herrn Sebastian kennen. Da war ein Kribbeln, eine Spannung, wie ich es bei noch niemandem erlebt hatte. Nachdem unsere Partner zugestimmt hatten, spielten Sebastian und ich eine Session, die ich nie vergessen werde.

Wir bestellten uns Pizza und nachdem also klar war, dass wir miteinander »spielen« würden, schickte mich Sebastian eine Wolldecke und meine Handfesseln holen. Als ich damit wieder ins Esszimmer zurückkehrte, sah ich, dass meine Pizza in der Zwischenzeit in kleine Bissen geschnitten worden war. Er befahl mir, die Wolldecke neben seinen Stuhl zu legen und mich darauf zu knien, aber nicht einfach nur hinknien. Nein, es musste schon etwas Besonderes sein: Nadu. Nadu ist eine Sklavinnenposition, die der Fantasyreihe »Gor« von John Norman entstammt. Es ist die Grundposition einer goreanischen Vergnügungssklavin; die Frau kniet dabei und hält ihre Schenkeln weit gespreizt, damit sie ihrem Herrn alles offenbart. Dabei klärte Sebastian mich auch auf, dass eine anständige Sklavin zwischen den Beinen rasiert zu sein habe und er in Zukunft jedes Haar, das sich nicht auf meinem Kopf befinde, einzeln ausreißen werde. Das habe ich mir bis heute gemerkt.

Also kniete ich mich nieder, Sebastian fesselte mir die Hände auf meinen Rücken und schob mir den Pizzakarton näher. Er befahl mir, sie aufzuessen. Die Situation machte mich derart nervös, dass ich völlig überdreht war und die ganze Zeit eigentlich nur lachte. Wenn ich nicht lachte, grinste ich. Es war so extrem, dass ich vor Lachen kaum essen konnte. Er nahm mir meine Brille ab, die ebenfalls schon einige Pizzaspuren trug, was wiederum zu einem Lachanfall meinerseits führte. Da geschah es. Ich bekam die erste Ohrfeige meines Lebens, und er schlug wirklich nicht zimperlich zu. Mein Kopf flog von einer Seite auf die andere. Ich sah Sebastian an, Tränen in den Augen. Dann senkte ich demütig den Blick. Seitdem sind Ohrfeigen etwas für mich, mit dem man mich ganz schnell sehr devot kriegen kann. Es ist, als würde in meinem Kopf ein Schalter umgelegt und mein Alltags-Ich ausgeschaltet werden. Noch nie hatte ich dies bewusst empfunden.

Auf die Partys ging ich zu ebendiesem Zweck, nämlich um mein Alltags-Ich auszublenden. Auf Partys war die Situation von Anfang an eine andere. Aber wenn man zu Hause spielt, besonders noch, wenn der eigene Mann daneben sitzt, ist es wesentlich schwieriger, sich in diese Rolle zu finden. Sich selbst in die Tiefen der eigenen Psyche zu versenken. Aber Ohrfeigen sind ein probates Mittel dafür, zumindest bei mir. Genauso wie das, was Sebastian anschließend tat. Er legte mir ein Halsband um und sagte zu mir, sobald ich das Halsband trage, beginnt das Spiel und sobald er es mir abnimmt, ist das Spiel zu Ende. Er sagte mir noch, dass ich ihn mit »Sir« anzureden habe. Danach fragte er mich, ob ich Durst habe, was ich angemessen bejahte. Daraufhin fragte er meinen Mann, ob er einen Napf oder Ähnliches holen könne, was dieser tat. Ich musste mein Getränk mit auf dem Rücken gefesselten Händen aus diesem Napf trinken, der dabei auf dem Boden stand. Als ich nicht so weit hinab kam, schob er ihn mir mit dem Fuß näher. Er schwor mir, dass ich ihn leer machen würde, in welcher Form auch immer. Als ich wirklich nicht mehr konnte und sich immer noch ein bisschen Wasser in der Schüssel befand, nahm er sie in die Hand, zog meinen Kopf mit einem kräftigen Ruck an meinen Haaren nach hinten und befahl mir, den Mund aufzusperren. Er kippte mir die Flüssigkeit direkt in den Mund. Die Situation war sehr demütigend für mich und trotzdem spürte ich, dass alles, was geschah, einen unbändigen Reiz auf mich ausübte und mich mehr erregte, als jedes SM-Spiel mich bis dato erregt hatte. In diesem Moment begriff ich auch den Unterschied zwischen maso und devot.

Es wurde ein langer Abend, an dem Sebastian alles Mögliche mit mir ausprobierte. Ich stellte fest, dass ich eine ungeheure Vorliebe für das Gefühl von Fingernägeln auf meiner Haut habe. Er ließ seine Fingernägel Spuren auf meine Haut zeichnen. Er schlug mich. Wenn ich ihm antwortete, dabei das »Sir« vergaß und es nicht schnell genug nachholte, bekam ich wieder eine Ohrfeige. Meine Gedanken und Gefühle wirbelten an diesem Abend so durcheinander, dass ich wohl vier oder fünf Ohrfeigen bekam. Auch Wäscheklammern kamen an diesem Abend zum Einsatz, zum ersten Mal auch Wachs. Er verband mir die Augen. Ich musste mich vorbeugen, bis mein Oberkörper auf dem Sofa lag. Dann nahm er eine Kerze und ließ zunächst aus großer Höhe einige Tropfen Wachs auf meinen Körper fallen. Danach ging er immer tiefer und tiefer, bis er zum Schluss einen ganzen Schwung aus ziemlicher Nähe auf meinen Körper goss. Da bat ich ihn aufzuhören. Sebastian hatte meine erste Grenze gefunden. Wachs ist bis heute noch eines der Utensilien, denen ich wirklich überhaupt nichts abgewinnen kann. Ganz im Gegensatz zu Eis.

Anschließend nahm er mich in den Arm. Ich kniete immer noch vor ihm, kuschelte mich jetzt aber an sein Knie, während er über meinen Kopf strich. Er fragte mich: »Wie hast du es gefunden?« Und: »Ist es so gewesen, wie du es dir vorgestellt hast?« Ich gestand ihm, es sei ganz anders gewesen als alles, was ich bisher ausprobiert hätte. Aber trotzdem oder gerade deswegen sei es auch besser gewesen. »Ich glaube«, sagte ich, »wir liegen, was unsere Vorlieben betrifft, genau auf einer Wellenlänge. Es passte nicht nur 100-prozentig, es passte 110-prozentig. Es war unglaublich.«

Danach meinte ich zu ihm, ich sei ziemlich fertig und könnte jetzt gut eine kühle Dusche gebrauchen. Seit Beginn unseres Spiels waren immerhin knapp zwei Stunden verstrichen. Leider vergaß ich, dass ich noch das Halsband trug. Also zog Sebastian mich hoch und ins Badezimmer, wo er mir befahl, mich unter die Dusche zu stellen. Ich weigerte mich, denn sein Blick war unheilverkündend. Aber er ließ meine Weigerung nicht durchgehen. Er schubste mich unter die Dusche und drehte sie auf – eiskalt, so kalt wie die Dusche hergab. Ich kreischte, doch er richtete den Strahl ohne Unterlass auf mich. Er befahl mir, mich anständig zu duschen und gab mir fünf Minuten Zeit. Danach sollte ich ins Wohnzimmer zurückkehren. Ich zog meine Lehre aus diesem Vorfall. Unterschätze nie einen Dom.

Wir sind noch einmal zu dritt, Sebastian, mein Mann und ich, auf eine SM-Party gegangen, wo ich erst richtig begriff, was es heißt, devot zu sein. Ich kniete neben Sebastian, aß Speisen ohne Hände vom Tisch und bekam den Hintern versohlt, während ich dabei laut mitzählen musste – und das alles vor anderen Leuten. Es ist ein Unterschied, wenn man das vor Zuschauern macht anstatt daheim in den eigenen vier Wänden. Aber gerade dadurch erhöhte sich für mich nur noch mehr der Reiz.

Allerdings merkte meine Freundin, die mit Sebastian noch nicht lange zusammen war, dass sie ihren Freund doch nicht teilen kann und möchte. Diese Aussage stürzte mich in ein Gefühlschaos. Alles hatte so perfekt gepasst. Sebastian war einfach das, was ich mir in meinen kühnsten Träumen und Wünschen damals erhofft hatte.

Ich ging damals sogar so weit, dass ich mir nicht mehr vorstellen konne, ohne Sebastian, der für mich gleichbedeutend mit SM war, leben zu können. Doch intensive Gespräche mit Sebastian und seiner Freundin führten dazu, dass ich ihre Einstellung einsah. Auch mein Mann redete sehr viel mit mir und versuchte mir zu helfen. Heute sind wir alle vier noch Freunde, worauf ich sehr stolz bin.

Nach dieser Erfahrung mit Sebastian legte ich eine Pause ein. Ich wollte nicht erneut verletzt werden, hatte Angst vor dieser Gefühlsintensität. Wie lange hielt ich es aus? Ich weiß es nicht. Irgendwann hielt ich es einfach nicht mehr aus und mein Mann und ich beschlossen, gemeinsam auf eine SM-Party zu gehen. Einfach raus. Bevor uns die Decke auf den Kopf fiel. Dabei lernte ich jemanden kennen, mit dem sich eine kurze, aber sehr schöne Spielbeziehung entwickelte. Er war es, der mir wegen meiner Vorliebe, direkt beim ersten Treffen zu spielen und dabei auch Dinge wie Ohrfeigen oder Ähnliches einzubinden, den Spitznamen »Kamikaze-Sub« verpasste. Diese Spielbeziehung zerbrach, als er beide Seiten des BDSM gleichzeitig für sich entdeckte, also die devote und die dominante, und beides gefühlsmäßig nicht einordnen konnte. Außerdem lebten wir weit voneinander entfernt; der Zeitfaktor spielte eine nicht unerhebliche Rolle. Aber auch mit ihm bin ich heute noch gut Freund. Genau genommen hab ich sogar noch eine Strafe bei ihm offen, an die ich ihn irgendwann auch gerne erinnern werde.

Diese Spielbeziehung ging also in die Brüche, und hiernach wurde mein Verhältnis zu meiner Familie auf eine harte Probe gestellt. Ich konnte und wollte einfach nicht ohne SM leben. Aufgrund meiner Zeit als pummeliger, gehänselter Teenie besaß ich ein nicht gerade ausgeprägtes Selbstbewusstsein. Das bisschen, was ich mir in den letzten Monaten mühsam aufgebaut hatte, ging jetzt den Bach runter. Denn wenn ich mich einem Herrn unterwerfe, mit ihm spiele, und das am besten noch vor Publikum, dann ziehe ich daraus Kraft, so viel, dass sie für mich fast ein Lebenselixier wird. Es ist die Anerkennung für mich, die ich nie bekommen habe. Natürlich von meinem Mann, aber es ist bei mir einfach so, dass mir diese Anerkennung nicht ausreicht.

Ich gab im Internet mehrere Kontaktanzeigen gleichzeitig auf und surfte durch diverseste Foren und Chats. Je mehr Leute mich ansprachen, desto besser fühlte ich mich. Die Aufmerksamkeit, die die Herren mir zollten, tat mir gut, auch wenn es nur online war.

Das alles steigerte sich bis ins Extreme. Ich dachte an nichts anderes mehr. Für andere Dinge war kein Platz mehr in meinem Kopf. Nicht nur meinen Mann, sondern auch meine Tochter vernachlässigte ich. Der Computer war in dieser Zeit im Dauerbetrieb, die Telefon- und Handyrechnung stieg ins Unermessliche. Unweigerlich, es musste zum Eklat führen. Doch ich war nicht in der Lage, dies zu erkennen. Und dann kam der große Knall. Ich traf mich mit jemandem, den ich in einem der Chats kennengelernt hatte. Er brachte einen Freund mit und wir gingen zu dritt zur Erotikmesse. Kaum dass wir weg waren, merkte mein Mann, dass mein Handy noch auf dem Tisch lag. Er hatte keinen Namen, keine Handynummer, gar nichts von meinen Begleitern, mit denen ich unterwegs war. Das war typisch für mich in dieser Zeit. Als wir heimkehrten, stellte mein Mann mich zur Rede. Er machte mir klar, wie sehr ich ihn damit verletzte, was ich tat und wie sehr ich vor allem auch mein Kind damit verletzte. Wir redeten lange und viel. Die Nacht war ziemlich kurz. Die darauffolgenden Tage tränenreich. Wir kamen zu dem Schluss, dass ich die aktive Suche aufgeben und mich wieder mehr um meine Familie kümmern würde. Mein Mann gab zu, dass er gemerkt habe, er sei doch eifersüchtig. Etwas, das er zum Beginn meiner SM-Entwicklung immer vehement bestritten hatte, das auch der Grund war, weswegen er mich meine Leidenschaft alleine hatte ausleben lassen.

Er selbst hatte in der Zwischenzeit einige zumindest anschauliche Erfahrungen sammeln können, indem er meine Spielpartner fast alle kennenlernte und – wenn es irgendwie ging – auch bei meinen Spielen zusah. Er sagte: »Ich kann durchaus nachvollziehen, warum dich BDSM so ungeheuer fasziniert. Mich fasziniert es auch zu sehen, wie meine Frau in den Händen anderer Männer reagiert. Aber auch das reicht nicht aus, das zerbrochene Vertrauen wiederherzustellen.«

Einige Wochen zuvor hatte ich Matthias im Spinchat kennengelernt. Wir hatten uns auf Anhieb verstanden, gemeinsame Interessen entdeckt und wir verabredeten uns jetzt für den nächsten Abend auf einen Tee. Als wir uns zum ersten Mal gegenüberstanden, wusste ich, er war anders als die Männer, die ich bisher kennengelernt hatte. Allein optisch konnten wir kaum gegensätzlicher sein. Wir passten nicht zueinander. Aber da wir nun schon beisammen waren, ließ ich mir die Chance auf ein Spiel mit ihm nicht entgehen. Auch als Dom war er ganz anders. Der ganze Abend war anders, was gewiss auch an der Musikauswahl lag, die fernab jener lag, die ich eigentlich hörte. Matthias besuchte mich und meinen Mann für ein Abendessen zu dritt und war auch meinem Mann sympathisch. Matthias, mit dem ich bis nachts um halb zwei über Nietzsche, Schopenhauer und den Sinn des Lebens diskutieren konnte, wurde gerade in dieser harten Zeit, in der ich mich mit meiner Familie befand, zu einem wichtigen Freund. Er machte mir klar, dass ich eine Entscheidung in meinem Leben getroffen hatte – für meinen Mann und später auch für mein Kind. Er fragte mich: »Überlege dir: Warum hast du damals deinen Mann geheiratet? Wie viel ist von dieser Liebe noch vorhanden? Bist du wirklich bereit, dein ganzes Leben nur für BDSM zu opfern?«

Ich war ihm sehr dankbar für diese offenen und harten Worte. Er machte mir klar, dass ich, wenn ich so weitermachen würde wie bisher, irgendwann meinen Mann und unsere Tochter verlieren und alles zerstören würde, was wir gemeinsam und mühevoll aufgebaut hatten. Tränenüberströmt kam ich eines Abends heim zu meinem Mann und meinte nur: »Was ich kriege, ist mir nicht genug. Und was ich will, zerstört meine Familie.«

Mein Mann stellte in der Folgezeit einen positiven Wandel an mir fest, so dass er nichts dagegen hatte, dass ich mich ab und an mal mit Matthias traf. Bis zu jenem Abend, an dem Matthias mir sagte, er habe wieder eine Freundin. Das war ein Aspekt, den wir gleich zu Anfang unserer Spielbeziehung abgesprochen hatten. Und doch, an jenem Abend passierte etwas, was ich mir bis heute nicht ganz erklären kann. Wir haben an diesem Abend nicht zusammen gespielt, nur geredet, aber seltsamerweise war die ganze Atmosphäre an jenem Abend anders. Eigentümlich intimer. Wir sprachen über die Veränderungen, die er in letzter Zeit an mir bemerkt hatte. Dass ich offener geworden war, mich anders kleidete, selbstbewusster wurde. Alles in allem ein anderes Gefühl zu mir selbst entwickelte und lernte, zu meinem Körper zu stehen und mich so zu akzeptieren, wie ich bin. Dann sagte er mir, dass ich, wenn ich nicht Mann und Kind hätte, auf dem besten Wege wäre, seine 24/7-Sklavin zu sein.

Er stieß eine Tür auf. Mir wurde klar, er war der Erste, bei dem ich mir das wirklich mehr als nur vorstellen konnte. Ich wollte es. Er war der Erste, zu dem ich eine so enge Beziehung aufgebaut hatte, dass ich ihn wirklich fast als meinen Herrn bezeichnen konnte. Auch wenn es nicht mehr als eine Spielbeziehung war, was wir von vorneherein so abgesprochen hatten. Aber in diesem Moment wusste ich, wie BDSM sein kann, wenn man einen Herrn hat, den man wirklich kennt und dem man vertraut. An diesem Abend entdeckte ich, was ich eigentlich wirklich suche. Ich bekam eine Ahnung, wie BDSM sein könnte, wenn ich frei wäre, mich einem Herrn zu unterwerfen. 24 Stunden und 7 Tage die Woche einem Herrn gehorchen zu dürfen, war nicht länger unvorstellbar für mich. Nein, in diesem Moment wurde es zur Wunschvorstellung. Und zur Wahnvorstellung. Als typischer Stier wollte ich mal wieder mit dem Kopf durch die Wand. Es folgten Tage im Gefühlschaos. Ich hatte einen Blick durch diese Tür getan und wollte mich mit dem, was vor dieser Tür lag, nicht mehr zufrieden geben. Ich wollte durch die Tür und auch das genießen, was dahinter lag. Ich glaubte, dass das, was ich haben kann, mir auf Dauer nicht reichen würde. Mir wurde auch klar, dass das, was ich haben wollte, meine Familie zerstören würde. Wieder war ich an einem Punkt, an dem ich mich entscheiden musste.

Intensive Gespräche mit meinem Mann und vor allem auch mit meinem allerersten Freund, der mich zur BDSM gebracht hatte, holten mich auf den Boden der Tatsachen zurück. In den darauffolgenden Tagen und Wochen kümmerte ich mich intensiv um meine Familie und ganz besonders um meine Tochter, als diese einige Zeit in den Urlaub fuhr, um meine Homepage. Alles, nur möglichst nicht online sein. Nur ein kleiner, aber feiner Chat, den ich nebenher entdeckt hatte, wurde mir in dieser Zeit zu einem lieben Zufluchtsort. Mit diesen Leuten dort lernte ich, das Thema wieder entspannt anzugehen, es nicht mehr so verbissen zu verfolgen. Viele von ihnen hatten ähnliche Erfahrungen wie ich gemacht, irgendwann in ihrem Leben eine Entscheidung getroffen, ob positiv oder negativ, wie auch immer. Mir hat das Reden mit ihnen sehr geholfen und mir Aufschluss darüber gegeben, warum es überhaupt so weit hatte kommen können.

Als mein Mann und ich uns kennenlernten, hatte ich gerade meine schlimmste Phase als gehänselter, pummeliger Teenager. Mein Selbstbewusstsein, wenn es das überhaupt schon gab, lag bei maximal fünf Prozent. Mein Mann und ich verstanden uns gut, und wenn ich merke, dass ich jemandem gefalle und er Interesse an mir zeigt, dann springe ich sofort darauf an. Das ist heute noch so. Also kamen wir zusammen. Das ist mittlerweile über zehn Jahre her. Damals waren wir uns beide noch recht ähnlich. Beide wenig selbstbewusst und wenig Erfahrungen mit dem anderen Geschlecht, das war damals wirklich wie »Topf auf Deckel«. So bauten wir uns beide gegenseitig unser Selbstbewusstsein auf. Und dann kam die Geburt unserer Tochter. Das neue Selbstbewusstsein, das sich während der Schwangerschaft entwickelt hatte (»ich bin nicht dick, ich bin schwanger«), verwandelte sich während des mehrwöchigen Klinikaufenthaltes unserer Tochter zusammen mit dem Mutterinstinkt in einen regelrechten Löwenmut. Ich lernte, in mich selbst und vor allem auch in meine Gefühle und Instinkte zu vertrauen, Entscheidungen zu treffen. Und in der Folgezeit begann ich auch viele Dinge in meinem Leben auf einmal aus einem ganz anderen Blickwinkel zu betrachten. Dem Internet sei Dank, stellte ich fest, dass es viele Männer gibt, die gerade auch auf mollige Frauen stehen.

Als Kind hatte ich aufgrund familiärer Probleme gezwungenermaßen viel zu früh eine viel zu große Verantwortung tragen müssen. Ich hatte Entscheidungen für andere zu treffen. Entscheidungen, für die ich eigentlich noch viel zu jung war. Und als ich mich das erste Mal in eine Session begab, da übernahm jemand anders die Kontrolle über mich und traf die Entscheidungen. Ich musste nichts tun, außer mich ihm anvertrauen und mich fallen lassen. Es war unglaublich. Ich konnte hingehen und zu einem Mann sagen: »Hier bin ich, tu mit mir, was du willst.« Und er tat mit mir, was er wollte und ich ertrug es mit Stolz. Stolz, dass er mich dazu auserwählt hatte, diese Schmerzen für ihn zu ertragen.

Ich denke, beides macht für mich den Reiz aus. Das Gefühl zu wissen, dass dieser Mann ausgerechnet mich haben will und dass ich ihm die Entscheidungen überlassen kann. Zum Glück habe ich auch immer Männer erwischt, denen ich die Entscheidungen überlassen konnte.

Und je mehr ich in gewissen Bereichen die Entscheidung anderen überlassen konnte, desto mehr hatte ich die Kraft, im Alltag meine eigenen Entscheidungen zu treffen. Ich entdeckte Stückchen für Stückchen einen Teil meiner Persönlichkeit und je mehr ich zu mir selbst fand, desto selbstbewusster wurde ich. Dieses Selbstbewusstsein entwickelte sich parallel mit meiner SM-Entwicklung derart rasch, dass mein Mann damit einfach nicht mehr Schritt halten konnte. Je mehr ich mich zu mir selbst entwickelte, desto mehr entwickelte ich mich von ihm weg. Jetzt muss ich ihm die Chance geben aufzuholen. Aber ich denke, dass ich die Kraft habe, ihm zu diesem Selbstbewusstsein zu verhelfen, das ich für mich gefunden habe. Sicherlich gibt es noch viele Dinge, die ich über mich selbst nicht weiß. Aber ich bin überzeugt, auf dem richtigen Weg zu sein. Momentan bin ich an dem Punkt, wo jeder Tag neue Entdeckungen für mich birgt. Dadurch, dass ich BDSM nicht mehr so verbissen verfolge, entdecke ich, es gibt noch viele andere schöne Varianten, die Sexualität auszuleben. Ich entdeckte das geile Gefühl, einen Frauenkörper neben mir zu spüren oder auch in Swingerclubs zu gehen. Auch beim Blümchensex liebe ich Zuschauer, das habe ich festgestellt.

In den Swingerclubs merkte ich, es gibt Dinge, die ich aus der BDSM übernommen habe und jetzt auf der aktiven Seite anwende. Einen Mann oder eine Frau dazu zu bringen, dass sie sich vor Wollust unter mir winden, ist ein Anblick, der mir das Herz höher schlagen lässt.

Warum sollte ich dazu nicht alle Mittel anwenden, die mir zur Verfügung stehen? Vor allem kann ich all diese Dinge zusammen mit meinem Mann machen. Diese gemeinsamen Unternehmungen führten dazu, dass auch unser eheliches Sexualleben wieder positiv verläuft, so schön wie schon lange nicht mehr. Derzeit habe ich nicht einmal mehr Bedarf an BDSM. Ich habe einige gute Freunde behalten und bewege mich gelegentlich noch online in diesen Kreisen, aber ich lebe es nicht aus. Zumindest nicht in Wirklichkeit. Ich verarbeite viele meiner Erfahrungen und Phantasien in Geschichten, die ich schreibe, aber das ist ja nicht von Nachteil, zumindest für meine Leser. Ob ich jemals von dieser Leidenschaft loskomme, die für mich zur Sucht wurde, weiß ich nicht. Vielleicht ist es auch besser, wenn ich das gar nicht weiß. Ich lebe im Hier und Jetzt und genieße das, was das Leben mir bietet.

# *Was sie kriegt, das ist ihr nicht genug*

**Mark, 34 – der Ehemann von Claire, 27**

*Angestellter*

Claire und ich lernten uns 1993 auf der Kirmes kennen. Ich war zu der Zeit bereits 8 Jahre solo. Sie kam ins Zelt. Für mich war sie da einfach nur eine von vielen, also nicht sonderlich auffällig oder Ähnliches. Ich kam mit ihr ins Gespräch über dieses und jenes und etwa nach einer Stunde saß sie auf meinem Schoß. Ich weiß heute gar nicht mehr, warum. Auf jeden Fall haben wir uns auf Anhieb verstanden und abends bat sie mich, sie nach Hause zu bringen, da es bereits dunkel war und sie mit ihren 16 Jahren – was ich erst fünf oder sechs Wochen später erfuhr – doch etwas Angst hatte, alleine den Weg über die Kirmes nach Hause zu gehen.

Nach der Kirmes rief ich mehrmals vergeblich bei ihr an. Sie war in Urlaub gefahren. Erst nachdem ich ein paar Wochen hartnäckig versuchte, mit ihr in Kontakt zu kommen, verabredeten wir uns endlich zu einem gemeinsamen Discobesuch. Da war ich schon mit Haut und Haar in sie und ihre Art, auf Menschen zuzugehen, verliebt. Sie war erfrischend, offen und vor allem grundehrlich. So kamen wir zusammen. Nachdem wir uns drei Jahre kannten und bereits ein Jahr zusammen wohnten, verlobten wir uns und wiederum drei Jahre später heirateten wir. Zu dem Zeitpunkt beendete Claire ihre Lehre und wir waren uns sicher, dass wir auch weiterhin gut zusammenpassen würden. Warum dann nicht ganz offiziell als Mann und Frau?

Natürlich spielte Sex eine Rolle in unserer Beziehung. Sex gehört einfach zu jeder Beziehung. Claire war mit ihren 16 Jahren schon ziemlich erfahren in sexuellen Dingen. Trotz meiner 24 Jahre konnte ich eine ganze Menge von ihr lernen, da ich zu diesem Zeitpunkt nicht nur vom Sternzeichen her Jungfrau war. Als wir kurz vor unserem ersten Mal standen, sagte ich ihr dies. Sie meinte daraufhin lapidar: »Ja klar, Sternzeichen.« Als ich ihr dann aber sagte, dass ich zuvor noch nie Sex hatte, musste sie lachen. Aber das überraschte mich nicht. Auch ärgerte es mich nicht, da ich mir ziemlich sicher war, nicht der einzige Mensch auf der Welt zu sein, der mit über 20 Jahren noch Jungfrau ist. Anfangs spielte Sex für uns und besonders für mich natürlich eine große Rolle. Ich war der

Auffassung, eine ganze Menge nachholen zu müssen. Heute weiß ich: Was für ein Quatsch! Aber damals gaben wir ganz schön Gas. Irgendwann nach ein paar Jahren legte sich das jedoch, bis wir nur noch selten miteinander schliefen.

Entweder hatte sie keine Lust oder mir fehlte die rechte Laune. Gleichwohl fand ich, passten wir sehr gut zueinander. Wir wussten eigentlich alles voneinander, da wir immer offen über alles redeten und wir nie Geheimnisse voreinander hatten. Wir unternahmen so ziemlich alles gemeinsam und was wir getrennt voneinander machten, wurde immer mit dem anderen abgesprochen.

Bis Claire eines Tages SM entdeckte. Vor unserer Hochzeit war von SM nie die Rede. Wir wussten eigentlich nur das über SM, was in den Medien darüber zu erfahren war. Das war natürlich alles sehr subjektiv, meist aufgebauscht, auf Sensation ausgerichtet. Was sollten wir davon halten? Wenn ich behaupten würde, wir wären skeptisch gewesen, wäre das wahrscheinlich übertrieben. Wir wussten nicht, was wir davon halten sollten, also machten wir uns auch keinerlei Gedanken.

Eines Tages stieß Claire im Internet zufällig auf die Homepage eines Fotografen. Sie erklärte mir, dass sie interessiert wäre, erotische Fotos von sich machen zu lassen. Da ich damit einverstanden war – welcher Mann hätte nicht gerne erotische Fotos seiner Partnerin –, machte sie einen Termin für die Vorbesprechung mit diesem Fotografen aus. Als sie abends nach Hause kehrte, erzählte sie mir, was alles bei dieser vermeintlichen Vorbesprechung passiert sei und was der Fotograf mit ihr in seinem SM-Studio angestellt habe. Ich war total geschockt. Für mich brach an diesem Abend eine Welt zusammen, weil sie zum ersten Mal etwas unternommen hatte, was vorher zwischen uns so nicht abgesprochen war. Dass sie mir sagte, es sei nichts passiert, was sie nicht wirklich gewollt hätte, half mir auch nicht, mich zu beruhigen. Der Punkt war: Ich konnte mit SM überhaupt nichts anfangen. Für mich war es einfach nur brutal und menschenverachtend. Ich habe nicht verstanden, warum es Menschen geben sollte, die sich freiwillig grün und blau schlagen lassen. Das war nichts für mich, das wies ich weit von mir. Damit wollte ich mich gar nicht auseinandersetzen.

Nach etwa einem halben Jahr musste ich mich jedoch mit dem Thema ernsthaft auseinandersetzen, da es den Anschein hatte, für Claire nicht einfach nur ein kurzes Intermezzo in ihrem Leben gewesen zu sein. Ich spürte, dass SM ihr gefiel. Endlich bekam sie die Anerkennung, die sie immer gesucht und gebraucht hatte. Sie steigerte sich förmlich in das Thema hinein. Also sah ich mir Homepages von anderen SMern an und versuchte so viel wie möglich darüber zu erfahren. Claire schaffte es sogar, dass ich mit auf SM-Partys ging, um mit anderen SMern zu reden und vielleicht sogar eigene Erfahrungen zu sammeln. Zu Anfang war ich der festen Überzeugung, zwar nicht auf der aktiven Seite zu stehen, ihr aber ein guter Sub werden zu können. Sub, das ist die Abkürzung für Submissive, den unterwürfigen, passiven Partner. Doch ich merkte recht schnell: Entweder man ist »sub« oder man ist es nicht. Man kann es nicht lernen. Damit nahm das Unheil seinen Lauf.

Da Claire und ich viele gemeinsame Stunden am PC hockten und ich ihr beim Chatten mit den SMern über die Schulter schauen durfte, bekam ich von Anfang an mit, mit wem sie chattete und was sich daraus entwickelte. Ich hatte nichts dagegen einzuwenden. Ich wusste, ich konnte ihr in Bezug auf SM ohnehin nicht das geben, was sie suchte. Also hatte ich auch kein Problem damit, dass sie sich mit anderen Leuten treffen wollte, zumindest anfangs. Anfangs schlief sie nach den Sessions mit mir. Dadurch bekam ich meine Befriedigung, denn es war für mich ein Beweis, dass sie mich trotz allem immer noch wollte. Und ich hatte das Gefühl, ich wäre für sie nach einer Session das Tüpfelchen auf dem »i«.

Dann kam aber die Angst davor, dass ihr vielleicht einmal etwas zustoßen könnte. Schließlich merkte ich, dass ich gegen die Eifersucht und auch den Neid nicht wirklich ankam. Sie breiteten sich immer mehr in mir aus, wie ein bösartiges Geschwür. Aber bösartig war es ja nicht wirklich, es war mein gutes Recht, als ihr Ehemann Eifersucht zu verspüren, wenn sie sich mit anderen

Männern traf und Dinge trieb, die sie mit mir nicht treiben konnte. Mein Neid war da nur eine logische Konsequenz.

Ich lag die Nacht über wach, kaum fähig, einen klaren Gedanken zu fassen. Wenn sie dann nach Hause kam, redeten, schimpften und weinten wir stundenlang. Wir machten uns gegenseitig dermaßen fertig, dass jeder mehr als einmal darüber nachdachte, den anderen einfach vor die Tür zu setzen. Damit hätte das Elend seine Ruhe gehabt. Aber ich konnte sie nicht rausschmeißen. Ich wollte es auch nicht. Sie war meine Frau und ich liebte sie. Deshalb rappelten wir uns wieder und wieder auf, bis zum nächsten Wochenende, an dem sie erneut für eine Nacht verschwand. Und wieder lagen wir uns danach in den Haaren. Es kam vor, dass sie sich deswegen manchmal zwei oder drei Wochenenden hintereinander nicht mehr zu Hause blicken ließ.

Ich hatte immer mehr Ängste davor, von ihr verlassen zu werden. Ich glaubte bereits, sie verloren zu haben. Wir redeten darüber, immer und immer wieder. Jedes Mal konnte sie mich beruhigen, indem sie mir schwor, dass ich der Einzige sei, mit dem sie zusammenleben wolle. Aber jedes Mal, wenn sie dann wieder ging, um sich mit einem anderen Mann zu treffen, fing die ganze Scheiße von vorne an.

Ich versuchte erneut, eigene Erfahrungen zu sammeln. War ich auch devot? War ich masochistisch? Vielleicht war da ja was. Ich machte eine »Testsession« mit einem ihrer Spielpartner, die mir nicht viel brachte. Eine Spontansession zu meinem Geburtstag war für mich ebenfalls nicht wirklich das Gelbe vom Ei, denn meine Spielpartnerin war nicht nur sadistisch, sondern auch Profi. Ich merkte, es brachte mir nichts, nur aus Liebe zum Partner SM leben zu wollen, wenn ich dazu eigentlich keinen Bezug habe. Was tun? Immerhin, es machte unsere Beziehung harmonischer, als ich sie zu den Sessions zu begleiten begann, um sie und ihre Partner zu beobachten. Solange ich zusehen durfte, hatte ich kein Problem damit, da sich mir immer die Chance bot zu sagen: »Halt! Stop! Bis hierhin und nicht weiter!« Davon machte ich allerdings nie Gebrauch, obwohl es für mich zeitweilig schon hart war zuzusehen, was Claire mit sich geschehen ließ. Aber ich muss gestehen, dass es mich befriedigte, wenn sie es genoss, ihre Strafen zu empfangen. Denn für mich war immer klar: Wenn Claire befriedigt ist, bin auch ich befriedigt.

Ich konnte ihr förmlich ansehen, wie diese Erniedrigungen, die sie bei den Sessions erfuhr, sie befriedigten. Demütigungen, die ich nie an ihr vollführen könnte, weil ich sie zu gut kenne und sie so sehr respektiere, dass ich sie niemals schlagen kann. Ich glaube, damit würde ich mir wahrscheinlich mehr wehtun als ihr.

Leider verlor Claire, je mehr sie in die SM-Welt hinabtauchte, ihren Blick für die Realität. Und es fiel mir immer schwerer, sie wieder dorthin zurückzuführen. Irgendwann hatte sie den Alltag so weit aus den Augen verloren, dass sie eigentlich nur noch an SM dachte. Sie sah überall Dinge und Menschen, die sie unweigerlich mit SM in Verbindung bringen musste. Wo war da noch mein Platz? Wo war vor allem Platz für unsere gemeinsame Tochter? Ich regte mich maßlos auf, aber ich konnte sie nicht mehr richtig davon überzeugen, dass es für sie außerhalb der SM auch noch eine andere Welt gab. War das überhaupt noch die Frau, die ich kennen und lieben gelernt hatte? Offenbarten sich nicht von Monat zu Monat mehr Unterschiede zwischen uns? Manche Menschen behaupten, das sei nichts Ungewöhnliches, Menschen würden sich nun mal über die Jahre weiterentwickeln, möglicherweise sogar auseinanderentwickeln. War das bei uns der Fall gewesen? Ja, dies war nicht mehr die Claire, die ich geheiratet hatte. Warum also blieb ich noch bei ihr? Ich habe mir oft diese Frage gestellt und ob es nicht Sinn macht, die Beziehung einfach zu beenden. Sie würde ihren Weg gehen, ich meinen. Es gab nur eine Antwort auf all diese Fragen: Nein, ich würde sie nicht gehen lassen wollen, weil ich dieses Arschloch immer geliebt hatte und immer noch liebte. Ich liebe sie mit allem, was ich habe. Und weil ich sie liebe, konnte ich ihr immer wieder verzeihen, so kitschig es auch klingt. Ich wusste, ich würde ohne sie nicht mehr leben können. Ich wollte nicht wegen ihr vor die Hunde gehen. Eines war mir klar: Würde sie mich verlassen, würde ich vor Liebeskummer und Selbstmitleid kaputtgehen, und das würde einer neuen Beziehung immer im Wege stehen. So weit zu mir. Ich wusste aber auch, dass sie sich nach mir einen 24/7-Dom suchen würde. Und ich wusste, sie würde dies auf Dauer nicht durchstehen können. Und deswegen gab ich nie auf, sie für mich und unsere Tochter zurückzugewinnen. Ich gab die Hoffnung nicht auf, dass sie wieder »vernünftig« wird und wir eine »ganz normale« Ehe führen könnten.

Das war nicht einfach. Ich versuchte mit ihr zu reden. Aber sie hatte inzwischen den Punkt erreicht, an dem ich nicht mehr an sie herankam. Ich konnte nicht mehr vernünftig mit ihr reden. Es ging nur noch darum, wer welchen Fehler machte. Wir bombardierten uns gegenseitig mit Vorwürfen. Eine Lösung für unsere Probleme fanden wir nicht. Manchmal frage ich mich heute, warum ich ihr nicht einfach ein Ultimatum stellte. Ich und deine Tochter oder SM – entscheide dich! Ich glaube, ich traute mich nicht. Ich konnte ihr kein Ultimatum stellen, weil ich Angst davor hatte, ein falsches Wort zu sagen und sie deswegen zu verlieren. Heute weiß ich, das ist völliger Blödsinn gewesen. Im Grunde war sie eh schon weit weg von uns – zwar nicht physisch, aber psychisch. Aber sie hatte mir den letzten Rest meines eh schon geringen Selbstbewusstseins geraubt. Wahrscheinlich wären wir heute nicht mehr zusammen, hätte ich den schleichenden Entfremdungsprozess nicht aufhalten können, hätte Claire nicht eines Tages Matthias im Spinchat kennengelernt. Mit ihm haben wir noch heute Kontakt. Ich kann von Glück reden, dass sie ihn kennenlernte. Ich muss ihm sogar unendlich dankbar sein, denn er holte Claire wieder auf den Boden der Tatsachen zurück, etwas, was ich nicht mehr zu schaffen vermochte. Er machte ihr klar, dass sie, wenn sie so weiter machen würde wie bisher, irgendwann mich und unsere Tochter verlieren und alles zerstören würde, was wir gemeinsam und mühevoll aufgebaut hatten. Tränenüberströmt kam sie eines Abends zu mir und meinte: »Was ich kriege, ist mir nicht genug. Und was ich will, zerstört meine Familie.«

Unsere Beziehung ist heute wieder gut. Wir haben beide gelernt, auf den Partner zuzugehen und vor allem nicht alles auf Anhieb so negativ zu sehen, wie es im ersten Moment den Anschein hat. Natürlich ist vieles passiert und haben wir uns verändert. Als Claire und ich uns kennenlernten, waren wir uns sehr ähnlich. Mittlerweile haben wir viele Punkte, in denen wir uns unterscheiden. Ich denke, das ist gut so, denn sonst würde es irgendwann langweilig werden. Letztendlich kann ich auf diesem Wege auch dem SM etwas Positives abgewinnen. Wenn ich immer wieder etwas Neues an meinen Partner kennenlernen kann, ist es spannend darauf zu warten, was die nächste Zeit mir bringt. Das kann freilich positiv wie negativ sein. Aber ich denke, ich habe gelernt, auch mit negativen Erfahrungen umzugehen. Ich sehe alles etwas lockerer. Vom SM habe ich mich total zurückgezogen. Und wenn Claire ihn so betreibt wie augenblicklich – sie beschränkt sich zu über 90 Prozent auf Online-SM –, kann ich gut damit leben, denke ich. Ab und zu mal eine Real-Session ist ok, und dabei ist es wichtig für mich, dass sie keine ewig wechselnden Partner hat.

Unser Sex ist dem von vor zehn Jahren sehr ähnlich. Wir haben wieder Spaß daran gefunden. Sex empfinde ich immer ein wenig als »Belohnung« für meine Hartnäckigkeit und mein zum Teil wiedergewonnenes Vertrauen zu Claire. Vor zwei Monaten sind wir zum ersten Mal in einen Swingerclub gefahren, um unserem ehelichen Sexleben die entsprechende Würze zu geben. Dort kann Claire ihre Bi-Neigung ausleben und ich komme auch nicht zu kurz. Im Gegenteil, ich genieße Sex seit langem wieder. Besonders anregend finde ich es zu sehen, wie Claire mit anderen Männern oder Frauen Sex hat. Was das Faszinierende daran ist? Das ist eine sehr gute Frage. Leider kann ich die nicht beantworten. Ich hab mir noch nie Gedanken darüber gemacht, warum es mich antörnt, wenn sie mit anderen Männern oder auch Frauen Sex hat. Es ist einfach so, und ehrlich gesagt, möchte ich auch gar nicht wissen, warum es so ist.

# *Ich hoffe, dass meine Frau auch etwas davon hat*

**Harald, 48**

*EDV-Techniker*

Ich hab vor 13 Jahren mit dem Piercen angefangen. Das war 1990, ich weiß das so genau, weil meine jüngste Tochter gerade geboren wurde. Damals bekam ich in einer Buchhandlung das Buch *Körper- und Intimschmuck für Sie und Ihn* in die Hände. Ich schmökerte ein wenig, fand das sehr interessant. Für mich war das absolut neu. Damit war ich vorher noch nie in Berührung gekommen. Ich kaufte das Buch und setzte mich damit zuhause auseinander. Ein paar Monate später war das Interesse daran so weit geweckt, dass ich das auch haben wollte. Nicht nur, dass es gut aussah, natürlich habe ich mir auch mehr davon erhofft, beim Sex.

Das erste Piercing war ein Frenum. Dass ich es mir selbst gestochen habe, war ein Notbehelf, denn Piercingstudios gab es vor 13 Jahren in unserer Gegend noch keine. Ich habe mir vorher Informationsmaterial beschafft, was verflucht schwierig war. Zu der Zeit gab es auch wenig Quellen, die mich darüber aufklärten, wie ich ein Piercing zu stechen habe, worauf ich achten muss, welches Werkzeug ich benutzen darf, wie wichtig Hygiene ist. Vieles habe ich aus dem Internet erfahren, aber das war damals ja auch noch nicht so umfangreich wie heute. Es war auch nicht einfach, an die Materialien zu gelangen: Gummihandschuhe und Desinfektionsmittel habe ich mir in der Apotheke gekauft, das war ein Leichtes. Die Kanüle musste ich mir dagegen beim Hersteller übers Internet zuschicken lassen. Das größte Problem waren die Ringe und Stecker, die vor 13 Jahren richtig schwer zu bekommen und sehr teuer waren. Aber am Ende hatte ich alles zusammen und stach mir durch die Vorhaut. Meine Frau war entsetzt, als sie das Piercing zum ersten Mal sah. »Um Gottes willen. Was hast du denn gemacht?«

Für sie war das wohl so was wie ein Dummer-Jungen-Streich. Auch für mich war damals noch nicht klar, dass weitere Piercings folgen sollten. Das dauerte ein Jahr, bis es so weit war, dass ich mir sagte, ich möchte noch mehr. In diesem einen Jahr wurde auch das erste Studio in der Nachbarstadt eröffnet, da bin ich gucken gegangen. Da ging's bei mir zuhause hygienischer zu. »Ach nein«, dachte ich mir, »da nehme ich mir lieber mal eine Stunde Zeit, gehe ausgiebig baden, damit das Gewebe weich wird, reinige es und steche.« Und als die ersten professionellen Piercer ihre Studios aufmachten, war ich bereits so in Übung, dass ich sie nicht mehr brauchte ...

Als Nächstes stach ich mir Hafadas. Die meisten davon sind noch da. Andere sind, nachdem ich sie zu oberflächlich gestochen hatte, herausgewachsen. Aber andere Probleme hat es nie gegeben, keine Entzündungen, keine Infektionen. Ich habe von Anfang an konsequent auf Sauberkeit geachtet, nicht nur vor oder nach dem Stechen, auch bei der Nachpflege, so lange, bis die Wunde verheilt war. Danach habe ich die Hafadas aufgedehnt; heute gehen durch jedes der Hafada-Löcher zwei Ringe.

Zuletzt habe ich mir vor einem halben Jahr das Transscrotal-Piercing gestochen. Als ich vor 2 Jahren das erste Mal das Transscrotal-Piercing sah, im Internet, auf Bildern, da ging mir durch den Kopf: »Das muss ich auch haben.« Es sah schön aus, sehr ästhetisch. Allerdings: Das Piercing ist fast unbekannt, es gibt – zumindest in Deutschland – keine Studios, die es stechen, weil es so gefährlich ist. Und die Leute, die es haben, haben es sich in einer Operation nähen lassen. Ich habe mir daher fast ein Jahr den Kopf zerbrochen: »Mach ich's? Mach ich's nicht?« Ich wollte mir ganz sicher sein, dass ich es auch wirklich will. Ich wollte das Piercing, und zwar gestochen, nicht genäht. Genäht war meine Befürchtung, dass der Hodensack sich aufgrund der Naht zusammenzieht, und dass dies weniger schön ausschaut.

Es stellte sich mir nun die Frage: Wer kann mir bei dem Transscrotal-Piercing helfen? Alle Studios, die ich fragte, winkten ab – unbekannt oder zu risikoreich. Da sich partout kein Studio auftreiben ließ, war mal wieder die »Mach es selbst«-Methode angesagt.

Es vergingen weitere sechs Monate, in denen ich mir Informationen über Anatomie und Risiken suchte. Ein Großteil davon erhielt ich über das Internet. Ich suchte in Piercing-Foren nach Leuten mit Transscrotal-Piercing. Lange Zeit fand ich niemanden. Es gab oft nur dumme Bemerkungen, zum Beispiel: »Dann hast du ja ein Loch im Sack und läufst voll Wasser!«

Erst auf ausländischen Seiten wurde ich fündig. Dort wurden in Newsgroups Diskussionen geführt, in denen sich zwei verschiedene Meinungen herauskristallisierten. Die einen sagten: Zusammennähen ist richtig. Die anderen vermuteten: Transscrotal ist auch als normales Piercing möglich. Ich fand eine Internetseite, auf der berichtet wurde, wie das Transscrotal gestochen wird; allerdings wurde die Abheilzeit mit bis zu fünf Jahren angegeben.

Ich erfuhr auch, dass es sich bei der Anatomie des Hodensacks um zwei verschiedene »Beutel« handelt, die zwei inneren – die jeweils Hoden und Samenleiter umschließen, und nur dieser hat einen Zugang zur Bauchhöhle – und einen äußeren, das Scrotum, das ein Hohlraum für sich ist. Wenn man bedenkt, dass es Typen gibt, die sich ein paar Liter Salzwasserlösung in den Hodensack injizieren und dann zwei Tage mit einem dicken Hodensack rumlaufen, ahnt man, dass es vom äußeren Hodensack keinen direkten Weg zur Bauchhöhle geben kann. Der innere Beutel darf nur nicht verletzt werden. Und wenn man weiter bedenkt, dass ein »normales« Hafadapiercing auch durch den äußeren Beutel rein und raus geht, wobei ein »Loch« im Scrotum entsteht, so müsste ja die Lage des Durchstiches von links nach rechts oder von vorne nach hinten im äußeren Scrotumbereich nicht so kritisch sein, von der Durchwachsung mal abgesehen.

Nachdem ich nun glaubte, alles Wichtige zusammen zu haben, wagte ich den ersten Versuch. Dieser war nicht so glücklich: Ich betäubte die Stichstelle mit Xylocain. Nach dem Stich setzte ich den Titanbarbell ein und deckte mit Kompressen ab. Nach einer Woche aber gab es eine Verhärtung im rechten Hodenbereich. Mist! Also hatte ich doch den inneren Beutel verletzt. Ich nahm den Barbell raus und ließ die Wunde drei Monate verheilen.

Dann wagte ich den zweiten Versuch, bei dem ich natürlich noch vorsichtiger arbeiten musste. Da ich eine Klemme in diesem Bereich nicht setzen konnte, brauchte ich mindestens vier Hände. Meine Frau half mir. Mit Daumen vorne und Zeigefinger hinten wurden die beiden inneren Beutel zur Seite gedrückt. Da der Penis störte, fixierte ich ihn mit einem Band nach oben. Die dritte Hand griff mit Daumen und Zeigefinger weiter unten ein. So entstand ein gespanntes Dreieck(sverhältnis), in dem nichts mehr außer der Scrotumhaut war. Die vierte Hand stach mit der Venenkanüle durch, wobei ich ein gutes Augenmaß brauchte, um nicht einen der drei darunter liegenden Zeigefinger zu treffen. Es klappte. Nach zwei Wochen aber stellte sich heraus, dass der Titanbarbell mit einer Länge von 30 Millimetern und zwei 8-Millimeter-Kugeln zu klein war. Die hintere Kugel schlupfte ins Scrotum rein. Auf die Schnelle war nichts Größeres greifbar, also nahm ich erneut alles raus und ließ es verheilen.

Ich wollte das Piercing aber nach wie vor haben, weil es mir gefiel. Aller guten Dinge sind drei. Für meinen dritten Stichversuch hatte ich einen Titanbarbellstab mit 60 Millimeter Länge und 16-Millimeter-Acrylglaskugeln. Alles lief ab wie beim zweiten Stich, nur diemal gab es keinerlei Komplikationen. Und damit es so blieb, wurden früh und abends die Stichstelle und der gesamte Hodenbereich untersucht und eine Fünf-mal-fünf-Zentimeter-Kompresse halb eingeschlitzt und mit einen Tupfer Bepanthensalbe zwischen Kugel und Scrotum geklemmt.

Nach zwei Monaten wechselte ich den Stab. Es kam ein 3 Millimeter starker und wiederum 60 Millimeter langer Titanstab zum Einsatz, bei den Kugeln wechselte ich auf 25 Millimeter Acrylglas, da die 16 Millimeter auch schon leichte Druckstellen auf der hinteren Seite des Scrotums erzeugten und ich ein nochmaliges Einschlupfen vermeiden wollte. Nach weiteren zwei Monaten setzte ich einen Vier-Millimeter-Stab mit zwei 25-Millimeter-Edelstahlkugeln ein.

Nun ist zur Zeit ein Fünf-Millimeter-Titanstab mit 40 Millimeter Länge drin.

Aber immer noch bedarf es der täglichen zweimaligen Untersuchung und der Kompressen mit Bepanthensalbe, damit die Heilung optimal verläuft. Ich hoffe, dass es so bleibt, damit ich noch den letzten 6-Millimeter-Stab einsetzen kann.

Beim Tragen ist nichts vom Stab oder den Kugeln zu spüren. Sitzen war ohne Probleme vom ersten Tag an möglich, auch Motorradfahren kein Thema. Meine normalen Hafadas machten schon mal ein kleines Autsch in der Abheilphase, und ich musste kurz die Position verändern. Nicht so beim Transscrotum. Auch beim Sex möchte ich es nicht mehr missen. Alle Bewegungen am Penis werden direkt auf den Hodensack durch bis nach hinten übertragen, eine ungemein tolle Stimulanz.

Dieses wird wohl auch das letzte Piercing sein, das ich mir gestochen habe. Mehr Piercings will ich nicht mehr haben; und im Gesicht sowieso nicht. Meine Frau hat meine Piercings inzwischen auch akzeptiert. Ich wollte die Piercings haben, sie waren, mehr oder weniger, zur sexuellen Stimulanz. Mit Erfolg. Ich hoffe zumindest, dass meine Frau auch etwas davon hat.

Auch für meine Kinder – meinen 18-jährigen Sohn, meine 16-jährige Tochter, die 12-jährige Tochter – sind die Piercings kein Geheimnis. Logisch, wenn ich dusche, sehen sie es. Oder wenn ich legere Kleidung trage, hört man das leichte Klimpern der Hafadas, wenn ich durch die Wohnung laufe. Und wenn ich nachts mal durch die Wohnung geistere, bekomme ich von meiner Frau den Kommentar: »Du mit deinem Geklimpere ...« Aber das ist auch schon alles. Es ist ein natürlicher Umgang damit. Ich würde ihnen auch keine Steine in den Weg legen wollen, wenn sie den Wunsch nach einem Piercing hätten. Allerdings würde ich sie in ein Studio schicken. Mittlerweile gibt es ja eine Menge guter Studios. Meine große Tochter sagt schon, sie möchte ein Bauchnabelpiercing haben. »Na gut«, sagte ich, »dort ist das Studio. Wenn du eine Unterschrift brauchst, sag's mir.« Wenn sie jedoch zu mir käme und das Piercing von mir haben wollte, würde ich es nicht machen. Bei mir selbst weiß ich, ich habe lange genug Erfahrung sammeln können, um sicher zu gehen. Aber bei anderen – nein, die würde ich konsequent in Studios schicken.

***Egal, wie man Geld verdient, Hauptsache man kann davon leben!***

**Steffie, 23**

*Gangbang-Veranstalterin*

Ich war schon immer etwas Besonderes. Damit wir uns nicht missverstehen: »Besonders« nicht im Sinne von exaltiert oder affektiert, Schickimicki und Heititei, so ein abgehobener Scheiß. Ekelhaft! Damit will ich nichts zu tun haben. Was ich meine, ist: Ich war schon immer auf der Suche nach etwas anderem, halt dem *Besonderen*. Das fing bei mir mit 15 an. Damals war Techno das Ding der Stunde, vor allem hier in Berlin. Das hat ganz schön gebrummt in richtig dunklen Kellerclubs und mit fieser, harter Mucke, die keine Sau hörte und über die in den Zeitungen nur geschrieben wurde, ohne Drogen könne sich die doch keiner reinpfeifen. Wenn die gewusst hätten, wie Recht sie haben! Aber selbst in der Techno-Szene war ich nicht die, die sich dort aufhielt, wo sich alle trafen, die meinten, cool zu sein – und so viele waren das damals, also Anfang der 90er, ja auch noch nicht. Ich stand viel mehr auf Gabber, das ist die harte Version von Techno, 160 bpm schnell, Sägezahn, Kreischen, bumm, bumm, bumm ohne Ende. Mörder!

Dieser Sound lief im Bunker. Der Name war Programm. Der Club irgendwas zwischen illegal und halblegal. Insofern gab es keine Tür, keine Einlasskontrolle und da ich ohnehin Frühstarter war und aussah wie mindestens 18, fiel keinem auf, dass ich minderjährig war. Ich ging jede Woche in den Club und gab mir die volle Dröhnung. Eines Morgens saß ich draußen auf dem Parkplatz vor dem Bunker, rauchte mit ein paar Kumpels einen Joint, während wir abwägten, ob und zu welcher After-Hour wir noch gehen sollten, da strömten aus einem Laden gegenüber ein paar schrille Gestalten. Sie waren in Ketten und Riemen gehüllt und trugen darüber Ledermäntel. Sie sprangen in eines der parkenden Autos und fuhren von dannen. Ich wurde neugierig und besah mir die Location gegenüber ein wenig näher. Der Club hieß »Kreuz-Club«, und erst später sollte ich die wahre Bedeutung dieses Namens verstehen. Denn beim Kreuz-Club handelte es sich um einen Fetisch-, Bizarr- und SM-Club. Ich hatte zuvor zwar einige Male davon gehört, auch, was dort alles geschehen konnte, doch so recht hatte ich mir bis dahin nichts darunter vorstellen können.

Interessiert war ich dennoch, und das aus gutem Grund. Mein erstes Mal Sex war alles andere als gut. Mein damaliger Freund ließ sich zwar Zeit, war verständnisvoll und, man würde wohl sagen, einfühlsam. Andere Mädels hätten das wahrscheinlich super gefunden, wären vor Liebe explodiert, ein richtiger Traummann, o Gott! Bullshit. Ich bekam zwar einen Orgasmus, aber trotzdem war das Drumherum einfach nur langweilig und kickte überhaupt nicht. Das war wohl schon damals ein Zeichen, dass die Uhr bei mir und meinem Sex anders tickte. Wie wusste ich allerdings nicht. Ich war noch unerfahren und naiv und wusste die Signale meines Körpers nicht zu deuten. Ich sagte mir: Wenn das Sex sein soll, dann weiß ich nicht, warum die ganze Welt so ein Heidenspektakel darum macht. Ich fickte noch mit einigen anderen Typen, was ganz passabel war, mich aber auch nicht aus den Socken haute. Das erledigte stattdessen Techno für mich. Zappeln am Wochenende, das war für mich so was wie eine Befriedigung.

Sex dagegen war nicht wichtig. Die Vögelei war einfach nicht greifbar, zumindest für mich. Was nicht heißen soll, dass es keinen Sex mehr in meinem Leben gab. Aber gerade dieser Abstand, den ich zur Fickerei bekam, machte es mir in der Folgezeit einfach, meine Kohle damit zu verdienen. Durch eine Freundin, die ich aus dem Bunker kannte und die in einem Puff arbeitete, kam ich an den Job. Das war also mehr Zufall, aber als sie mich ansprach und meinte, ich wäre genau das, auf was die Freier stünden, dachte ich mir: Warum nicht? Es machte mir nichts aus, es mit Männern zu treiben, obwohl ich selbst gar keinen Gefallen daran fand. Die paar Mal mit meinen Typen hatten es bewiesen.

Überhaupt gefiel mir das Puff-Milieu. Die Leute waren wie in der Techno-Szene immer gut drauf, immer lustig, hatten keine Probleme. Die interessierte es nicht, ob der Bundeskanzler Kohl oder Schröder heißt oder ob die Eltern in Urlaub fahren. Und weil die Männer gerne mal einen Schein mehr hinblättern, wenn sie ein junges Mädel ficken dürfen, verdiente ich schon mit 17 meine dreitausend, viertausend Mark im Monat. Deshalb schmiss ich die

*Steffie steht auf Sex extrem.*

Schule. Wer brauchte die noch? Ich jedenfalls nicht. Allerdings trug der Job im Puff nicht dazu bei, dass sich meine Meinung über die Fickerei änderte. Die Freier waren langweilig, dröge, ätzend, und so war auch der Sex mit ihnen. Es hätte gut und gerne auch nur einer meiner Typen sein können, mit denen ich mich eingelassen hatte.

In den nächsten Wochen hielt ich wiederholt Ausschau nach Leuten, die abends in den Kreuz-Club gingen oder ihn morgens verließen. Ihr Outfit war irre, ziemlich cool und abgefahren und zeugte von einer ganz anderen Seite der Sexualität. Welche Seite das war, wusste ich im Grunde noch nicht, gleichwohl zog sie mich in ihren Bann. Ich fand, die Leute, die den Club morgens verließen, sahen unglaublich entspannt und glücklich aus, fast wie nach einer Partynacht im Bunker. Möglicherweise redete ich mir das damals auch nur ein, das kann ich so genau nicht sagen, aber die Vorstellung, dass doch noch mehr möglich war als das, was ich bisher mit meinen Typen oder Freiern erlebt hatte, faszinierte mich. Vielleicht würde ich ja doch noch auf meine Kosten kommen. Ich gelangte zu der Überzeugung, dass, wenn es schon der normale Sex nicht brachte, es einen Versuch wert sei, sich mit SM zu befassen. Der Kreuz-Club war ein willkommener Anlass. In der Folgezeit suchte ich Kontakt zu Leuten aus dem Laden und bat sie irgendwann, mich doch einfach mal mit hineinzunehmen. Was sie auch taten, nicht ohne mich vorher neu einzukleiden. Mit normalen Partyklamotten – Turnschuhe, Jeans und Bustier – oder Nuttenoutfit – Highheels, String und Spitzen-BH – wäre ich garantiert nie in den Laden gekommen.

Der Kreuz-Club war unglaublich, eine Oase der Ruhe, ein Ort der Abenteuer, ein Treffpunkt offener Menschen. Es gab Playrooms, Stallungen, düstere Kellerverliese, ein Klinikum, Performances, Kunst, Kommunikation und Träume. Eine Welt für sich, die sich mir nach und nach erschloss, jenseits aller Schubladen und doch alles miteinander vereinend: Skurril. Fetisch. Bizarr. Stylisch. Sexy. Obsessiv. Wenn ich sagen würde, an jenem Abend sei mir alles klar geworden, dann ist das mit Sicherheit gelogen. Aber trotzdem begann ich seither meine Neigungen zu erleben.

Die Woche über ging ich weiter anschaffen. Das war eine Notwendigkeit. Ich hatte keinen Schulabschluss, keine Ausbildung, keinen Bock auf diesen ganzen traditionellen Scheiß. Ich verdiente im Puff die Kohle, die ich für den Spaß im Bunker, Tresor und im Kreuz-Club brauchte, und damit war ich zufrieden. Da saß ich dann am Tisch oder an der Bar, wartete darauf, dass mich einer der Freier anquatschte oder ich musste die Männer anquatschen. Danach gingen wir aufs Zimmer. Dort gab's Standardprogramm, oral, vaginal, zu mehr reichte es den Männern meist nicht mehr. Weniger weil sie die Kohle nicht hatten, sondern weil wir sie, bevor es auf die Zimmer ging, kräftig abfüllten. Mein Anteil an Champagner, Sekt und Cocktails brachte mir auf Dauer mehr Kohle als die Nummer im Bett. Einziges Problem war dabei, ich musste die Plörre auch saufen. Wäre ja auch blöd gewesen, sich einen Drink nach dem anderen vom Freier spendieren zu lassen, ihn dann aber nicht mit ihm zu trinken. Das habe ich drei Jahre lang gemacht und es war am Ende alles andere als cool. Der Alkohol riss mich ganz schön runter, dazu die Drogen, die ich mir an den Wochenenden einschmiss, um wieder hochzukommen. Am allerschlimmsten aber war, dass ich den Spaß am Sex entdeckte, damit hatte ich nun gar nicht gerechnet.

Deswegen kotzte mich die Fickerei im Puff von Woche zu Woche immer mehr an; also noch mehr Alkohol, noch mehr Drogen, noch mehr Fun fürs Wochenende. Irgendwann stand alles ganz schön auf der Kippe und ich weiß nicht, in welcher Gosse ich heute liegen würde, wenn ich nicht ein paar Monate zuvor zu drehen begonnen hätte. Das kam ganz von selbst. In einem der SM-Clubs lernte ich einen Porno-Produzenten kennen, der Ausschau nach neuen Talenten hielt. Er war ganz angetan von meinen Qualitäten, vor allem von meinen Fähigkeiten, die unartige Zofe zu spielen, die erzogen werden musste. Ein Freund behauptet manchmal: »Die Steffie, die hält echt einiges aus, der kannst du auf den Arsch kloppen, bis er rot anschwillt, und sie findet das immer noch geil!«

Er hat Recht. Ich fahr' voll darauf ab. Heute weiß ich, ich bin eine naturveranlagte Masochistin. Meine Mutter meinte mir mal sagen zu müssen, das käme, weil ich mich selbst bestrafen wolle für mein verkorkstes Leben. Das meinte sie während einer unserer ständigen Auseinandersetzungen, deren Ursprung ein Streit darüber war, dass ich die Nächte um die Häuser zog, im Bunker oder andernorts rumzappelte und nicht unbedingt den Eindruck machte, ich würde arbeiten. Damit kam sie nicht klar. An einem Tag geriet unser Wortgefecht schließlich außer Kontrolle. Als sie dann irgendwann meinte: »Kind, du musst arbeiten!«, drehte ich durch. Wenn ich was nicht mochte, dann, dass sie mich »Kind« nannte. Was wusste sie schon von mir? Gar nichts wusste sie. Unser Verhältnis war einfach nicht so, wie man es sich zwischen Mutter und Tochter vorstellt. Als sie jetzt »Kind« zu mir sagte, als würden wir jeden Tag gemütlich zum Abendessen beisammen sitzen und glücklich unsere kleine, feine Familie genießen, Mama, Papa, Tochter, da fauchte ich: »Ich gehe arbeiten!« Ich wiederholte: »Ich gehe immer arbeiten.«

Damit war sie natürlich auch nicht zufrieden. »Und davon kannst du dir deine Wohnung, deine vielen neuen Klamotten leisten?«, wollte sie wissen. Es war ihr nicht recht zu machen. Da schleuderte ich ihr voller Hass an den Kopf: »Ich arbeite im Puff! Und ich drehe Pornos!« Ich weiß nicht, ob ihre kleine Welt zusammenbrach. Von wegen »Kind« und so. Anmerken jedenfalls ließ sie es sich nicht. Vielleicht hatte sie ja bereits was geahnt. Ihr Schweigen machte mich noch rasender und ich setzte noch einen drauf: »Ich drehe SM. Fesseln, Peitschen. Fuck, Mama, darauf stehe ich.« Ich erzählte ihr alles, was ich mache, und ihre Augen wurden größer und größer. Das gab mir endlich Genugtuung. Ich sagte ihr: »Eigentlich wollte ich dir das nicht verklickern, aber jetzt weißt du es. Das ist nun mal mein Ding, was ich machen möchte. Das ist für mich okay.«

Und daraufhin äußerte sie jenen Satz mit der Strafe, die ich mir selbst für mein verkorkstes Leben auferlegen würde. Blödsinn, sage ich dazu. Ich kann diesen Psycho-Scheiß nicht hören. Wenn mein Leben verkorkst wäre, würde ich leiden. Klar, ich habe eine Weile gelitten, aber ich habe den Absprung geschafft und jetzt habe ich meinen Spaß. Warum sollte ich mich dafür bestrafen?

Dass ich den Absprung schaffte, verdanke ich schließlich den Filmen. Anfangs drehte ich vereinzelte Hardcore-Pornos mit Fetisch-Story. Ich dachte nicht großartig drüber nach, sondern spielte einfach die Sklavin, der es ans Leder ging, weil es genau die Rolle war, die ich auch in den SM-Clubs lebte. Dass dabei Leute um mich herum standen, während ein Dominus mich bearbeitete, war mir ziemlich egal. Im Club waren es gleichgesinnte Zuschauer, diesmal waren es Kameramänner und Beleuchter. Wo war der Unterschied?

Als es mir dann so richtig dreckig ging, bot ich an, ganz ins Filmgeschäft einzusteigen. Ich will nicht behaupten, dass sie mich mit Kusshand nahmen. Es finden sich in dem Geschäft immer Mädels, die den Arsch für eine Peitsche herhalten, wenn nur die Kohle stimmt. Aber Sklavias, die einiges ertragen können, weil sie Spaß daran haben, die sind selten. Deswegen hatte ich gute Chancen. Ich sagte dem Puff ade und von da an ging es erst richtig los mit dem Filmen. Ich war jeden Tag unterwegs, reiste viel herum, wurde häufig für andere Produktionen gebucht. Schon witzig, oder? Früher hatte ich Sex gegen Kohle und war gelangweilt, nun hatte ich meinen Spaß und bekam trotzdem viel Geld.

Anfang 2002 rief mich Andy an. Andy agierte in einigen meiner Filme als Dominus und das ziemlich gut. Er hatte viele Erfahrungen auf dem Gebiet gesammelt und beherrschte das Spiel mit der Erziehung und Unterwerfung wie ein wahrer Meister. Die Peitsche führte er genial und wenn er mit dem Lederhandschuh auf meine Pobacken eindrosch, passierte es nicht selten, dass ich sogar beim Dreh zum Orgasmus kam, was wegen der Hektik und Unterbrechungen aufgrund wechselnder Kameraeinstellungen eher unüblich ist. Auf jeden Fall bereitete mir der Job mit ihm höllisch viel Vergnügen und deshalb war ich sehr neugierig darauf, was er von mir wollte. Er quatschte gar nicht lange um den heißen Brei herum, sondern erzählte, er habe die Idee zu einer Party-Reihe, al-

*»Fesseln, Peitschen. Fuck, Mama, darauf stehe ich.«*

lerdings Probleme mit den Teilnehmern. »Um ehrlich zu sein: mit einer Teilnehmerin.«

Als ich ihn fragte, worum es sich bei seinem Veranstaltungskonzept handelte, meinte er kurz: »Gangbang-Partys.«

Gangbangs, der Rudelfick mit einer Frau, ist eine bei Pornofilmen hoch gehandelte Szene, auch bei SM-Streifen. Zwar unterscheidet sich das Arrangement im Fetisch erheblich von dem eines herkömmlichen Pornos, doch der Ausgangspunkt ist im Grunde immer der gleiche: Es geht um die Erniedrigung der Frau. Mag sein, dass Emanzen davon nichts wissen wollen. Blödsinn! Wenn es der Frau Spaß macht, es mit mehreren Männern zu treiben, wo liegt das Problem? Das Problem ist, dass den Emanzen der Sex generell keinen Spaß macht, und deswegen nehmen sie an, dem Rest der Welt dürfte er auch keine Freude bereiten. Auch das ist Blödsinn!

Andy berichtete, er hätte festgestellt, der Gangbang, einst nur eine von vielen nacheinander exerzierten Porno-Spielarten, dränge in den vergangenen Jahren immer mehr in den Vordergrund und würde in vielen Produktionen inzwischen sogar schon ausschließlicher Hauptbestandteil sein. Was ihn wiederum zu der Vermutung hinriss, es existiere eine Nachfrage nach Gangbangs. Andy meinte: »Die Phantasie der Männer ist doch so, dass sie solche Spielchen nicht nur auf Video angucken, sondern auch live erleben wollen.«

Da hatte er nicht ganz Unrecht. Diese Wahrheit war mir aus meiner Zeit im Puff noch sehr wohl bewusst. Wie viele der Freier hatten an der Bar gesessen und mir ihre Phantasien geschildert, die sie sich garantiert aus irgendwelchen Pornofilmen geholt hatten und die ihnen ihre Freundinnen und Frauen nicht in der Realität erfüllen wollten. Ich vermute, wahrscheinlich wusste der Großteil der Freundinnen und Frauen noch nicht einmal, dass ihre Typen diese Wünsche hatten, einfach weil ihre Typen nicht darüber sprachen. Stattdessen kamen sie lieber zu mir in den Puff, heulten sich die Augen über ihre ach so prüden Weiber aus und schliefen besoffen neben mir ein. So weit zur Realität. Das alles soll nicht darüber hinwegtäuschen, dass tatsächlich ein Bedarf an Gangbangs herrscht, zumindest von Seiten der Männer, ein Großteil der Frauen es jedoch kategorisch ablehnt, sich von ihrem Typen und dessen Freunden mal so richtig durchvögeln zu lassen, was wiederum professionellen Sexanbietern eine Chance bietet. Leider treiben sich sehr viele Abzocker in der Branche herum, die das Blaue vom Himmel versprechen, dann aber nur Huren bieten, die die Männer der Reihe nach abfertigen. Denen wollte Andy Paroli bieten. Sein Konzept sah eine vernünftige, wenn man so will seriöse Party vor, auf der die Männer auf ihre Kosten kommen, aber auch die Frauen. Was er nicht wollte, waren Profifrauen, die ihr Geschäft verstanden, sondern Frauen, die wirklich Bock auf mehrere Schwänze hatten. Andy wagte einen ersten Anlauf. Er fragte eine Darstellerin aus der Pornobranche, die bereits einige Gangbangs gedreht hatte und immer wieder beteuerte, sie würden ihr Spaß machen. Andy schaltete daraufhin einige Anzeigen in Berliner Illustrierten, programmierte eine Internetseite, stellte ein Bild rein, schrieb groß und fett »Gangbang«, richtete eine Hotline ein und wartete, was kam. Nichts kam. Es kam heraus, dass es der Dame entgegen ihrer Aussage nämlich keinen Spaß bereitete, sondern auch sie es nur wegen der Kohle machte. Das merkten auch die Männer, die kamen und Geld abdrückten. Wenn jemand nämlich nur da liegt, keinen Ton von sich gibt, im Grunde in den Raum geführt und auf den Tisch gelegt werden muss und das, obwohl eigentlich gar kein Zwang besteht – mit SM wollen die meisten der Typen, die sich Gangbangfilme anglotzen und zu solchen Partys kommen, ja gar nichts zu tun haben –, dann kann man es besser lassen. Das ist nicht prickelnd. Das ist öde!

Doch Andy mochte nicht aufgeben und suchte jetzt ein neues Gangbang-Opfer. Seine Wahl fiel auf mich. Ich selbst hatte zwei, drei Filme gedreht, in denen ich auch mehrere Männer nacheinander oder abwechselnd auf mich drauf lassen musste, weil mein Herr mir das befahl, wie es das Drehbuch vorschrieb. Ich kann nicht sagen, dass mir diese Einstellung schwerfiel. Der Gangbang ist, wie ich schon sagte, Erniedrigung und deshalb im SM eine Form der Erziehung und Bestrafung einer Zofe oder Sklavin. Das hatte was, vor allem wenn Fesselungen einen ohnehin hilflos machen. Ich fand's geil. Daran muss sich wohl auch Andy erinnert haben, als er mich jetzt kontaktierte.

Ich hörte mir sein Konzept an, es klang vernünftig und ich erklärte mich einverstanden. Im März 2002 veranstalteten wir die erste Gangbang-Party. Andy kam im Anschluss zu mir und meinte: »Der Unterschied zur ersten Party ist wie Tag und Nacht.« Das freute mich zu hören. Anscheinend kam ich ganz gut bei den Männern an. Aber das war nichts Neues, ich war ja im Puff bereits ein heißbegehrtes Mädel.

Von da an machten wir weitere Events, in der Regel eines pro Monat. Andere Veranstalter zogen nach, inzwischen gibt es hier in Berlin eine ganze Fülle von Anbietern der Gangbang-Partys, die sich in ihren Offerten beinahe überschlagen. Ich bin mir nicht sicher, ob unsere Partys einen besonderen Stellenwert genießen, weil sie mit zu den ersten der Stadt gehörten, aber die Reaktion der Typen speziell auf unsere Annoncen sind nach wie vor immens. Pro Inserat, das wir alle zwei Wochen mit schlichtem Text in die Zeitung setzen – »Gangbang-Party mit Steffie«, dazu Telefonnummer, Internetseite, fertig –, melden sich durchweg 200 Typen. Im Durchschnitt haben wir monatlich 57.000 Zugriffe auf meine Homepage. Manchmal melden sich sogar Paare, aber eher selten. Die meisten Paare, dabei vor allem die Frauen, haben Berührungsängste mit dem Thema. Und die, die sich trauen, wollen sich einen Gangbang mal in natura anschauen, andere sich daran aufgeilen. Einige erklären, sie wollen sich einbringen, also Männer, die es anmacht, ihre Frauen den anderen Typen zum Fraß vorzuwerfen, oder Frauen, denen ihr Mann alleine nicht reicht. Aber das kommt im Moment noch nicht in Frage. Möglicherweise wird das irgendwann passieren, dass wir noch andere Frauen zulassen, weil es natürlich auch für die Männer ganz interessant ist, gelegentlich ein neues Gesicht dabei zu haben. Es gibt ja einige Männer, die beinahe regelmäßig kommen.

Im Moment bleiben meine Partys den Männern vorbehalten, davon haben wir schließlich genug. Das muss man sich mal vorstellen! 200 Typen, die geil darauf sind, gemeinsam in der Gruppe über eine Frau zu rutschen. Mag sein, dass Andy und ich diesen Erfolg verzeichnen, weil wir versuchen, den Preis so niedrig zu halten, wie es nur geht. Unsere Partys haben einen geringen Rahmen, Niveau Selbstkostenpreis, so dass wir zeitweise auf dem besten Wege waren, Ärger mit anderen Veranstaltern zu bekommen. Im Prinzip ist das ganz normale Marktwirtschaft. Konkurrenzkampf, kein Grund zur Panik.

Allerdings knöpfen die anderen Veranstalter den teilnehmenden Männern bisweilen den doppelten Preis ab und bieten im Gegenzug nur Profis, also Pornodarstellerinnen und Nutten. Was ich ja noch nachvollziehen kann. Es ist nun mal schwer, Frauen zu finden, denen es wirklich Spaß macht, nacheinander von zwanzig Männern angespritzt zu werden. Wenn die Männer sich dann aber für den doppelten Preis wie auf dem Fließband abgefertigt fühlen und wissen, es geht auch besser und billiger, nämlich bei mir, dann werden die Veranstalter ganz schön stinkig. Und da viele aus dem Milieu kommen, muss man manchmal Obacht geben, was man sagt.

Aber ich bin der festen Überzeugung, nicht mehr Geld verlangen zu müssen. Ich will es einfach nicht. Es ist ein Selbstkostenpreis, er deckt die Kosten, die wir haben, um eine Party überhaupt ins Leben rufen zu können. Ein paar Getränke, ein kleines Buffet, die Zimmermiete, nachher ein Reinigungsdienst, das war's. Das genügt doch, denn es geht um Spaß, nicht nur bei den Männern, auch bei mir. Okay, ich gebe zu, ich verdiene mir mit den Partys ein kleines Taschengeld dazu. Aber wenn ich dies mit Spaß verbinden kann, umso besser. Ich meine: Weiß ich, was morgen ist? Nach der Devise lebe ich doch von Anfang an. Was soll ich irgendwelchen Traditionen, Konventionen oder Normen entsprechen, die mich einschränken. Blödsinn! Irgendwann ist das Leben vorbei und ich hab' nur gelebt, wie es andere wollen. Ich will heute viel Spaß haben, weil ich keine Ahnung habe, was morgen ist. Morgen kann ich vom Auto überfahren werden oder was weiß ich! Wenn ich später alt und grau bin und nicht mehr kann – irgendwann hört es ja auch mal auf und man ist nicht mehr so gelenkig –, dann kann ich sagen: »Okay, ich habe ein geiles Leben gelebt. Ich habe es mir schön gemacht, und ich habe alles erlebt, was ich erleben wollte.« Das ist cool!

Von den 200 Männern, die sich auf die Anzeigen melden, wählen wir zehn bis zwanzig aus. Die Entscheidung treffen Andy und ich gemeinsam. Sauberkeit ist eines der obersten Kriterien, die zu einer Entscheidung für oder gegen einen Typen führen. Ganz wichtig ist auch ihr Äußeres: Sie sollten passabel ausschauen, gepflegt und keine Stinker sein. Auf so was habe ich keinen Bock. Logischerweise sollten die Männer auch einen aktuellen HIV-Test mitbringen – negativ, versteht sich. Und zu guter Letzt müssen sie Standhaftigkeit vorweisen, das ist das A und O, auf jeden Fall. Gelegentlich vermitteln wir einige der Typen für Pornofilme, das heißt, wenn sie darauf Bock haben. Also nutzen wir meine Gangbang-Partys ganz nebenbei auch zum Casting. Wer auf meiner Party vor den anderen Typen seinen Mann steht und es zwei, drei Stunden bringt, dabei ein paar Mal abspritzt, der ist ideal für einen Film. Aus diesem Grund hat es für manche Männer noch einen besonderen Reiz, an meinen Partys teilzunehmen.

Indes heißt »teilnehmen« nicht, dass sich jeder aktiv ins Geschehen einbringt. Es gibt Männer, die wollen nur einmal gucken, weil sie von einer Gangbang-Party gehört haben und es sich nicht vorstellen können. Dann gibt es Männer, die zugucken wollen, weil es sie erregt. Selbst einmal den Schwanz ins Treiben halten, auf die Idee würden sie nicht kommen. Ich glaube, sie trauen sich nicht. Solche Männer nenne ich Taschenwichser. Andere haben die Idee zu einem Gangbang im Kopf und wollen die Phantasie einfach mal in der Realität ausprobieren. Nicht selten ist das Ergebnis ernüchternd. Sie kommen anschließend zu mir und sagen: »Das ist nichts für mich.« Andere wollen die Erfahrung einfach mal machen, zusammen mit anderen Typen eine Frau zu vögeln. Sie erklären mir hinterher: »Das war eine Erfahrung, die ich immer mal machen wollte. Aber das war auch die erste und die letzte, die ich gemacht habe. Wäre ich nicht hingegangen, hätte ich es nicht gewusst.«

Noch andere sind verheiratet und betrügen ihre Ehefrauen, weil ihnen daheim der Kick fehlt. Also suchen sie ihn bei mir. Mir ist es egal. Wenn sie es so wollen, bitte schön. Ich bin kein Moralapostel, ich am allerwenigsten. Oder es gibt die Typen, das ist vielleicht der Idealfall, die wollen wissen, ob ihre Frau die beste ist. Bei manchen Männern ist das so. Die müssen erst zu einer anderen Frau gehen, damit sie erkennen, wo sie hingehören. Und dann gibt es noch jene Typen, denen meine Partys so gut gefallen, dass sie wiederkommen. Wer weiß, vielleicht finden sie auch gar nicht die Party so toll, sondern ich bin es, auf die sie scharf sind.

Es ist nicht bei allen so, aber viele von denen, die regelmäßig kommen, rauben mir das Vernügen an den Events. Oftmals ist es sehr anstregend, denn die Typen, die wir auswählen, sind ... ich sage mal ... tot. Ich mache ziemlich viel Action, tanze, versuche eine coole Stimmung zu entfachen, damit die Typen erst mal locker werden. Irgendwann fange ich an zu strippen, ziehe mir das Hemd aus, die Jeans, gehe auf sie zu, nehme sie mit in die Arena, wie ich meine Spielwiese in der Zimmermitte nenne, und dann gibt es irgendwann den Übergang, das passiert ganz automatisch. Sie dürfen mir den BH ausziehen, an meinen Titten spielen, mir den Slip abstreifen. Ich packe ihre Schwänze aus, mache es ihnen mit dem Mund, biete ihnen meine Möse und meinen Arsch. Aber glaubst du, die kommen in Fahrt? Machmal habe ich den Eindruck, als wäre ich Alleinunterhalter.

Wir fangen in der Regel abends so gegen neun Uhr, halb zehn an. Die Party geht dann bis zwei, drei Uhr nachts. Die Leute haben ihre Getränke frei und können sich, wann immer sie wollen, an der Theke bedienen. Sie können duschen, sie können sich frei bewegen, albern oder anheizen und Spaß haben. Aber schon wenn ich den Raum betrete, sitzen die Männer still auf den Stühlen, als wäre ich ein strenger Offizier und nicht die Gangbang-Steffie, der sie es gleich mal so richtig besorgen dürfen. In solchen Momenten frage ich mich, was für kranke Phantasien sich die Typen daheim in ihren Köpfen ausmalen, wenn sie es jetzt nicht einmal schaffen, sich vom Stuhl zu erheben.

Jetzt haben sie die Chance, von der sie die vielen Male, während sie sich die Pornos daheim reinzogen, träumten, und dann nix mit Rudelbumsen und Erniedrigung, von wegen, *dir Schlampe zeigen wir es!* Die kriegen keinen Ton heraus. Da muss ich manchmal an mich halten. Da kann es passieren, dass ich böse sarkastisch werde. Aber selbst dann kommt nicht einmal ein Gegenkommentar, eine Rüge, ein Klaps auf den Po oder so etwas wie: »Du, du, du – du bist jetzt aber unhöflich.« Nichts! Da wird nett gelächelt, darauf gewartet, dass ich es schon irgendwie richten werde, schließlich bin ich der Profi, nicht sie. Und das ist manchmal sehr, sehr anstrengend. Denn eigentlich will ich doch die kleine Sklavin sein, der man den Weg zeigt.

Diese Typen sind arme Leute, die zuhause alleine sitzen und eigentlich keine richtigen Freunde haben, von einer Freundin mal ganz abgesehen. Oder es sind Männer, bei denen die Frau zuhause die Hosen anhat. Andy sagt manchmal, das wären arme Schweine. Das finde ich nicht. Das sind sie nicht. Das hört sich viel zu gemein an. Das möchte ich nicht. Manche tun mir vielmehr leid. Das macht mich so traurig, dass sie alleine sind, dass sie in ihrem Alter den Sprung nicht schaffen, mal rauszugehen und zu leben beginnen. Das ist traurig.

Aber dann bin ich froh, dass sie bei mir sind. Denn ich mache das gerne, weil ... klar, teilweise aus Eigennutz, weil ich selbst Fun daran habe ... aber ich finde, bevor die unterdrückten Phantasien die Typen irgendwann ausklinken lassen, sie sich auf der Straße Tussis schnappen und Scheiße mit ihnen bauen, vergewaltigen oder sogar töten, denke ich, sollen sie zu mir kommen. Bei mir können sie sich richtig austoben. Gangbang-Steffie wird's schon richten. Das ist auch der Grund, weswegen ich ständig versuche, neue Ideen zu entwickeln. Mal ein lebendiges Buffet, mal eine Sauerei mit

Schlagsahne oder mit Früchten. Erlaubt ist, was gefällt. Das Einzige, was ich nicht abkann, sind Gesichtsbesamungen. Der Körper voll Sperm ist okay. Aber nicht ins Gesicht. Ich habe nämlich eine Allergie. So ein Pech, eine Sperma-Allergie, ausgerechnet ich ... Naja, das ist dann wohl doch so was wie eine innere Bestrafung, würde meine Mutter sagen. Soll sie es sagen. Ist mir egal. Am schlimmsten ist das Kiffer-Sperm. Allein wenn die Kiffer abspritzen, ist es schon ein Thema für sich. Die tropfen ganz gemütlich an und ich stell mir dabei die Spermien vor, wie sie sich in den Samensträngen streiten: »Komm, geh du mal raus!« – »Ach ne, lass mich vorher noch mal an der Bong ziehen ... Dann geht's ab.« Also schön langsam, wie man es sich bei einem Kiffer vorstellen würde. Richtig smooth. Oder bei Leuten, die nicht genügend Vitamine zu sich nehmen. Da sprießt mein Körper förmlich vor roten Flecken und es juckt wie Sau. Ansonsten aber ist alles erlaubt. Oral, vaginal, anal, Sandwich, Handmassage, spanisch. Auch das gehört dazu, wenn ich den Typen anheizen möchte. Davon träumen sie doch. Bitte schön, ich bin ihre kleine Sklavin, mit mir dürfen sie es machen. Natürlich gibt es schon ein paar Sachen, die ich privat viel lieber mache als auf Gangbangs, ich glaube, das muss auch so sein, damit ich selbst einen Abstand bekomme. Aber dass meine Lust darunter leidet? Blödsinn!

Die Partys inspirieren doch, und meine Vögelei wird schlimmer denn je. Deswegen dürfen die Typen auch so oft, wie sie lustig sind und wie ich Lust habe. Auf meinen Gangbangs ist es so: Die Typen können so oft, wie sie wollen. Da wird nicht einmal rübergerutscht und das war's. Das handhabe ich anders als andere Veranstalter. Ich würde sogar so weit gehen und behaupten, meine Partys seien eine Dienstleistung. Warum denn nicht? Wenn die Männer nach der Party heimfahren, möchte ich, dass sie ein supergeiles Lächeln auf den Lippen tragen. Sie sollen auf Wolke sieben schweben. Sie sollen einen richtig geilen, entspannten Abend erlebt haben, so wie ich früher feiern gegangen bin, das Wochenende gut zur krassen Mucke abgestrampelt habe, weil ich den Stress von der Woche abbauen wollte. So soll es bei meinen Gangbangs sein. Die Typen sollen zu mir kommen nach einer harten Woche, sollen ablassen, sollen ihren Spaß haben, sich entspannen. Es soll wie ein Kurzurlaub sein. Spaß für alle. Und ich gehe danach nach Hause und hatte ebenfalls was davon, und wenn es am Ende nur die Kohle ist.

Ich gebe ja zu, inzwischen drehen wir auch Filme während meiner Partys, die wir auf meiner Homepage verkaufen, betreiben eine Webcam und laden zum Chat mit Gangbang-Steffie. Jetzt könnte man natürlich sagen, das alles sei nichts anderes als Prostitution, ich sei nicht besser als die Huren, die sich ihre Arbeit ebenfalls schönreden. Vorsicht! Ich weiß, wovon ich rede, ich habe selbst ein paar Jahre im Puff gesessen und zähle diese Zeit bestimmt nicht zu meiner besten. Bei den Freiern habe ich nicht ein einziges Mal einen Orgasmus erlebt. Wenn aber zwanzig Typen über mich hinwegrutschen, lässt mich das garantiert nicht kalt. Ich sagte vorhin schon, dass es mir gefällt, weil es meinen Neigungen entspricht. Ich bin ein sehr ehrlicher, sehr offener Mensch. Ich habe nun mal keinen Funken Schamgefühl im Leib, daran lässt sich nichts ändern. Ein Makel, der meine Mutter vermutlich um den Verstand bringt. Mein Vater, glaube ich, weiß bis heute noch nichts davon.

Und meine Typen? Das ist ein Problem. Denn die Krönung wäre für mich jetzt, wo ich weiß, was ich mag und wie ich leben will, dass ich einen Typen fände, der an meiner Seite wäre, der das alles mit mir teilen möchte, auch meine Fickerei. Mag ja sein, dass das ein wenig spießig klingt aus meinem Mund: *Ein Freund für die Steffie!* Wo ich doch gerade erst erklärt habe, ich wäre immer auf der Suche nach was Besonderem. Und jetzt eine Beziehung? Aber gerade das wäre doch das Besondere: ein Typ, der wie ich Spaß daran fände, der mein Herr und Meister wäre, der mich als Zofe hält, der Spaß an Gangbangs hat, einer, der so drauf ist wie ich. Offene Beziehung, freie Liebe, und trotzdem füreinander da sein und sich vertrauen. Das wäre doch eine besondere Beziehung, oder?

Leider ist das nicht machbar. Die Typen, die ich kennenlerne, kommen einfach nicht mit meiner Sexualität und meinen Jobs klar. Jobs sind das ja nicht wirklich. Möglicherweise ist genau das das Problem. Würde ich erklären, die SM-Clubs, die Filme, die Partys wären nur ein Job, vielleicht fiele es den Typen dann leichter, mit mir klarzukommen. Aber die Vorstellung, das alles ist auch mein Vergnügen, damit kommen sie nicht klar. Deswegen fällt es mir schwer, eine Beziehung zu führen. Ich bekomme einfach keinen Typen ab. Und wenn mal einer interessiert an mir ist, dann allenfalls für drei Wochen. Dann haut er wieder ab. Vor fünf Tagen wurde ich gerade erst sitzen gelassen. Scheiße, das finde ich nicht okay.

Im Prinzip ist es doch scheißegal, wie ich mein Geld verdiene, ob es mir Spaß macht oder nicht, Hauptsache ich kann davon leben. Die Typen sehen das nicht ein. Manchmal leide ich darunter und beginne zu überlegen, ob meine Neigungen nicht doch ein Problem für mich darstellen. Andy meint dann immer, ich solle doch einfach ein Doppelleben führen. Aber bin ich denn bekloppt, meinen Typen anzulügen? Ich kann nicht lügen. Ich wurde mein ganzes Leben lang belogen, meine Familie war eine einzige große Lüge. Ich hasse Leute, die lügen. Ich stehe zu meinen Neigungen. Wenn ich nicht dazu stehen würde, würde ich ja jetzt nicht hier sitzen und davon erzählen. Also rede ich Tacheles, wenn ich einen Typen kennenlerne. Was bringt es mir, wenn ich ihm irgendwelche Geschichten erzähle, wo ich arbeiten und wie ich arbeiten würde. Und was ist, wenn er mich dann mal erwischt? Angenommen er holt sich einen Film aus der Videothek und ausgerechnet ich bin diejenige, die sie da rannehmen? Oder er landet auf meiner Internet-Seite? Oder er kommt auf meine Gangbang-Party und sieht mich da zwischen zehn Typen rumhampeln?

Klar, sicherlich wäre es auch nicht die feine Art von ihm, sich hinter meinem Rücken mit einer anderen oder auf einer Gangbang-Party auszutoben. Er wäre keinen Deut besser als ich. Aber ich könnte es ihm noch nicht einmal vorhalten, denn er wäre immer derjenige, dessen Vorwurf mehr ziehen würde: »Die Steffie hat mir doch auch nicht gesagt, dass sie Filme dreht oder Partys schmeißt!« Wir lügen uns also beide die Hucke voll. Darauf habe ich keinen Bock.

Kürzlich meinte Andy zu mir, ich solle doch einfach einen der Typen nehmen, die auf meine Partys kommen, die so heiß darauf sind, mit anderen über mich herzufallen, die müssten doch offen und tolerant sein. Es gab ja auch schon mehrmals den einen oder anderen, der zu viel hingeguckt hatte. Er meinte zwar vorher, ihm könne das nie passieren, weil ich ihm viel zu krass wäre ... Pech gehabt, er hatte sich voll verschossen, der Arme. Eine Chance gebe ich ihm deswegen aber nicht. Das mache ich nicht, nicht mit den Typen, die zu meinen Partys kommen. Das möchte ich nicht. Das kann ich nicht. Das ist berufsschädigend. Und wahrscheinlich wären diese Typen die Ersten, die mir sagen würden, sie könnten es nicht mehr ertragen, dass ich mit anderen auf Partys oder im Film rumvögeln würde. Dass diese Typen sich in mich verknallt haben, ist ihr Problem. Meistens schließen sie sich dann selbst von meinen Partys aus und kommen nicht mehr wieder.

Die letzte Alternative wäre also ein Typ, der selbst in der Branche arbeitet, also einer, der gar keinen Grund zur Eifersucht hat, weil er selbst seinen Schwanz alle paar Tage in eine andere reinhalten muss. Aber bin ich denn bekloppt? Nein, das will ich nicht. Ich kenne sehr viele aus dem Filmgeschäft, und wenn ich mich mit denen normal unterhalten will – keine Chance! Das geht ja noch nicht einmal mehr bei mir und Andy. Erst kürzlich haben wir unser Angebot um eine weitere Attraktion erweitert: Wir haben einen SM-Club in Berlin eröffnet, das »Second Phase«, eine feine Adresse, in der Andy den Dominus, seine Frau die Domina, ich die Zofe gebe. Wir sind ein eingespieltes Team. An den Wochenenden geben wir richtig schöne Partys im »Second Phase«, da kommen Leute aus ganz Berlin oder dem Speckgürtel von Berlin, alle in Montur, wie ich sie damals in den »Kreuz-Club« verschwinden sah. Jetzt betreibe ich meinen Club.

Wenn ich gerade keine Filme drehe, keinen Gangbang habe, dann bin ich im »Second Phase«. Worauf ich hinaus will: Ich lebe

Fickerei rund um die Uhr. Als das »Second Phase« eingerichtet war, beschlossen wir, dies zu feiern und es uns mal richtig gut gehen zu lassen. Wir reservierten in einem piekfeinen Restaurant in Berlin-Mitte einen Tisch. Da saßen wir dann, Andy, seine Frau, ich und ringsum Leute, die mit jeder Minute, die fortschritt, größere Ohren bekamen. Wir fanden einfach kein anderes Thema. Die Vögelei ist für uns so normal geworden, dass es uns noch nicht einmal mehr auffällt. Ist das nicht extrem?

# *Doktorspiele ebneten den Weg für das, was ich heute lebe*

**Martin, 31**

*Publizist*

Doktorspiele. Wer kennt sie nicht, die »Ich erkunde den Körper eines anderen«-Inszenierungen aus der Kindheit? Sofern die Eltern nicht Wert auf eine erzkonservative Erziehung legen und vor körperlichem Kontakt zum anderen oder gleichen Geschlecht behüten, sammelt beinahe jedes vorpubertäre Kind erste erotische Erfahrungen mit diesen an sich harmlosen Sexspielchen mit Freundinnen und Freunden. Bei mir war es nicht anders. Es gibt nicht viele Dinge aus meiner frühen Kindheit, an die ich mich heute noch erinnern kann. Das erste Auto meiner frisch verheirateten Eltern – keine Ahnung! Auch die Gesichter meiner Großeltern, die vor beinahe zwanzig Jahren verstarben, sind nicht viel mehr als blasse Schemen. Selbst von meinem ersten Mal – also meinem ersten *richtigen* Sex – ist bis heute kaum was hängen geblieben. Seltsam eigentlich, oder? Aber ausgerechnet die Spiele, die ich mit Freunden im Kindergarten spielte, sind mir bis heute in bester und angenehmer Erinnerung, fast als hätten sie erst gestern stattgefunden. Was insofern witzig ist, als dass ich mich nicht einmal an die Weggefährten von damals erinnern kann, mit denen ich diese Spiele durchführte, geschweige denn an die Kindergärtnerinnen, die darauf Acht hätten geben sollen, dass wir Kids eben keine dieser Dummheiten unternahmen – was wir nämlich taten. Aber an diese Spiele, daran kann ich mich erinnern, wahrscheinlich, weil sie es waren, die den Weg ebneten für das, was ich heute lebe.

Doch der Reihe nach. Die Kindergartengruppe, in der ich mich als kleiner Junge befand, besaß einen großen Aufenthaltsraum mit Kuschelecke, Kinderküche, Lesetisch und anderen Dingen, die üblicherweise zum Interieur solcher Kinderherbergen gehören. In diesem Raum wurden Bauklötze von den Jungs zu großen Burgen aufgetürmt, während die Mädchen mit ihren Puppen diese zerstörten, bekochten andere Mädels ihre Teddybären, brüllten und tobten, stritten und versöhnten sich am Ende wieder die Jungs. Durch eine Tür getrennt von diesem bunten Trubel war ein so genannter Gruppenraum für Kids, die sich gut benahmen und deshalb für eine Weile zu zweit oder dritt ungestört mit Playmobilfiguren, Matchboxautos oder dem Kasperletheater spielen durften. Das war meine Chance! Ordentlich und brav, wie ich war, durfte ich beinahe immer in den Gruppenraum, zusammen mit zwei oder drei anderen Jungs. An Mädels kann ich mich seltsamerweise nicht erinnern.

So tobten wir in dem Gruppenraum, jagten die Spielzeugautos über die Matten oder boten uns abwechselnd eine Vorführung im Puppentheater, das in einer der hinteren Ecken stand. Ich war am häufigsten beim Kasperletheater anzutreffen. Weniger allerdings wegen Kasperle und seinem treuen Gefährten Peterle, sondern vielmehr wegen der Ungestörtheit, mit der ich hinter den hohen Stellwänden meine ganz eigenen Geschichten in die Realität umsetzen konnte. Hinter den Stellwänden spielte ich Arzt, vor dem sich die anderen Jungs abwechselnd ihren Oberkörper entblößen mussten, damit ich mit einem hölzernen Turnstab Schläge und Stiche darauf ausführen konnte. Ernste Verletzungen, die jemand dabei erlitt, sind mir nicht mehr bekannt; ich glaube, im Grunde war alles nur ein »Rollenspiel« – ich der Arzt, die anderen die Patienten, die sich meinen, zugegeben, unkonventionellen Behandlungen unterziehen mussten – und die Betonung lag auf »mussten«. Wer sich von den Jungs widersetzte, bekam beim nächsten Mal, bei dem er in meine Praxis kam, umso mehr Hiebe ab. Wie ich bereits andeutete, ich kann mich nicht mehr an die Namen oder Gesichter der Jungs erinnern, die mir dort hinter den Wänden, quasi backstage des Puppentheaters, zu Füßen lagen, wohl aber daran, dass die Spiele immer wieder nach dem gleichen Muster abliefen und mir wahnsinnig viel Spaß bereiteten.

Von dem ich freilich nicht nur morgens im Kindergarten genießen wollte, sondern auch nachmittags, nachdem meine Mutter mich aus dem Kinderhort abgeholt und nach Hause geschafft hatte. Wenige Jahre später blieb mir sogar nur noch der Nachmittag für derartige Spielchen, denn ich besuchte nun die Grundschule – und da war nichts mit Gruppenraum oder Puppentheater, wie schade. Es war der Ernst des Lebens, der begann, mich aber freilich nicht in meinen phantasievollen Spielereien einschränkte. Williges Opfer war diesmal die Tochter der Nachbarn, die genauso alt wie ich war, fünf oder sechs oder sieben Jahre, ich weiß nicht mehr genau.

Mit Silke, so war ihr Name, dies weiß ich sehr wohl noch genau, verzog ich mich sommernachmittags auf ein nahes Feld, das von hohen Büschen und dichten Bäumen umsäumt war. Wir zogen unsere T-Shirts aus, hiernach ließ ich sie alle viere weit von sich gestreckt an einen Baumstamm lehnen oder sich an einen tiefhängenden Ast klammern, damit ich ihr nach Herzenslust in die Brustwarzen kneifen und beißen konnte. Wenn ich das Bild heute vor mir sehe, sehe ich Silke dort wie eine Gefangene oder Sklavin hängen, die hilflos, trotzdem bereit für meine Folter ist. Ihr gefiel dieses Spiel; dafür sprach, dass sie jedes Mal wieder mit mir kam, ohne dass ich sie dazu aufforderte, aber auch die Gänsehaut, die sich wie eine zweite Haut über ihren kleinen Mädchenkörper zog. Das habe ich bis heute nicht vergessen. Zum ersten Mal habe ich dort wohl so etwas wie sexuelle Erregung bei einer Frau erfahren und noch heute muss ich manchmal an Silke denken, wenn ich mit einer Frau spiele.

Und dann gab es noch die Spiele mit dem Sohn einer befreundeten Familie, mit dem ich mich häufig traf. Wir spielten Räuber und Gendarm – ich der Gendarm, er der Räuber. Was sonst? Wenn das Spiel sich dem Ende neigte, ich also den flüchtigen Unhold wieder eingefangen hatte, verschanzten wir uns im Sommer in die Gebüsche auf obigem Feld oder im Winter in einen der Kellerräume unserer Häuser, von denen wir wussten, dass die Eltern sie nur selten oder nie betraten. Dort, im Halbdunkel zwischen rissigem Mauerwerk und Spinnweben so groß wie Schallplatten, zogen wir unsere Hosen hinab zu den Knöcheln und ich sorgte dafür, dass der Räuber endlich seine gerechte Strafe bekam. Diese bestand aus einigen Schlägen auf seinen entblößten Penis.

Alles das sind, wenn man so will, erste erotische Erfahrungen gewesen. Ich inszenierte diese Spiele ähnlich wie die »Lass-uns-vorgeben«-Spiele – »Cowboy und Indianer« auf dem Abenteuerspielplatz oder »Vater, Mutter, Kind« im heimischen Kinderzimmer –, nur dass meine Spiele eben anders waren und sowohl mir als auch den anderen einen Kick versprachen. Es war keine sexuelle Erregung, nicht in dem Alter, aber doch verdammt nahe dran. Uns war bewusst, dass wir derartige Spielchen deshalb vor den anderen, vor allem aber den Eltern geheimzuhalten hatten. Über den Ursprung der Spiele war ich mir damals freilich nicht bewusst. Doch bei allem war eines immer ganz klar: Ich war derjenige, der befahl. Der Bestimmer. Der Herr. Der Dominus.

So blieb es auch, zumindest was mein späteres Beziehungsleben betraf. Ich glaube, ein Großteil meiner Freundinnen verzweifelte ein ums andere Mal daran, dass ich eine derart dominante Persönlichkeit bin. Ich hielt meist entgegen, es sei nicht mein dominanter Charakter, sondern nur mein festes Wissen um das, was ich will – und das, was ich nicht will. Seltsamerweise kam diese – ich nenne sie mal vorsichtig – Führungsqualität ausgerechnet beim Sex, nachdem ich ihn mit 17 endlich erstmals am eigenen Leib erfahren hatte, nicht durch. Selbst so Phantasien wie Fesseln, Beißen oder Schlagen, wie ich sie seit Kindergartentagen spielerisch mit Freunden und Nachbarinnen angedeutet hatte, spielten keine Rolle mehr. Hauptsache vögeln. Sex zu haben war schön, aber stets eine gleichberechtigte Angelegenheit. Niemand wurde untersucht, gefoltert oder bestraft – nicht die Freundin, nicht ich. Ich muss sogar zugeben, all diese Szenarien fehlten mir nicht. Wahrscheinlich, weil ich sie nicht kannte. Und das bisschen, das ich als Kind kennengelernt hatte, war vergessen. Oder verdrängt. Wer weiß ...

Der Sex, den ich hatte, war cool, jedoch nicht so cool, dass ich gesagt hätte, dafür würde ich sterben. Manchmal war selbst das Onanieren besser. Wie jeder gestandene Mann nahm ich mir dabei das Recht heraus, Bildchen zu betrachten – Magazine und Zeitschriften hielten her. Und irgendwann kam der Internetanschluss, der Segen der Neuzeit und die Offenbarung für alle Hardcore-Wichser. Die Fülle an Bildchen, die ich im Web entdeckte, war immens und trug im Wesentlichen dazu bei, dass meine Phantasien immer mehr Nahrung bekamen. Aber sie blieben Phantasien, über die ich nicht sprach. Denn inzwischen war ich verheiratet. Es mag manchmal als

Klischee herhalten müssen, aber die Sache mit dem Sex in der Ehe und der Migräne besitzt einen hohen Wahrheitsgehalt.

Eines Tages stieß ich im Netz auf SM-Seiten. Viel damit anzufangen wusste ich anfangs nicht, nur, dass es interessant war, wozu manche Menschen in der Lage waren. Natürlich wusste ich, was SM bedeutet. Ich hatte ja schon so viel gehört, so viel gelesen – und wusste im Grunde doch gar nichts. Je mehr ich mich also damit auseinandersetzte, umso mehr spürte ich etwas in mir rumoren: Hallo, da war doch mal was? Da war sogar verdammt viel! So viel, dass ich es nach einer Weile nicht mehr in mir halten konnte. Wer einmal in BDSM abgetaucht ist, wird nachempfinden können, entweder man gibt dem leidenschaftlichen Drängen in sich nach oder man wird verrückt; zumindest glaubt man, verrückt zu werden. Das mag übertrieben klingen, ist aber so. Wahrscheinlich ist gerade die unterdrückte Sehnsucht nach derartigen Sexpraktiken der Grund, warum manche Männer durchdrehen. Psychologen behaupten dies zumindest. Ich glaube es gerne.

Meine Frau war entsetzt, als ich sie mit meinen Gedanken konfrontierte. Man sollte meinen, unter Eheleuten herrsche ein wenig mehr Toleranz, wenn Themen zur Sprache gebracht werden, die den Partner nicht unmittelbar berühren. In vielen Ehen ist das wahrscheinlich der Fall, man kann über alles reden und jeder ist den Dingen gegenüber, die den Partner interessieren, aufgeschlossen. Meine Frau aber, mit der ich ja ohnehin nur wenig Sex hatte, fand Spiele dieser Art, wie ich sie ihr schilderte, ekelhaft. Mir zuliebe führte sie einmal oder zweimal kleinere Sessions mit mir durch. Sie hatte nichts dafür übrig. Vielleicht war es mein Fehler, dass ich mich nicht auf meine ersten zaghaften erotischen Gehversuche in der Kindheit besann, sondern selbst in die Rolle des Untergebenen schlüpfte. Aber SM war mir zu dem Zeitpunkt noch fremd, war mir neu und ich wusste nicht, auf welche Seite ich eigentlich gehörte. Sicher war nur: Ich war fasziniert von dieser Halbwelt, die sich mir offenbarte. Also ließ ich mich kurzerhand von ihr fesseln, Klammern an die Brustwarzen heften, ein paar Schläge auf den Po geben, ein bisschen Wachs auf den Bauch träufeln, nichts wirklich von Belang. Dementsprechend war es keine Erfüllung, sondern allenfalls okay – für mich. Für meine Frau blieb es einfach nur »entsetzlich«. Das waren ihre Worte. Manchmal frage ich mich noch, ob vielleicht alles anders verlaufen wäre, wären die Rollen von Anfang an anders verteilt gewesen. Ich der Dominante, sie die Sklavin. Wer weiß?

Die Ehe jedenfalls hielt nicht mehr lange an, allerdings aus anderen Gründen. Aber für mich bot sich nun die Möglichkeit, mich neu zu orientieren. Ich setzte mich sehr lange und sehr ausgiebig mit dem Thema BDSM auseinander, vor allem versuchte ich, mir selbst näherzukommen. Wer bin ich? Was will ich? Wo liegen meine Grenzen? Meine Grenzen liegen dort, wo andere keine haben. Ich bin nicht der geborene Sklave. Das funktioniert nicht, gibt mir keine Erfüllung. Ich bin Herr und Meister.

Dass ich dies erkennen durfte, verdanke ich einem glücklichen Umstand. Ich lernte schon bald mit Beate eine Frau kennen, die nicht nur die Leidenschaft für BDSM mit mir teilte, sondern das entsprechende Pendant zu mir war. Ich vergesse nicht den Tag, an dem sie mir gestand: »Ich liebe das Spiel des Ausgeliefertseins. Gedemütigt und benutzt zu werden – völlig wehrlos in der Hand eines anderen, der mich für seine Zwecke missbraucht.«

Sie gestand, dies seien bisher nur Phantasien für sie gewesen, die sie mit anderen Partnern nur enttäuschend hatte ausleben können. Auch sie stand also am Anfang, was es uns beiden fortan einfach machte, gemeinsam einen Weg zu beschreiten, den ich für mich und sie für sich, wir beide also für uns, auserkoren hatten. Anfangs waren es schlichte Spiele, mit denen ich vorsichtig ihre Grenzen auslotete. Wie weit durfte ich gehen? Ich gab ihr ein paar Schläge auf den Po, erst wenige, dann mehr. Nicht viel später fesselte ich sie ans Bett und träufelte ihr heißes Kerzenwachs auf den Oberkörper. Das war alles im Rahmen dessen, was Otto Normalverbraucher wahrscheinlich selbst im Schlafzimmer gelegentlich praktizieren und mit glühenden Wangen als »Ja, ja, wir machen auch SM« bekennen. Das war jedoch nicht unser Ziel. Unseres lag in weiter Ferne, undeutlich, als dass wir es hätten bereits erkennen können, denn das Ziel war ein harmonisches Spiel, ein großes Abenteuer, eine aufregende Reise, eine neue Welt, eine große Verantwortung, das hemmungslose Vertrauen. Wir ahnten, wie wir dorthin gelangen konnten. Also gingen wir weiter.

Die notwendige Spontanität, mit der ich zunehmend unsere Sessions initiierte, gab unserem Spiel den endgültigen Charakter von »Meister und Sklavin«. Ich bestimmte, sie gab sich hin. Unsere Rollen blieben dabei klar definiert, ungewiss blieb nur, wann ich ihr als ihr Meister ein Halsband umlegen würde. Beate wusste nicht wann, sie wusste nicht wo. Sie wusste nur: Wenn ich ihr das Halsband umlegte, war das Spiel eröffnet und es endete, sobald ich ihr das Band wieder abnahm.

So saß sie eines Abends am Küchentisch und war versunken in die Lektüre einer Illustrierten, als ich überraschend hinter sie trat und ihr das Halsband umlegte. Ich befahl ihr, sich ins Schlafzimmer zu begeben, dort die Kerzen zu entzünden, sich bis auf einen Harnass und Highheels zu entkleiden, die Augen zu verbinden und auf einen Stuhl zu setzen mit Blickrichtung zur Tür. Das alles hätte innerhalb von fünf Minuten zu geschehen. Sollte sie bei meinem Eintreten noch nicht mit den ihr auferlegten Tätigkeiten fertig sein, würde die Strafe umgehend folgen. Natürlich gelang es ihr nicht, die Aufgabe zu erfüllen, das war meine Absicht. Also fesselte ich sie an den Stuhl und verpasste ihr Schläge auf Oberschenkel, Möse und Brüste. Sie gab keinen Schmerzenslaut von sich, im Gegenteil, es erregte sie. Als ich ihr mein Glied in den Mund steckte, ließ sie nicht eher davon ab, bis sie den letzten Tropfen herausgesogen hatte. War das noch Strafe für sie? Ich war mir nicht sicher. Aber weil sie meine Behandlung so tapfer ertragen hatte, erlaubte ich ihr, sich im Anschluss, nachdem ich sie von den Fesseln befreit hatte, selbst einen Höhepunkt zu verschaffen.

Ich spürte, wie ihr diese Art von Sex gefiel. Mich wiederum faszinierte die Möglichkeit – manche würden sagen: Macht –, die ich über ihre Sexualität erhielt, so dass wir mit der Zeit immer wieder einen Schritt weiter gingen, die Spiele um neue Praktiken erweiterten und auch die Dauer der Sessions verlängerten. Inzwischen können unsere Spiele den ganzen Abend oder Vormittag andauern. Ein Chatpartner aus dem Internet brachte uns auf eine Idee. Er nannte sein Spiel die »Diät-Session«. Für mich ist es nur eine Session, die mir hilft, eine ungezogene Sklavin entsprechend zu bestrafen.

An solchen Tagen, zwangsläufig Wochenenden, bekommt Beate bereits am Abend zuvor das Halsband umgelegt. Ich erkläre ihr, was ich möchte: Sie soll die Highheels anziehen und die Nacht über im Bett tragen. Sie hat keine Wahl, so ist es vereinbart. Natürlich legt sie Widerspruch ein, was Strafe provoziert – und zwar am nächsten Tag. Sie bittet um Gnade, die ich ihr nicht gewähre. Sie zieht die Highheels an und wir legen uns schlafen. Am nächsten Morgen hole ich sie aus dem Schlaf. Bevor sie die Augen überhaupt richtig aufbekommt, verbinde ich sie ihr und fessele Arme und Hände. Ich hebe sie aus dem Lager und ihr ungehöriges Zappeln wird mit ein paar kräftigen Schlägen auf ihren Po beantwortet. Ich zurre sie fest, mit gespreizten Beinen vornüber gebeugt auf einem Bock, der mitten im Schlafzimmer steht. In den abgeschlossenen Highheels, die sie seit gestern trägt, fällt es ihr schwer, nicht den Halt zu verlieren. Ihr Hinterteil ragt nach oben, ihr T-Shirt präsentiert mehr, als es ihre Rundungen bedeckt. Ich stecke ihr einen dicken Knebel in den Mund, der ihr das Atmen erschwert und unqualifizierte Äußerungen verhindert. Diese würden nur ihre Strafe erhöhen. Ich schiebe ihr T-Shirt hoch und ihr Arsch liegt bloß und völlig ungeschützt. Dann mache ich erst mal nichts. Ich verlasse den Raum, lasse sie alleine in dieser delikaten, unbequemen Position, damit sie sich ihrer Situation bewusst wird. Die Zeit verstreicht, bis ich zu ihr zurückkehre und ohne Vorwarnung meinen Schwanz in ihr Geschlecht stoße, erst langsam, dann immer fester, schneller, heftiger. Sie wird erregt, immer mehr, doch plötzlich stoppe ich. Ich erfreue mich einen Moment an ihrer Erregung und über die Macht, die ich darüber besitze. Ich weiß, dass sie mehr will, doch bin ich bereit es ihr zu geben? Ich greife zur Peitsche, die auf dem Tisch am Rande liegt und lasse sie auf ihren Po niedersausen. Zehnmal bäumt sie sich auf, dann endlich gebe ich ihr, was sie will, nur diesmal eine Öffnung höher. Es schmerzt ihr ein wenig, das erkenne ich an ihrem Zucken, doch ich weiß, sie wird weich werden, wenn ich erst einmal stoße. Tatsächlich beginnt sie selbst Gefallen daran zu finden, deshalb halte ich inne und gleite aus ihr heraus. In einer einzigen Bewegung reiße ich ihr den Knebel aus dem Mund und ehe sie richtig Luft holen kann, ergieße ich mich in ihren Mund. Sie kann nur schlucken, wie sie es gelernt hat. Bevor sie nur ein Wort herausbekommt, steckt der Knebel schon wieder im Mund. Und ebenso schnell ist sie wieder alleine.

Diese Prozedur wiederholt sich an diesem Morgen einige Male. Zwischendurch gehe ich für eine Viertelstunde in den Supermarkt um die Ecke oder schaue mir eine Cartoonserie im Fernsehen an, bevor ich zu ihr zurückkehre, wo sie darauf wartet, erneut benutzt zu werden. Erst nach zwei, drei Stunden, nach meinen wiederholten Besuchen ist sie endlich so weit eingestellt, sich während der kurzen, gewährten Zeit selbst zum Orgasmus zu bringen. Ich als ihr Herr bin zufrieden, die Strafe ist vollbracht und ich nehme ihr das Halsband ab.

Was uns die Spiele noch bringen werden, kann ich nicht sagen. Werden wir irgendwann Nadeln benutzen? Strom kommt für uns mit Sicherheit nicht in Frage. Zu gefährlich! Wir spielen mit dem Gedanken, uns eine dritte Person hinzuzuholen, erst einmal eine Frau, die als zweite, untergeordnete Sklavin Beate bedient. Über einen Chat haben wir eine junge Frau kennengelernt, die sich durch und durch als Sub versteht. Ich denke, dass wir sie demnächst einmal zu uns einladen werden.

Später wird es auch einen zweiten Mann geben, der auf jeden Fall devot sein muss. Er wird ebenfalls mein Sklave sein – ich bin der Bestimmer, so war es, so ist es immer. Er wird mir bei der Abstrafung meiner Sklavin behilflich sein. Beate hat mir mal erzählt: »Der Gedanke, dass sich mehrere Männer an mir vergehen, ich ihnen ausgeliefert bin und ihre Wünsche erfüllen muss, erregt mich sehr. In meinem Kopfkino sehe ich diese Behandlung immer und immer wieder.« Es ist nicht so, dass ich damit dem Wunsch meiner Sklavin nachkommen möchte. Ich selbst fände es wunderbar, wenn ein zweiter Mann sich an unserem Spiel beteiligt. Würde er, dem ich erlaube, sich mit meiner Sklavin zu vergnügen, nicht erst recht meinen Status als Meister unterstreichen? Es wäre ja auch nicht so, dass wir Männer Beate einfach nur für unsere Lust benutzen. Sie selbst hat ja was davon, wenn abwechselnd zwei oder mehr Schwänze sie penetrieren. Und »es macht mich an, wenn man sich vor mir wichst und mich anonaniert«, hat sie mir gesagt. Seitdem träume ich von einem Spermaregen auf ihr Gesicht, nicht nur von mir, sondern von zwei oder mehreren Männern. Erst das wäre, glaube ich, der endgültige Beweis, wie sehr sie mir eine Sklavin geworden ist.

# *Normalen Sex mit anderen Mädchen hatte ich noch nie*

**Klaus, 45**

*Beamter*

Als Kind wurde ich oft von meiner sehr vollbusigen Mutter geschlagen, mit Kleiderbügeln aus Holz und mit Teppichklopfern. Das war meist ziemlich heftig. Mit 17 las ich in Zeitschriften Berichte über Dominas, die Sklaven hielten. Der Gedanke daran erregte mich sehr und zum ersten Mal glaubte ich, es könnte mich anmachen, geschlagen zu werden. Ich begann mich immer mehr mit diesem Gedanken auseinanderzusetzen. Besonderen Gefallen empfand ich an vollbusigen Dominas.

Ich suchte mir Bücher und Zeitschriften, die sich mit der Lust an dem Schmerz beschäftigten. Als ich volljährig war, besorgte ich mir auch Pornomaterial. Daraus und aus der Literatur erfuhr ich, dass man dieses Spiel SM nannte. Ich las *Justine* von Marquis de Sade und *Venus im Pelz* von Johann Sacher-Masoch. Beide Schriften faszinierten mich außerordentlich. Ich sprach aber mit niemandem darüber, weil es niemanden in meinem Umfeld gab, mit dem ich darüber hätte sprechen können. Zu Mädchen in meinem Alter hatte ich wenig Kontakt. Es kann sein, dass es an meinen Maso-Wünschen lag. Zumindest traute ich mich nicht, mit diesen Wünschen an die Mädchen heranzutreten. Nur hin und wieder ergab sich mal ein Kuss, auch ein Zungenkuss, und im Urlaub fasste ich einer Bekanntschaft vielleicht mal an den Busen. Mehr ließen die Mädchen nicht zu. Es war enttäuschend für mich, denn ich hätte gerne mal mit einem Mädchen geschlafen. Bis heute habe ich keine richtige Freundin gehabt. Normalen Sex mit anderen Mädchen hatte ich ebenfalls noch nie.

Zum ersten Mal mit einer Frau schlief ich, als ich etwa 23 Jahre alt war, meinen ersten Wagen hatte und ich ins örtliche Bordell fahren konnte, was etwas außerhalb lag. Ich kam zwar zum Orgasmus. Er war aber letztendlich unbefriedigend für mich, ohne SM. Stattdessen onanierte ich viel, meistens fünf bis sechs Mal am Tag, immer mit SM-Porno-Magazinen oder mit Abbildungen von nackten vollbusigen Mädchen.

Der Wunsch, meine Maso-Träume in die Realität umzusetzen, wurde größer. Daher ging ich zu einer Prostituierten, um mich von ihr auspeitschen zu lassen. Das war in Köln, damals war der Straßenstrich noch in der Friesenstraße. Sie nahm mich mit auf ihr Zimmer, das sie in einem Stundenhotel direkt um die Ecke gemietet hatte. Weil sie keine Peitsche hatte, mit der sie mir meinen Wunsch erfüllen konnte, griff sie zum Riemen ihrer Handtasche. Sie war nicht zimperlich und schlug erst mit der Hand, dann mit dem Riemen ziemlich hart zu. Als sie schließlich sogar die Riemenschnalle auf meinen Körper klatschte, schrie ich vor Schmerz. Sie zeigte sich unbeeindruckt und meinte nur: »Wer das braucht, der muss viel aushalten können.« Also hielt ich aus und fühlte mich seltsamerweise wohl, als sie fertig mit mir war.

Das war mein erstes SM-Erlebnis, und es hatte mir nicht schlecht gefallen. Ich würde sogar behaupten, es war meine Initialzündung. Weil sie zu mir sagte, wer so veranlagt sei, der müsse auch viel aushalten, war das für mich wie ein Kick in die richtige Richtung. Ich wollte mich bemühen, in Zukunft mehr auszuhalten. Ich begann auf Anzeigen in Kontaktmagazinen zu schreiben, aber ohne Resonanz.

Ich begann in dieser Zeit gerade meine Ausbildung im Justizdienst und verdiente recht gut. Daher rief ich eine Profi-Domina in Remscheid an. Sie nannte sich Lady Rachel. Ich ging zu ihr, doch das erste Mal war unbefriedigend, weil sie noch am Anfang ihrer Laufbahn stand und mich nicht genug abstrafte. Als ich nach zwei Jahren meine Ausbildung beendete, entdeckte ich Lady Rachel erneut in einem der Kontaktmagazine. Sie war zwar nur von hinten und in Lack oder Leder abgebildet, aber ich erkannte sie auf Anhieb wieder. Mittlerweile verfügte sie über ein eigenes großes Studio in Remscheid. Ich kontaktierte sie erneut und ich sagte ihr, dass ich richtig gequält werden wolle, aber noch keinerlei Erfahrung darin besäße. »Aber ich möchte es einmal richtig erleben«, sagte ich ihr.

Sie quälte mich zum ersten Mal mit Nadeln, die sie durch meine Brustwarzen und durch meine Vorhaut stach. Das erregte mich sehr und ich wollte immer mehr für sie aushalten. Fortan ging ich einmal im Monat zu ihr und je mehr sie mich quälte, umso erregter wurde ich. Sie brachte mich zum Schluss auch zum Orgasmus, immer unter Schmerzen, weil die Nadeln noch in meinen Warzen, Klammern dran befestigt waren oder indem sie einen rotierenden Vibrator an meine Eichel hielt. Geschlechtsverkehr mit ihr durfte ich nicht haben. Dies war mir von Anfang an klar, denn es gehörte sich nicht für einen Sklaven. Das einzige Zugeständnis, das sie mir machte, war, dass sie mir manchmal ihre Brüste zeigte oder sie mich ihre Brüste streicheln ließ. Doch was mich an ihr am meisten faszinierte, war ihre sadistische Ausstrahlung, die hauptsächlich von ihrem Gesicht ausging. Sie strahlte richtig, je mehr sie mich quälte. Damals war ich 25 oder 26 Jahre alt und sie steigerte immer mehr meine Schmerzsüchtigkeit mit Nadeln durch die Warzen, auf die sie sich zusätzlich mit ihrem Fuß stellte, oder mit extremen Gewichten bis zu acht Kilogramm, die sie mir an die abgebundenen Hoden hängte. Meine Tabus Natursekt und Kaviar beachtete sie stets, weil sie das selbst nicht mochte. Sie peitschte mich stets sehr hart auf den Po, so lange, bis dieser blau und grün anlief. Gelegentlich hieb sie mir auch mit einer Knotenpeitsche auf den Rücken. Ich habe sehr große Brustwarzen. Einmal trug ich daher in jeder Brustwarze cirka 30 Nadeln, auf die sie dann ihre Stiefelsohle stellte, die ich danach sauberlecken musste, weil ich sie mit meinem Blut beschmutzt hatte.

Je mehr ich ertrug, umso weniger kam für mich normaler Sex noch in Frage. Ab und zu genehmigte ich ihn mir noch, indem ich zu einer normalen Prostituierten ging. Allerdings hatte ich nie Verkehr mit ihr, sondern ließ mich nur, wenn überhaupt, französisch befriedigen. Geschlechtsverkehr wäre für mich Verrat an meiner Herrin in Remscheid gewesen. Denn ein Sklave darf keinen Verkehr haben. Allerdings onanierte ich nach wie vor regelmäßig jeden Tag, immer noch drei bis fünf Mal pro Tag. Ein Orgasmus spielte noch eine große Rolle für mich. Jedoch begann meine Herrin in Remscheid daran zu arbeiten, dass sie mir nicht immer einen Orgasmus erlaubte, wenn ich zu ihr kam. Später, als ich dann zu ihren Partys ging, war es sowieso nicht erlaubt, einen Orgasmus zu haben. Weil sie mich so extrem quälen konnte, war ich auf ihren

Partys als Vorführobjekt sehr beliebt. Heute ist der Orgasmus keine Notwendigkeit mehr für mich, denn ich verstehe mich als Sklave und extremer Masochist, der es liebt, gequält zu werden. Ich bin nicht devot. Und Rollenspiele mag ich überhaupt nicht.

Ich war 30 Jahre alt, als ich eine Arbeitskollegin im Büro kennenlernte. Sybille war blond, sehr hübsch und hatte das Gesicht und die Ausstrahlung einer absoluten Sadistin. So wie sie sich mir und der Umwelt gab, vermutete ich eine Sadistin in ihr. Als wir jedoch zusammenkamen und ich ihr meine Leidenschaft gestand, stellte sich heraus, dass sie mit SM überhaupt nichts am Hut hatte. Da wir uns aber sehr gut verstanden, wollte sie sich mit dem Thema beschäftigen. Zu meiner Freude erklärte sie bereits nach einer kurzen Zeit, sie wollte es auf einen Versuch ankommen lassen. Wir gingen zu meiner bisherigen Herrin in Remscheid und Sybille wurde von ihr in den SM eingeführt. Meine Freundin begann sich immer mehr zur Sadistin zu entwickeln. Es machte ihr Spaß, mich zu quälen. Wir begannen daraufhin, uns mit Paaren zu treffen, bei denen ebenfalls die Frau sadistisch veranlagt war. Sie schien Gefallen an den Spielen zu finden und ging mehr und mehr im SM auf. Das erfreute mich natürlich. Eines Tages kam Sybille auf die Idee zu heiraten. Eine normale Partnerschaft reichte ihr nicht mehr aus. Ich sollte ihr Ehesklave und damit ihr Eigentum werden. Sie schlug einen regulären Ehevertrag und dazu einen privaten Sklavenvertrag vor. Ich willigte ein. Meine Familie wusste von meinen Neigungen, aber es wurde nicht darüber gesprochen. Meine Mutter sagte nur, als sie noch lebte, ich solle vorsichtig sein. Gleichen Rat gab sie mir für meine Ehe.

Während unserer standesamtlichen Trauung trug ich extrem harte Brustwarzenklammern, meine Hoden waren mit einem Lederriemen hart und einzeln abgebunden und um den Hodensack war außerdem ein Hodenband mit spitzen Innendornen gelegt. In meiner Hochzeitsnacht schlug meine neue Herrin mich erst extrem mit dem Rohrstock und einer Peitsche, anschließend musste ich sie mit dem Mund befriedigen. Ich durfte nackt und gefesselt nur auf einer Decke liegend vor ihrem Bett schlafen. Am nächsten Tag schon bekam ich ihre Initialen auf den Po tätowiert. Sybille kam auf die Idee, mich dauerhaft zu kennzeichnen. »Jeder muss sehen können, zu wem du gehörst, wenn man deinen nackten Po sieht.« Sie sagte, dass das zu einem richtigen Sklaven dazugehören würde. Die Initialen sind noch heute auf meinem Po.

Sybille stellte Regeln für unser Zusammenleben auf: Sie bestimmte, dass ich nie mit ihr Verkehr haben dürfe, aber sie mit anderen Männern schlafen werde. Allenfalls dürfe ich sie französisch befriedigen. »Das musst du akzeptieren«, sagte sie, »da mir dein Geschlechtsteil sowieso zu klein ist.« Im Übrigen erklärte sie, es gehöre sich nicht für eine Herrin, wenn sie mit ihrem Sklaven schlafen würde. Ich war nicht immer dabei, wenn sie mit anderen Männern schlief. Aber sie sagte mir stets vorher, dass sie es jetzt mit einem anderen Mann treiben würde und erzählte mir bei ihrer Rückkehr, während ich zu ihren Füßen kniete, wie es mit dem anderen Mann gewesen sei. Wenn ich dabei war, während sie mit anderen Männern schlief, war es sehr demütigend für mich, wenn ich gefesselt und geknebelt vor dem Bett kniete, auf dem sich meine Herrin gerade mit einem anderen Mann vergnügte. Es kam auch vor, dass, wenn der andere Mann, mit dem sie sich vergnügte, bi war, ich diesen zuerst französisch steifmachen und hinterher sein Ding sauberlecken musste, wenn es aus ihrer Muschi kam. Auch musste ich meine Herrin hinterher mit meiner Zunge sauberlecken. Oft ließ sie mich auch von anderen Männern oder Frauen auspeitschen und wenn die Männer darauf standen, durften sie mich anal nehmen.

Sie bestimmte, dass ich nur einmal im Monat einen Orgasmus haben dürfe. »Das ist genug für dich!«, sagte sie und um mich vor der heimlichen Masturbation zu bewahren, musste ich fortan einen Keuschheitsgürtel tragen. Wenn ich aus hygienischen Gründen über mehrere Tage den Keuschheitsgürtel ausziehen musste, bekam ich Antidepressiva-Tabletten, die gleichzeitig die Lust hemmten. Wenn sie feststellte, dass ich nachts einen unerlaubten Samenabgang hatte, dann wurden meine Geschlechtsteile mit eiskaltem Wasser fast fünf Minuten lang abgeduscht.

Ich musste sie immer als »Herrin« und in der dritten Person anreden, wenn wir unter uns waren. Für meinen monatlichen Orgasmus waren mir nur fünf Minuten zugestanden. Ich musste ihn vor ihr kniend vor der Kloschüssel bekommen und mein Sperma nachher vom Boden auflecken. Oft wollte sie mich mit einem Haushaltsgummihandschuh befriedigen und wenn ich dann oft nicht erregt wurde oder kurz davor und die fünfminütige Frist verstrichen war, musste ich bis zum nächsten Monat warten.

Wenn wir mal zum Essen ausgingen oder privat eingeladen wurden, dann bekam ich meist ein Hodenband mit Innendornen angelegt. Eines ihrer Lieblingsspiele war: Am anderen Ende des Wohnzimmers war ein Haken in der Wand angebracht. Mir wurden die Hoden straff abgebunden und daran ein sich ausdehnendes Gummiseil – ziemlich dick, so ähnlich wie ein Bunjee-Seil – angebracht. Sie saß nun in einem Sessel fast am anderen Zimmerende und ich hatte zu ihr zu kriechen und sie innerhalb einer halben Stunde zum Orgasmus zu lecken. Das Seil war abgemessen, so dass ich sie mit langgezogenen Hoden gerade eben mit der Zunge erreichen konnte. Meist kehrte ich schon nach wenigen Minuten zurück, weil ich den Schmerz an meinen Hoden nicht mehr aushalten konnte. Dabei schaffte ich es allerdings nicht, sie zum Orgasmus zu bringen. Zur Strafe gab es deshalb die neunschwänzige Katze auf meinen Rücken. Dazu war ich geknebelt, weil ich sonst zu sehr gebrüllt hätte. Meine Herrin experimentierte überhaupt sehr gerne mit meinen Hoden: Sehr häufig hängte sie schwere Gewichte an meine abgebundenen Eier.

Was sie ebenfalls mochte: Wenn wir zum Beispiel zum Einkauf in die Stadt fuhren, gab sie mir eine heftige Ohrfeige. Sie liebte die erstaunten oder amüsanten Blicke meist der Frauen. Sie zog es vor, mich im vollbesetzten Aufzug zu ohrfeigen. Aufgrund einer Wette sind wir einmal in eine andere Stadt gefahren und dort auf dem Marktplatz ausgestiegen. Es war Mittagszeit, der Platz gut bevölkert. Ich trug nur einen kurzen Ledertanga, eine Ganzkopf-Ledermaske, Hundehalsband und Leine. Meine Herrin war in schwarzes Leder gekleidet, schwarzer Lederrock, schwarze Lederstiefel, schwarze Lederjacke. Mit der Reitgerte in der einen und der Hundeleine in der anderen Hand ließ sie mich auf allen vieren eine kurze Runde drehen, angetrieben von ihrer Gerte. Dann stiegen wir ins Auto und fuhren wieder heim. Ein anderes Mal fuhren wir zu einer holländischen Domina, die wir auf einer privaten Party kennengelernt hatten, damit sie meiner Herrin zeigen konnte, wie man eine Vorhaut zunäht.

Ich musste ein Strafbuch führen, in dem alle strafwürdigen Taten von mir vermerkt wurden wie zum Beispiel Unaufmerksamkeit, Unhöflichkeit oder schlicht das Vergessen, den Blick zu senken. Am Wochenende bestimmte sie dann meine Strafe für die Taten, die im Strafbuch verzeichnet waren. Sie führte die Strafen konsequent aus. Wir trafen uns regelmäßig mit Paaren und immer quälte sie mich dadurch, dass sie vor mir mit den Männern schlief. Ihr Sadismus war immer vorhanden, ich war ihr Sklave, sie brauchte keinen Grund, um mich zu strafen. Das musste sie, sollte sie, durfte sie. Das war mir klar. Wenn sie mich bestrafte, dann ging sie umso konsequenter und strenger vor. Es erregte sie sehr, mich zu quälen, ich konnte es an ihrem sadistischen Gesichtsausdruck sehen und wenn sie zu mir sagte, dass ich es brauchen würde, dann wollte ich immer mehr für sie aushalten.

Mit der Zeit hatten wir uns einen Raum unserer großen Wohnung als SM-Zimmer eingerichtet, ausgestattet von einem handwerklich begabten befreundeten Sklaven. Darin befanden sich eine Folterbank, ein Bock, ein Andreaskreuz, ein enger Stehkäfig, ein kleiner Käfig, in dem man nicht richtig sitzen, kaum richtig hocken konnte, sowie ein Flaschenzug an der Decke. Es konnte schon mal vorkommen, dass ich eine Nacht stehend, mit gefesselten Händen über dem Kopf, mit Handschellen an einem Haken verbringen musste. Morgens gab es dann meist die Peitsche und anschließend hatte ich sie mit meiner Zunge zu bedienen. Ich bin von Beruf Beamter und arbeite acht Stunden im Büro. Meine Herrin arbeitete in derselben Behörde. Manchmal kam es vor, dass sie mir morgens, bevor wir ins Büro fuhren, die Brustwarzen mit ein paar Nadeln durchstach und ein kleines Gewicht mit cirka 300 Gramm daran anbrachte. Dieses musste ich bis zur Frühstückspause um 9 Uhr tragen. Wir gingen meist gegen 7 Uhr aus dem Haus. Wenn sie mich quälen wollte, dann band sie mir zusätzlich die Hoden streng ab und beides durfte ich erst um 9 Uhr in ihrem Büro abnehmen. Sie arbeitete in einem Einzelzimmer, das sie dann abschloss. Es war beschwerlich, so arbeiten zu müssen, auch wenn ich nur Schreibtischarbeit zu erledigen hatte. Aber ich nahm es gerne auf mich, denn meiner Herrin gefiel das sehr.

Später ließ sie auch andere an mir spielen. Sie durften das volle Programm mit Nadeln, Peitsche, Rohrstock, Klammern und Gewichten absolvieren. Manchmal wurde ich verliehen, meist aber nur für kurze Sessions. Nur mit wenigen, sehr guten Freundinnen tauschte sie die Sklaven. So kam es vor, dass ich schon mal für ein Wochenende oder für eine Woche zu einer ihrer Freundinnen musste. Auch dort war Geschlechtsverkehr ebenso wie der Orgasmus für den Sklaven strengstens untersagt. Wenn ich verliehen wurde, war das sehr schwierig für mich, weil ich die Gewohnheiten der fremden Herrin nicht kannte. Meist war ich nach so einem Wochenende physisch und psychisch sehr erschöpft, weil eine Herrin bei einem fremden Sklaven nicht so sehr Rücksicht nahm. Ich für meinen Teil jedenfalls hatte immer Angst davor, wenn ich zu einer anderen Herrin musste und mochte es nicht sehr. Überhaupt spielten mit der Zeit immer mehr Frauen eine Rolle in unserer Beziehung. Meine Herrin begann ihre Bi-Neigungen auszuleben und suchte nach einer weiblichen Sklavin. Als sie sie gefunden hatte, ließ sie sich von mir scheiden.

Die Zeit, die ich mit meiner Herrin, meiner Frau, mit Sybille verbracht habe, bereue ich nicht. Auch nicht die Tätowierung. Leider ist durch eine Indiskretion einer Tante aus der Familie meiner Ex-Frau im Dienst bei meinem Chef bekannt worden, dass ich SM-Spiele mache. Die erste Zeit war es ziemlich schwierig für mich, meine Arbeit auf der Behörde zu erledigen. Kollegen tuschelten, hetzten, machten sich lustig. Die wenigsten sprachen mich direkt darauf an. Und die, die es taten, konnten es am Ende dennoch nicht verstehen. Inzwischen hat es sich gelegt, kaum jemand spricht mehr über mich und meine Neigungen. Jetzt sind andere Kollegen im Gespräch, wie das immer so ist.

Eine neue Freundin habe ich nicht. Es ist sehr schwer, eine private Domina kennenzulernen, weil diese entweder einen festen Sklaven, oder auch finanzielle Interessen haben. Domina-Studios suche ich nur noch sehr selten auf und wenn, dann bin ich enttäuscht. Die Studios sind nur auf das Geld ihrer Kunden aus und die wenigstens Dominas sind wirklich sadistisch veranlagt. Daher gehe ich ein- bis zweimal ins örtliche Bordell, in dem ich ein bis zwei Damen kenne, die sehr gut mit dem Rohrstock umgehen können. Ab und zu gehe ich auf SM-Partys, auf denen sich gelegentlich eine Session ergibt. Dort jemand kennenzulernen, ist ebenso utopisch. Das ist schade. Manchmal, wenn ich andere glückliche Paare Hand in Hand durch die Stadt schlendern sehe, bin ich traurig. Für meine Lust brauche ich ja nicht nur eine Frau, sondern sie muss auch noch sadistisch sein. Das ist nicht immer ganz einfach zu verkraften.

# *Bin ich ein Mann? Bin ich eine Frau?*

**Janine, 34**

*Versicherungskaufmann*

Leider zwingt die Gesellschaft den Menschen dazu sich einzuordnen. Wenn ich mich also einordnen muss, dann würde ich mich als lesbische Frau bezeichnen. Denn ich glaube, der weibliche Anteil in mir dominiert, genauso wie meine Neigung zu Frauen.

Das heißt aber nicht, dass ich Männer grundsätzlich aus meinem Leben ausschließe. Generell aber, das möchte ich betonen, ist meine Einordnung als Frau nur dem Zwang geschuldet, sich überhaupt einordnen zu müssen. Bin ich ein Mann? Bin ich eine Frau? Ja. Nein. Welche Antwort hättest du gerne? Ich finde, ich bin weder noch. Ich propagiere das Aufbrechen von Geschlechtergrenzen.

Insofern treffen auch Bezeichnungen wie Transvestismus oder Transsexualität nicht auf mich zu. Es gibt einen anderen Begriff, der heißt: Transgender. Das ist ein Überbegriff für Menschen, die sich der Geschlechterrolle, in der sie sich befinden, nicht zugehörig fühlen. Die, die weder das eine noch das andere toll finden, nennt man Transidenten. Sie leben, wie sie sind. Sie sind, wie sie leben. Das trifft auch auf mich zu.

Dass ich anders bin, weiß ich seit meinem vierten Lebensjahr. Natürlich hatte ich in dem Alter noch keinen Bezug zum eigenen Körper und zur Sexualität. Wenn man Kind ist, spielen ganz andere Dinge eine Rolle. Gleichwohl gab es einige Situationen, an die ich mich erinnere, in denen man durchaus etwas hätte ahnen können: Zum Beispiel hatte ich als kleiner Junge immer das Bedürfnis, so sein zu wollen wie die Mädchen, mit denen ich spielte. Diesem Bedürfnis gab ich auch Ausdruck, ohne mir einen Kopf darüber zu machen. Ich erklärte den Mädels: »Ich möchte eure Kleider tragen.« Die Mädchen reagierten darauf immer verschreckt.

Im Kindergarten, daran erinnere ich mich ebenfalls noch sehr gut, gab es ein Spiel, das hieß »Schönheitssalon«. Dort ließen sich die Mädels ihre Fingernägel lackieren. Auch ich stand in der Reihe der zu pflegenden Mädchen und ließ mir meine Fingernägel lackieren. Meine Mutter war darüber ganz entsetzt und wollte mir die Farbe von den Fingern abwaschen. Ich wehrte mich mit Händen und Füßen dagegen. Meine Mutter meinte nur kopfschüttelnd zu mir: »Du kannst die Finger nicht lackiert tragen. Du bist ein Junge. Jungs tragen keinen Nagellack.«

Erstaunlicherweise machten sich meine Eltern keine weiteren Gedanken über mein Gebahren. Was sicherlich auch mit ihrer eigenen Erziehung und dem Umfeld zu tun hatte: Ich wuchs in einem 30.000-Seelen-Örtchen in Norddeutschland auf, richtig bieder und spießig. Auch meine Eltern waren gutbürgerlich, hatten einen geregelten Alltag, lebten ihre kleine Familienwelt. Transsexualität, Transvestismus oder Transidentismus existierten in dieser Welt nicht. Also wurde das Thema nicht angesprochen, selbst als es Situationen gab, in denen es vielleicht einen Grund gegeben hätte, es anzusprechen. Meine Mutter tat es als Kinderkram ab: So sind Kinder halt gelegentlich. Sie schminken sich, erlauben sich allerlei Schabernack und verkleiden sich gerne. Deshalb wurde es, als sie mich dabei erwischte, wie ich Kleider von ihr trug, ebenfalls nur als eine pubertäre Eskapade abgetan.

Also musste ich mich erst einmal alleine mit meinen Empfindungen auseinandersetzen. Mir selbst war nämlich längst aufgefallen, dass etwas anders an mir war. Meine Eltern hatten mich mehr als einmal darauf hingewiesen, als Junge würde man solche Dinge nicht tun. Ich wollte sie aber tun. War es verboten? Den Eindruck gewann ich mit der Zeit. Was dazu führte, dass ich meine Gefühle zunehmend zu unterdrücken versuchte. Mein Eindruck war: »So etwas gehört sich nicht. Das ist falsch. Irgendetwas stimmt nicht mit mir.«

Natürlich hat mir das keiner eingeredet. Niemand hat mich darauf angesprochen oder gesagt: »Du bist ja pervers.« Es war vielmehr das Gefühl, das ich durch meine Umwelt erfuhr. Zum Beispiel wurde in der Schule im Biologieunterricht der »normale« Mensch gelehrt: Mann, Frau, Kinder. Die Medien, die tagtäglich die Geschlechterrollen definierten, taten ihr Übriges. Das alles traf auf mich und mein Empfinden nicht zu. Also musste doch etwas nicht richtig mit mir sein? So kam es, dass ich mich irgendwann auch nicht mehr traute, mit jemandem darüber zu sprechen. Ich war der Auffassung: »Wenn ich mich jetzt außerdem noch anderen Menschen anvertraue, will am Ende keiner mehr etwas mit mir zu tun haben, dann habe ich gar keine Freunde mehr.«

Doch die Gefühle zu verheimlichen und zu unterdrücken, fiel mir nicht leicht, weil sie sich bereits tief und fest in mir manifestiert hatten. Es wurde schwierig für mich, Freunde zu finden. In der klassischen Rollenverteilung »Jungs spielen mit Jungs« und »Mädchen spielen mit Mädchen« gab es einfach keinen Platz für mich. In der Pubertät wurde es sogar noch schlimmer: In dieser Zeit, in der der Geschlechtstrieb erwacht und alle damit beginnen, sich sexuell auf das andere Geschlecht zu konzentrieren, kam ich mir relativ isoliert vor. Bei mir erwachte nämlich nichts. Kein Wunder: Wie sollte etwas erwachen, wenn ich mich selbst geschlechtlich noch nicht einmal einordnen konnte? War ich ein Junge? Ja und nein. War ich eine Frau? Ja und nein. Was war ich wirklich?

Sicher war: Ich musste erst einmal mit mir selbst und meinem eigenen Geschlecht ins Reine kommen, bevor ich Interesse am anderen Geschlecht zeigen konnte. Also gab es in dieser Zeit für mich auch kein sexuelles Erwachen. Natürlich habe ich Versuche unternommen, mein Anderssein ein Stück weit nach außen zu tragen, vielleicht sogar damit leben zu lernen, in welcher Form auch immer. Alles befand sich im Ungewissen. Es war ein halbherziger Versuch, als ich mich abends heimlich in Frauenkleidung warf und um den Block lief. Hätte ich das bloß nicht gemacht. Ständig quälte mich das Gefühl, gleich würde mich jemand entdecken, erkennen und sofort das ganze Dorf Anteil haben lassen an dem Wissen, ich sei anders, schlimmer noch, ich sei abartig. Ich war tausend Tode gestorben, als ich wieder zu Hause ankam – endlich!

Dass ich schließlich erkannte, meine Gefühlswelt ist nicht anders, schon lange nicht pervers, sondern etwas, womit ich mich ernsthaft auseinanderzusetzen habe, damit ich zukünftig damit leben kann – so wie es viele andere auch tun, denen es ähnlich wie mir ergeht –, verdanke ich der *Bravo*. Das glaubt mir kein Mensch, aber das ist die Wahrheit: ausgerechnet die gute, alte *Bravo* und ihr Dr.-Sommer-Team, der Klassiker unter den deutschen Sexaufklärern. Nein, im Ernst, es war nicht das Dr.-Sommer-Team, aber es war die *Bravo*, in der regelmäßig Berichte zu lesen waren über Menschen, die ein Problem haben. Eines Tages las ich einen Bericht über jemanden, der Joachim hieß, das weiß ich noch ganz genau. Dieser Joachim wollte gerne Jennifer sein. Diesen Bericht las ich einmal, zweimal, und je öfter ich ihn las, umso mehr dachte ich: »Jawohl! Genau! Es gibt noch mehr Menschen mit meinem Problem.«

In dem Augenblick war mir, als würde Joachims Problem eins zu eins auf meines passen. In verzweifelten Momenten adaptiert man bekanntlich gerne: Wenn man etwas findet, was dem eigenen, aber bis dahin unbekannten Problem ähnlich ist, überträgt man es gerne auf sich selbst. Das tat ich auch. Mein Anderssein, meine Unwissenheit darüber und meine Suche nach einer Antwort bekamen endlich einen Namen – und das erleichternde Gefühl stellte sich ein, gar nicht mal anders oder gar pervers zu sein.

Natürlich passte Joachims Problem nicht eins zu eins auf meines. Das erkannte ich viel später erst. Aber vorerst sorgte der *Bravo*-Bericht dafür, dass ich mich zum ersten Mal in meinem Leben mit mir selbst und mit dem Thema Transsexualität auseinandersetzte. Was damals, also in den 80er Jahren, allerdings alles andere als einfach war. Die Gesellschaft war noch nicht so offen, wie sie es heute ist. Heute ist ja selbst in Fernsehsendungen wie *Wahre Liebe* oder *Peep* zur Genüge über Transsexualität, Transvestismus und Transidentismus berichtet worden und jeder glaubt deshalb, Bescheid zu wissen. Damals war das ungleich schwerer, sich darüber zu informieren. Was es mir natürlich nicht einfach machte, mit Leuten über meine Empfindungen zu reden. Wer konnte schon darüber Bescheid wissen, noch dazu mir Verständnis und Hilfe anbieten? Also sprach ich auch weiterhin nicht mit meinen Eltern, mit meinen Freunden, mit meinen Bekannten über meine Empfindungen.

Dementsprechend war auch mein öffentliches Auftreten. Ich habe mir zwar keine Gedanken mehr darüber gemacht, welche

Wirkung ich auf die Leute habe, ich habe mir keine Mühe gegeben, besonders männlich zu wirken, aber ich versuchte auch nicht, das Weibliche – das in mir schlummerte – nach außen zu kehren. Dafür war ich, glaube ich, zu ängstlich. Ich war noch nicht so weit, als dass ich es hätte zulassen können.

Im Grunde hatte ich überhaupt keine Ahnung, was ich machen sollte, geschweige denn konnte – auch meinen weiteren beruflichen Werdegang betreffend. Damals, und leider auch noch heute, gab es vielerorts die Aufteilung in Männerjobs und Frauenberufe. Stellte sich mir die Frage: Was kam für mich in Frage? Zu guter Letzt ging ich in die Versicherungsbranche – einzig weil mein Vater dort tätig war; auch meine Mutter war früher für Versicherungen unterwegs gewesen. Was ich allerdings tat, war, von zu Hause zu fliehen. Weg vom Dorf. Was heißt Flucht? Es bot sich mir die Möglichkeit, im badischen Raum zu arbeiten, was von meinem Heimatort in Norddeutschland bekanntlich sehr weit entfernt liegt. Der Umzug dorthin war ein Versuch, mich ein Stück weit von meinen dominanten wie bürgerlichen Eltern zu emanzipieren und eine Eigenständigkeit zu erlangen, in der ich mich noch mehr mit mir selbst beschäftigen und herausfinden konnte, was nun eigentlich wirklich los war mit mir. Denn Fakt war auch: Selbst nach Beendigung der Schule – ich hatte mein Abitur gemacht und war inzwischen volljährig – war meine Sexualität noch nicht wirklich erwacht.

Natürlich setzte ich mich in der Zwischenzeit mit meinem eigenen Körper, sprich der Selbstbefriedigung, auseinander. Ich wusste, es erregt mich, Frauenkleider zu tragen, gleichwohl kristallisierte sich auch ein Schuhfetischismus heraus. Also taten es auch nur die Schuhe, um mich sexuell zu erregen, dafür brauchte ich keine Frauenkleidung. Erstmals erkannte ich, Transsexualität war nicht das, was auf mich zutraf. Gleichwohl ahnte ich, spielte das Wort »Trans« eine Rolle für mich. Aber das war es schon. Nach wie vor fehlte mir die Definition meiner selbst. Es war zum Verzweifeln. Wer bin ich? Was bin ich? Was will ich? Meine Entwicklung war noch nicht abgeschlossen.

Nach drei Jahren zog ich von Baden nach Hessen. Dort nahm der psychische Druck, dem ich zunehmend ausgesetzt war, überhand. Ich sprach mit meiner Hausärztin und sie meinte sofort: »Das wurde aber auch Zeit.« Sie erklärte, sie habe über mich Bescheid gewusst. »Aber«, sagte sie, »ich kann dich nicht darauf ansprechen, du musst es selbst tun.« Das war also mein eigentliches Erwachen, das Wissen, dass ich keines von beidem bin, weder Mann noch Frau, sondern irgendetwas. Da war ich 24 Jahre alt.

Damit ging ich an die Öffentlichkeit. Ich outete mich meinen Freunden und Bekannten genauso wie meinen Eltern. Meine Mutter hatte lange Zeit an den neuen Tatsachen zu knabbern: Sie hatte mich als Sohn geboren, mich als Sohn großgezogen – und jetzt sollte ich alles, nur nicht mehr ihr Sohn sein? Mein Vater ist Pragmatiker. Er meinte nur: »Dann ist es halt so.« Inzwischen bringt auch meine Mutter mir Verständnis entgegen und unterstützt mich mit aller Kraft. Nichtsdestotrotz traf ich mit meinen Eltern ein Gentlemen's Agreement: Sie baten mich darum, dass ich mich, wenn ich sie besuchen komme, äußerlich als Mann gebe. Sie leben nach wie vor in der Kleinstadt und es wäre für sie eine alles andere als erträgliche Situation, wenn ihre Mitbürger und Nachbarn mich in meinem neuen Aufzug sehen würden.

1993 zog ich nach Berlin und unternahm eine Odyssee bei Psychiatern und Psychologen, von denen ich mir eine genauere Klärung meiner Umstände erhoffte. Doch alle konnten sie nichts mit mir anfangen. Entweder waren sie auf das Thema Transsexualität oder Transvestismus spezialisiert. Keines von beiden traf auf mich zu, so dass die vermeintlichen Experten ratlos blieben, was mir wiederum einen neuerlichen Außenseiterstatus verlieh. Was natürlich noch fürchterlicher war, denn meine Suche war damit also noch immer nicht beendet. Wenngleich ich in Berlin, einer Stadt, die durch die Wende im Auf- und Umbruch begriffen war, meine Suche durchaus intensivieren konnte.

Eine der Psychologinnen meinte sogar zu mir, ich solle doch mal SM-Partys besuchen, dort würde ich Gleichgesinnte treffen.

Das war natürlich in der Form erneut nicht richtig, aber ich unterließ es, die Ärztin darauf hinzuweisen. Zwar spielt Transsexualität im SM keine unwesentliche Rolle, doch wie gehabt, als transsexuell empfand ich mich ja nicht. Insofern war auch diese Szene mir nur bedingt hilfreich. Allerdings eröffnete sie mir eine neue Welt, an der ich Gefallen fand: SM. Ich begann mich auf SM-Partys auszuleben, die ich als Frau besuchte. Überhaupt ist es interessant: Egal auf welche Party ich gehe, ich finde immer Einlass: Ob auf einer Lesbenparty, einer Transen-Party oder einer SM-Party – für die Türsteher bin ich Fetisch und damit geeignet.

Erstmalig ging ich mit Entdeckung der SM-Szene auch Beziehungen zu Frauen ein, die ich auf den Partys kennenlernte und die mich dazu ermunterten, mich und meine Empfindungen auszuleben. Die Frauen, mit denen ich eine Beziehung führte, standen mir unterschiedlich gegenüber. Manche sahen mich als ihre Freundin, manche als ihren Freund. Meine Ex-Verlobte beispielsweise sah mich in den vier Jahren, die ich mit ihr verlobt war, als Mann. Ich glaube, in dieser Zeit hat sie immer wieder gehofft, mich ändern zu können beziehungsweise darauf gewartet, dass meine feminine Ader auf der Strecke bleibt und ich wieder der Mann werde, als den sie mich kennengelernt hatte. Andere Frauen, mit denen ich eine Beziehung führte, waren wie ich und hatten keinerlei Geschlechtsdefinition. Mit einigen Frauen habe ich reine SM-Beziehungen geführt, denen war es ganz egal, was ich war, Hauptsache ich entsprach dem, was sie für die SM-Spiele brauchten. Das sind in meinen Augen ohnehin die unkompliziertesten Beziehungen.

Wie auch immer, es war mir von Anfang an klar, dass ich, wenn ich Beziehungen führe, diese mit Frauen führe. Beziehungen mit Männern konnte und kann ich mir nicht vorstellen. Wie ich bereits zu Anfang sagte, das heißt aber nicht, dass ich Männer grundsätzlich aus meinem Leben ausschließe. Es gibt bestimmte Varianten der Sexualität bei mir, bei denen Männer durchaus eine Rolle spielen – meist bin ich dann der dominante und sadistische Part. Herkömmlichen Sex gibt es dabei nicht. Denn wenn es zu einem sexuellen Akt klassischer Art kommen würde, würde mich mein Geschlechtsteil stören. Mein Schwanz ist nun mal ein männliches Geschlechtsteil, das sagt mir meine Sexualerziehung, die ich als Kind genossen habe und die in mir trotz aller Erfahrungen und Bemühungen verankert ist. Wenn ich dann den Sex mit einem Mann als Frau genießen möchte, fällt mir dies dementsprechend schwer. Sexuelle Handlungen klassischer Art finden bei mir daher eher selten statt. Es spielt sich sehr viel auf der SM-Ebene ab und dementsprechend im Kopf. In dem Zusammenhang spreche ich auch gerne vom Kopforgasmus.

Es gibt Menschen, die empfehlen mir, wenn mich mein Geschlechtsteil stört, dann solle ich mich doch einfach operieren lassen, möglich ist in der Medizin heutzutage beinahe alles. Aber mein Geschlechtsteil stört mich nicht immer, halt nur manchmal. Genau das ist doch der Punkt, um den es seit meiner Kindheit geht: Ich fühle mich sowohl weiblich als auch männlich, nur dass der feminine Teil größer ist. Wenn ich mein Geschlechtsteil wegoperieren ließe, hieße das, ich würde gegen den männlichen Teil in mir angehen. Das ist Unfug. Das möchte ich nicht.

Allerdings möchte ich, dass der dominante weibliche Teil auch äußerlich mehr Platz eingeräumt bekommt. Deshalb schminke ich mich, trage Frauenkleider, Silikonbrüste – zwar nur von außen anstatt von innen, aber es ist das gleiche Material, das auch Frauen implantiert bekommen. Ich nehme seit kurzem Hormone zu mir, um meinen Körper in die gewünschte Zwitterposition zu bringen, die meinen Empfindungen entspricht. Dazu bin ich vor einem Monat zum Frauenarzt gegangen. Wenn man sich wie ich in der Transgender-Szene bewegt, von der ich seit einer Tagung in Berlin weiß, kennt man natürlich die Ärzte, zu denen man gehen kann, um unkompliziert an Hormone zu gelangen. Ich war bei einem solchen Arzt, er hat mich zu einer Psychologin geschickt, die mir ohne Weiteres bescheinigte: »Thorsten ist transsexuell.«

Das entsprach natürlich nicht der Wahrheit, egal, diese Bescheinigung brauchte ich, um die Hormone von der Krankenkasse bezahlt zu bekommen. Seit kurzem nehme ich Tabletten. Sollte ich innerhalb der nächsten drei Monate nicht damit aufhören, habe ich Schwierigkeiten, es abzubrechen, denn spätestens dann hat sich mein Hormonspiegel so weit verändert, dass die Östrogene überhand gewinnen. Das führt dazu, dass der Haarwuchs im Gesicht, an Armen und Beinen geringer wird, dass sich Brust entwickelt, dass ich empfindlicher werde und sich Fettschichten an Stellen anhäufen, wo der Mann sie üblicherweise nicht hat. Das kann im positiven Fall auch dazu führen, dass meine Stimme angehoben wird.

Im Moment fühle ich mich gut, denn ich weiß, etwas ist im Gange. Deshalb, glaube ich, werde ich die Tabletten über die drei Monate hinaus zu mir nehmen. Warum auch nicht? Vielleicht ist das der Weg, den ich gehen muss. Mit welchem Ziel? Der Weg ist das Ziel, philosophisch gesprochen. Ich habe für mich beschlossen, ich gehe keine Kompromisse mehr ein, zumindest sehr wenig Kompromisse. Die Arbeit zum Beispiel ist einer der wenigen Kompromisse, auf die ich mich einlassen muss. Lebe ich meine Freizeit zu großen Teilen inzwischen als Frau, zur Arbeit gehe ich nach wie vor als Mann. Auf der Arbeit spiele ich im Grunde nur eine Rolle, nämlich die des Mannes. Was nicht immer einfach ist. Ich arbeite in einer Branche, die sehr konservativ ist und in der auch die typischen Männer- und Frauenklischees eine Rolle spielen.

Nichtsdestotrotz plante ich vor einigen Jahren, mich meinen Arbeitgebern gegenüber zu offenbaren und vereinbarte einen Gesprächstermin mit dem Betriebsrat. Das Dumme war, bevor das Gespräch stattfand, bot mir mein Chef einen Job an, den ich mir schon vor fünf Jahren wünschte. Ich nahm also das Angebot an und ließ das Gespräch mit dem Betriebsrat bleiben. Im Moment kann ich mit der Doppelrolle leben. Irgendwie funktioniert es. Es muss funktionieren. Denn eines darf man nicht vergessen: Wir sprechen über gegenwärtig 4,7 Millionen Arbeitslose. Gerade jetzt hätte ich viel zu viel Angst, mich meinen Arbeitgebern gegenüber zu outen und danach womöglich den Arbeitsplatz zu verlieren, denn Kundenkontakt, den ich sehr viel habe, wäre nicht mehr möglich. Und Menschen wie ich finden so schnell keinen neuen Arbeitsplatz in klassischen Berufen wie Büro, Verkauf, Handwerk. Was soll ich also machen? Ich brauche nun mal einen Job. Ich koste schließlich Geld – doppelte Haushaltsführung sozusagen.

Natürlich gehe ich durch die Hormone, die ich zu mir nehme, ein Risiko ein. Freunde befürchten, die Doppelrolle, die ich auf der Arbeit spiele, würde daher früher oder später ohnehin auffliegen. Das glaube ich nicht. Was könnte schlimmstenfalls passieren? Vielleicht wächst mir ein Busen. Aber das ist erstens eine sehr langfristige Entwicklung, bei der man vielleicht in frühestens zwei Jahren erstmals etwas erkennen könnte, zweitens gibt es so viele Lesben, die ihre Brüste abbinden. Warum sollte ich das nicht auch tun? Ich bin doch auch eine Lesbe ...

# *Einer bückt sich, plötzlich hat er eine Hand hinten drin*

**Didi, 40**

*Kneipier*

Manche Menschen treibt das Leben in eine Richtung und diese verfolgen sie bis an ihr Ende. Sie verschwenden keinen Gedanken an das, was möglicherweise rechts oder links vom Weg auf sie wartet. Sie würden nie einen Abstecher machen oder sogar einen anderen Pfad einschlagen. Das ist in Ordnung, wenn sie damit glücklich sind. Ich dagegen war schon immer offener als manch anderer Mann. Ich war zwar 15 Jahre mit einer Frau verheiratet – mein Sohn wird demnächst 16 –, aber schon während der Ehe wusste ich, dass ich auch auf Männer stehe. Bereits während der Pubertät und danach habe ich einige homosexuelle Erfahrungen sammeln können. Dass ich nach meiner Hochzeit nichts in der Richtung ausprobierte, lag daran, dass sich keine Möglichkeit ergab. Ich wohnte mit meiner Familie in einem Dorf im Westerwald. Dort gab es Traditionen und Sitten en masse, aber keine Schwulenszene. Deshalb war das Thema für mich tabu. Man hat einfach nicht über das Thema gesprochen.

Irgendwann ließen meine Frau und ich uns scheiden, aber nicht, weil ich endlich meine schwule Ader ausleben wollte. Meine Ehe war einfach am Ende. Sie war kaputt. Das war zwar einerseits traurig, andererseits eine Chance, mich neu zu orientieren. Ich stellte natürlich keinen Plan auf, ich wollte mich einfach treiben und überraschen lassen, was das Leben für mich bereit hält. In dieser Situation lief mir ein Kerl über den Weg. Nicht, dass ich von vorneherein in die schwule Richtung wollte. Aber ich war offen für andere Dinge, das war ich ja schon immer. Georg war mir sympathisch, ich war ihm symphatisch, und dabei ist es passiert. Fortan mit Georg zusammenzuleben, machte mir nichts aus, ich musste nicht lange darüber nachdenken. Es war keine Entwicklung, die ich im Kopf durchmachen musste. Das Einzige, worüber ich nachdachte, war: »Wie bringe ich das meiner Umwelt bei.« Ich entschied für die Version *Raus-damit-und-jetzt-wisst-ihrs*!

Meine Eltern sprangen fünf Meter nach hinten. Eben alte Leute auf dem Dorf. Aber dann wurde ausdiskutiert und damit war's gut. Die Frage nach dem »Warum?«, die man für gewöhnlich in

*Wenn Didi aufdrehen will, dann ist er der Vorzeige-Lederkerl.*

so einem Augenblick erwartet, verkniffen sich meine Eltern. Die Situation stellte sich ihnen als gegeben dar, sie nahmen sie so hin. Irgendwann stellte ich ihnen meinen Freund vor und meine Mutter meinte nur: »Hallo Georg, komm herein, was möchtest du essen?« Damit war das Thema erledigt. Meine Eltern und ich waren uns einig: Sie leben ihr Leben, ich lebe mein Leben. Ich bin alt genug, ich weiß, was ich tue. Meine Mutter steht auf dem Standpunkt: »Hauptsache, den Kindern geht es gut. Wie sie leben wollen, das müssen sie selbst herausfinden.«

Was mich überraschte, war, auch mein Sohn ging ganz locker mit meiner Entscheidung um, er hat mich noch nicht einmal komisch angeguckt. Er fand es eher lustig, mit seinen 13 Jahren. Ich habe ihn dann auch mit Georg bekannt gemacht: »Das ist mein Sohn, das ist Georg.« Und heute? Ist mein Sohn sogar mit Georg und mir auf dem CSD-Wagen in Köln mitgefahren. Ich glaube, damit ist alles gesagt. Er meinte zu mir: »Jeder soll so machen, wie er denkt.« Er hat keine Probleme damit, wahrscheinlich auch, weil wir schon immer so ein offenes Verhältnis hatten, nicht Vater-Sohn, sondern eher wie unter Kumpels. Für einige meiner richtigen Kumpel war meine Entscheidung allerdings ein Schock. Ich meinte nur: »Ja, was? Wollt ihr einen, der mit einem Mann ins Bett geht? Oder wollt ihr einen, der nach Hause kommt und Frau und Kinder verprügelt? Was ist schlimmer?«

Damit war das Thema aus der Welt. Die einzigen Probleme, die ich bekam, ergaben sich im Dorf. Ich arbeitete weiterhin als Bierbrauer und dachte eigentlich nicht daran, meinen Job aufzugeben. Wenn mein Arbeitgeber mich also loswerden wollte, bitte schön, dann musste er mich rausschmeißen. Das hat er schließlich auch gemacht, nach dem Motto: »Schmeißen wir mal den Schwulen raus!« Wenig später kündigte mir auch mein Vermieter die Wohnung, als er erfuhr, ich lebe mit einem Mann zusammen. Aber da war es mir bereits egal, denn ich wollte raus aus dem Dorf.

Das ist jetzt fünf Jahre her. Georg hat mich damals mit nach Köln geschleppt und mir die schwule Szene gezeigt. Gerade Köln!

Da passiert einiges in Sachen Leder, Fetisch und SM. Die Szene fand ich gar nicht schlecht, sehr interessant, sie hat mich angesprochen, war äußerst faszinierend. Und so bin ich Stück für Stück mehr in die Szene abgetaucht. Dabei zeigte sich, dass das »Base«, eine schwule Bar mitten in der Kölner Altstadt, genau das Richtige für uns Kerle ist. Hier machte jeder, was er wollte, keiner machte, was er sollte. Der Wirt hatte keine Genehmigung für nichts, hat einfach jeden Abend die abgedrehte Kneipe aufgemacht, war besoffener als die Gäste, die dümmste Nutte der Welt. Er hat das Kassieren vergessen und trotzdem Wechselgeld herausgegeben. Das Schönste aber war: Im »Base« ging die Höllenfickerei ab, kreuz und quer, jedes Wochenende auf ein Neues, das war schon geil, und die Polizei hat uns unzählige Male rausgeschmissen.

Die Kneipe war ein Traum. Schon damals habe ich zu meinem Alten gesagt, irgendwann mal morgens um 7 auf dem Heimweg, torkelnd auf der Domplatte: »Hör mal, den Laden will ich haben!« Als ehemaliger Bierbrauer traute ich mir das durchaus zu, eine eigene Kneipe zu führen, vor allem wenn es sich dabei um eine Kneipe handelte, in der ich selbst meinen Spaß bekommen würde. Ich hatte so meine Vorstellungen, was den Laden betraf. Mein Alter meinte nur: »Wart's ab!«

Tatsächlich, 1999 machten die Behörden den Laden dicht. Zwei Typen sind mir zuvorgekommen und griffen das »Base« ab. Im Sommer 2000 eröffneten sie es als »Deck 5«. Natürlich war das für die Szene ein Pflichttermin und jeder freute sich darauf, endlich wieder durchstarten zu können. Doch wie groß war die Ernüchterung! Als wir das erste Mal das »Deck 5« betraten, machten wir einen ordentlichen Satz nach hinten: Zur Hölle, die beiden neuen Besitzer hatten die komplette Kneipe marineblau und silbergrau gestrichen, es sah aus wie auf einem blitzeblanken Marineklipper, aber nicht wie in einer coolen Schwulenbar, in der gefickt wird auf Teufel komm raus. Ich dachte nur: »Was haben die mit dem Laden gemacht? Warum haben sie ihn kaputtgemacht, die Idioten?«

Natürlich hatten die Mädels keinen Bock aufs »Deck 5«. Aufmerksam verfolgte ich daher die Entwicklung. Einer der beiden Besitzer gab schon bald seine Konzession ab und der verbliebene hatte auch nicht mehr viel Kohle in der Tasche. Wichtige Sachen wurden immer rarer, irgendwann fehlten sie gänzlich. Eines Abends waren die Küchenrollen zum Fisten plötzlich nicht mehr vorhanden, ein Unding! Abends ging der Besitzer Cola am Kiosk kaufen, damit er wenigstens von 20 bis 1 Uhr ein paar Getränke im Angebot hatte.

Ich kann mich noch genau erinnern, es war der 21. Dezember 2000, mein Glückstag! Der Typ machte im »Deck 5« Kassensturz und kam auf einen Betrag von 100 Mark. Zu wenig, um den Laden noch einmal zu eröffnen. Das war meine Chance. Ich erklärte: »Leute, ich mache den Laden auf!« Was Besseres konnte dem Typen nicht passieren. Wir setzten eine Übernahmevereinbarung auf und am nächsten Tag baute ich bereits neue Schlösser ins »Deck 5« ein. Das war mein Weihnachtsgeschenk an mich selbst. In den Folgewochen krempelte ich den kompletten Laden um. Ich tackerte die nackten Wände mit irgendwelchen Postern zu, brachte Dekorationen an, nahm eine anständige Schallisolierung vor, damit nicht so viel nach außen dringt. Ich trennte nach hinten raus einen Raum vom Barbereich ab, hängte dort drinnen einen Sling *(freihängende Sex-Liege, d.Aut.)* auf – das war das, was die Leute wollten. Saufen und Ficken.

Wenn mich Leute fragen, was das Konzept des Ladens ist, antworte ich genau das: »Saufen und Ficken!« Das ist natürlich ein bisschen simpel ausgedrückt. Aber das »Deck 5« ist kein Tanzlokal oder Speiserestaurant. Es ist ein Laden, in den die Leute gehen, um was zu trinken, sich an der Theke zu unterhalten und die Möglichkeit haben, sich dann sexuell zu befriedigen. Vor allem aber ist das »Deck 5« mein Leben. Und es ist ein Traum. Es ist ein Lebenswerk und eine Lebensaufgabe. 365 Tage im Jahr habe ich den Laden auf. Ich stehe auf dem Standpunkt: Wenn jemand ins »Deck 5« will, wird er nicht vor verschlossenen Türen stehen. Das heißt für mich natürlich, ich habe keinen Urlaub im Jahr, maximal fünf Tage am Stück. Von Sonntagmittag bis Freitagabend – dann kehre ich zurück in den Laden. Kein Heiligabend, kein Ostern. Selbst wenn Verwandte sterben, geht das Geschäft weiter. Letztes Jahr ist ein naher Verwandter gestorben. Ich bin rüber in den Osten, und während ich am Grab stand und ihn unter die Erde brachte, haben sie hier munter weiter gesoffen und gefickt.

Doch sind wir ehrlich: Nichts anderes machen die Kerle hier in Köln seit Jahren. Nicht dass es alltäglich wäre und die Leute es als »normal« bezeichnen. Für die Allgemeinheit ist es ganz sicher nicht »normal«, deshalb mache ich es so dezent wie möglich. Man hört draußen nichts, man sieht draußen nichts. Ich glaube, Anwohner wissen gar nicht, was hier drinnen abgeht. Es geht vor allem nicht nur um Fickerei. Es geht schon eher in Richtung Leder und Fetisch, denn das ist nun mal auch ein Teil des schwulen Nachtlebens. Also ist es eher heftig. Nichts mit simpel! Manchmal geht es ja bereits an der Theke zur Sache. Da drehe ich als Wirt den Leuten einmal den Rücken zu und im nächsten Augenblick hat der eine Typ bereits die Hose runtergelassen und der andere kniet neben ihm und bläst ihm einen.

Schreite ich da jetzt ein, oder nicht? Ich habe mir natürlich einige Grenzen für meinen Laden gesetzt. Sachen wie Nadelspiele, die dürfen von Amts wegen schon nicht stattfinden. Alles was blutig ist, hat keine Chance. Obschon beim Fisten immer ein wenig Blut dabei ist. Aber gut, da drücke ich die Augen zu ... Ich gehöre der Präventionsvereinbarung der Stadt Köln an, sozusagen zwangsweise, weil alle Wirte dem angeschlossen sind. Aber offen gestanden empfinde ich es als Augenwischerei. Ich bezahle einen Obolus und höre mir mit meinem Personal zwei Mal im Jahr die Thekenschulungen an. Was für ein Unfug! Wofür Geld ausgeben? Dafür, dass wir unsere Zeit, die sowieso schon knapp ist, verplempern für Sachen, die wir schon wissen. Na, danke fürs Gespräch. Ich bin gesund, habe vor es zu bleiben und weiß auch, was ich tun muss, damit ich es bleibe. Und ob ich jetzt darüber Bescheid weiß, welche neuen Behandlungsmethoden es bei HIV gibt – sorry, ich bin Gastwirt und kein Arzt –, will hier an der Theke doch eh keiner von mir wissen! Die Hauptsache ist: Wir bieten ständig unsere Kondome an. Aber zwingen kann ich wiederum niemanden, ein Kondom beim Ficken oder einen Handschuh beim Fisten zu benutzen. Wenn die Leute es nicht tun, tun sie es nicht. Da hilft auch nicht, dass ich dagegen bin. Es sind erwachsene Menschen. Und wenn sich zwei erwachsene Menschen auf einen Fick einlassen, ja sorry, dann kann ich dagegen nichts machen. Das kann ich nur zur Kenntnis nehmen und ein entsprechendes Ambiente bieten.

Wenn ich sonntags meine Fist-Partys veranstalte, stelle ich Kaffee und Kuchen kostenlos hin. Auch die Garderobe ist im Eintritt enthalten und ich richte den Laden entsprechend her. Die Musik ist entspannend – im Gegensatz zu den normalen Abenden, an denen Techno und Trance läuft. Dazu trifft sich auch nur das Klientel, das da hingehört, zwanzig, dreißig Leute unter sich, nur rote Schwestern ... Rote Schwestern, das bezieht sich auf die so genannten Hanky-Codes, diese berühmten Halstücher oder Tücher, die man in der Arschtasche trägt. Rote Tücher bedeuten Spaß am Fisten.

Vorne setzen sich die Jungs hin, trinken was, essen Kuchen, hinten im Sling ist an solchen Nachmittagen die Fisterei – hauptsächlich. Es kommt allerdings schon mal vor, dass sich auch vorne einer bückt, um an den Kuchen zu gelangen, plötzlich hat er eine Hand hinten drin. Soll ich das dann kaputtmachen? Soll ich dazwischenspringen und sagen: »Aufhören, die Beamten haben uns das verboten.«

Jeder muss sich seine Grenzen selber setzen. Ich habe sie auch. Absolut. Sobald es »unsafe« wird, hört es bei mir auf. Sobald man die erste Krätze hinter sich hat, wird einem bewusst: Man hat ganz schön Glück gehabt, denn es hätte ja auch etwas anderes sein können.

Na gut, wo wir die Krätze damals her hatten, weiß der Geier! Das gehört wohl dazu, da mussten wir durch. Aber auf jeden Fall muss es heute safe sein! Da kann der tollste Kerl reinkommen – ist nicht. Ich habe da zwei, drei, vier, fünf Leute, mit denen ich fest was tun würde. Das schließt nicht aus, dass da noch jemand dazwischenkommen kann, aber im Großen und Ganzen bleibt es dabei. Es gibt zwar manchmal Leute, die kommen zu mir und meinen: »Tu mir doch mal das an, oder dies!« Ich sage: »Ich darf nicht!« Und ich will auch nicht.

Ähnlich verhält es sich bei mir auch mit den Piercings. Zu Piercings hatte ich eigentlich mein Leben lang nie einen wirklichen Bezug. Gar nichts! Interesse ja, aber wenn man niemanden kennt ... Wenn man auf dem Land lebt ... Da siehst du zwar im Fernsehen mal was Lustiges, lachst dich darüber kaputt, aber auch nur, weil es veralbert wird. Bis ich Piercings vor fünf Jahren bei meinem Freund Georg in natura sah. Er hatte einen Prinz Albert und Tittenringe von der heftigen Variante. Ich glaube, er hatte schon damals Tittenringe mit Ringstärke fünf Millimeter und Prinz Albert acht Millimeter. Dazu kam noch ein riesiger Schwanz – und schon war das Ganze ziemlich interessant. Dadurch habe ich es auch für mich entdeckt. Ich wollte auch einen Prinz Albert haben. Dadurch versprach ich mir auf jeden Fall eine Empfindungssteigerung – und das ist auch eingetreten. Ich hatte einen Höllenspaß damit, auch wenn es ein Jahr gedauert hat, bis ich ihn endlich hatte. Ich arbeitete ein Jahr geistig an dem Projekt. Das war für mich keine Entscheidung von heute auf morgen. Als ich mir dann im Klaren war, habe ich mir den PA, mein erstes Piercing, selbst gestochen. Das ist jetzt vier Jahre her, da lebte ich noch im Westerwald.

Vor zweieinhalb Jahren lernte ich auf einer SMart-Fete in Düsseldorf Andrea kennen. Ich packte meine Utensilien aus, sprich Dildo und alles was dazugehörte, stieg auf die Bühne und setzte mich auf den Dildo. Alles fiel tot um, nur Andrea sagte voller Begeisterung: »Ficken!« Ich meinte natürlich: »Immer!« Dann ging es zur Sache, wir haben auf der Bühne losgelegt und seitdem ... naja, ist es mehr oder weniger ein Fickverhältnis. Ich meine, das Thema Frauen hatte sich für mich ja nicht erledigt, nur weil ich mit einem Mann zusammenlebte. Wenn sich etwas mit einer Frau ergibt, bin ich die Letzte, die abgeneigt wäre. Ich bin ein Mann der Freuden, so ist das!

Natürlich erfuhr ich, was Andrea sonst noch so treibt. Sie hat ein Piercingstudio in Dortmund. Sie sagte, ich sollte mir aussuchen, was ich wolle, sie würde es mir stechen. Zu dem Zeitpunkt hatte ich bereits einige nette Ideen im Kopf, vieles davon inspiriert durch die Jungs in meinem Laden »Deck 5« in Köln. Ich erklärte ihr meine Vorstellungen und Andrea wäre fast tot umgefallen: Selbstfabrizierte Implantate wollte ich mir einsetzen lassen, aber davon wollte sie nichts wissen. Von anderem Schnickschnack wollte ich wiederum nichts wissen. Also beließen wir es bei meinen Ideen. Konkret wurde es erst Ende 2001, da legte ich mich in den Sling im »Deck 5« und ließ mir die Tittenringe von einem schwulen Polizisten stechen, direkt mit 2,6-Millimeter-Ringen – krass! 20 Leute standen drumherum und warteten gespannt auf eine Reaktion von mir. Ich habe denen aber keine Reaktion gezeigt, wer bin ich denn? Mann oder Memme? Wenn ich heutzutage kräftig aufdrehen will, dann bin ich der Vorzeige-Lederkerl. Manche behaupten ja, die Zeiten der Lederkappen seien vorbei, wegen Aids und so. Klar, ich habe die letzten Jahre viele Leute um mich herum wegsterben sehen, aber an der Faszination daran hat sich nichts geändert. Wie kann ich es am besten beschreiben? Natürlich ist es eine Maskerade, aber wenn das Gesamtoutfit und Drumherum stimmen, dann ist es, als schlüpfe man in eine andere Rolle, in eine andere Welt. Das ist schon verdammt geil. Und Schmerz gehört dazu!

Im Oktober dehnte Andrea meine Brustringe auf 3,2 Millimeter auf, ich tat kurz vor Weihnachten Vier-Millimeter-Ringe rein. Letztes Jahr im Sommer legte Andrea noch einmal einen nach und steckte mir Fünf-Millimeter-Ringe hinein. Das war lange Zeit ziemlich geil, heute sind die Tittenringe nur noch Schmuck. Damit kann ich nichts mehr anfangen. Ist doch auch klar! Wenn da 5er-Ringe drin sind, ich dauernd daran rumwürge und machen lasse, dann sind die Empfindungen irgendwann ausgereizt. Die Fummelei ist vorbei.

Wenig später nahm ich mir den Prinz Albert heraus und wollte mir die Eichel spalten. Davon habe ich auf BME *(Internetmagazine, d. Aut.)* gelesen. Einige meiner Sachen, die ich heute trage, sind von BME inspiriert. Dort wird vieles gezeigt, vieles davon ist unästhetisch und misslungen, manches ist nur Verstümmelung.

Anderes ist äußerst reizvoll und sieht sehr schön aus. Darum geht es mir. Ich überlege mir immer, wie etwas auszuschauen hat, für mich aussehen sollte, und zwar nur für mich, denn das sind Dinge, die ich für mich mache. Wie die gespaltene Eichel. Natürlich war mir klar, dass ich dabei Schmerzen erleiden werde. Aber gewisse Dinge müssen einfach getan werden. Wenn sie getan sind, sind sie für mich erledigt. Den Eingriff habe ich selbst vorgenommen, mit dem Thermo-Couter. Man kann zwar auch mit dem Skalpell einschneiden, allerdings besteht dabei die Gefahr, dass man in der Folgenacht daran verblutet, wenn niemand einen beobachtet – unweigerlich tritt nachts nämlich eine Erektion auf und wenn der Schwanz aufgeschnitten ist, sind dem strömenden Blut Tür und Tor geöffnet. Das ist gefährlich.

Mit dem Thermo-Couter war das kein Problem. Die Wunde verödet durch die Hitze ziemlich schnell. Ich habe also den Schwanz desinfiziert und angezeichnet, wo die Trennung verlaufen sollte. Betäubt habe ich die Stelle nur zum Teil, Oberflächenbetäubung. Natürlich kann man den Schwanz auch völlig betäuben, aber wie gesagt, der Schmerz gehört dazu. Mann oder Memme? Zähne zusammen und durch! Ich hielt also mit dem Thermo-Couter drauf. Kein Blut, nichts. Natürlich, im ersten Moment zuckte ich weg. Der Schmerz war schon ganz schön heftig, kein Wunder, wenn da 1.200 Grad in die Haut brutzeln. Das spürt man auf jeden Fall. Die Spaltung dauerte – in Etappen – vielleicht zwanzig, dreißig Minuten. Nicht länger. Lange kann man mit dem Couter ohnehin nicht arbeiten, da nach zwei Minuten die Batterien leer sind. Also wechselte ich die Batterien, trank einen Kaffee, guckte mir das Ganze an und überlegte, wie es weiterging. Dann brannte ich weiter. Es dauerte knapp acht Wochen, bis es abgeheilt war und ich wieder ficken konnte. Seitdem habe ich einen Höllenspaß. Es ist ein ganz neues Feeling, wenn eine Zunge zwischen den Eichelhälften spielt, naja, das ist schon interessant. Anders kann ich es nicht beschreiben.

Kürzlich hatte Andrea die Idee, mir noch etwas quer an der Eichel zu machen. Rein zufällig hatte ich gestern Besuch, der ähnlich drauf war wie ich. Wir nahmen uns ein Herz und brannten mit dem Thermo-Couter quer unterhalb der Eichel. Ähnlich spontan war das Implantat im Sack – will heißen, um den rechten Samenstrang liegt ein fünf Millimeter starker Ring aus Titan. Das erste Implantat machte ich mir selbst rein, zuhause in einer Nacht-und-Nebel-Aktion. Natürlich plante ich im Vorfeld, wie es vonstatten gehen sollte. Aber als es so weit war, war nur ein Fotograf anwesend. Ich gebe zu, geil war das nicht unbedingt. Nein, das war was anderes – es fand im Kopf statt! Ich freute mich in gewisser Weise auf das Ergebnis. Die Euphorie, die war es, die mich antrieb.

Als ich es später den Leuten im Laden zeigte, kippten sie der Reihe nach nach hinten. »Wie hast du das bloß reinbekommen?«, fragten sie mich. »Naja«, erklärte ich, »den Sack aufgeschnitten, den Hoden raus, den Ring drumgelegt, die Kugel rein, das Ganze wieder retour, zugenäht und eine Woche Antibiotika.« Das Wissen dafür habe ich mir zum einen bei Andrea geholt, zum anderen bringt mein gelernter Beruf als Bierbrauer einiges an Sachen Sterilität und Hygiene mit. Dies in den medizinischen Bereich beim Piercing zu übertragen, habe ich mir gedacht, sollte nicht das Problem sein. Ich sage mal: Da, wo andere in der Küche einen Herd haben, habe ich zwei Sterilisationsschränke und einen Ultraschallreiniger. Zu essen kriege ich in der ganzen Stadt ...

Eines Tages aber trieb ich es mit einem meiner Typen zu heftig und die Kugel sprang aus dem Ring. Das hieß, im Sack ging Metall auf Metall. Das war nicht gut, ich musste was unternehmen. Ich entschied innerhalb von wenigen Tagen, ich mache den Sack noch einmal auf, wechsele meinen relativ dünnen Ring gegen einen mit größerer Ringstärke, aber mit einem engeren Durchmesser. Das durfte endlich Andrea machen, auch wenn ich darüber nicht ganz glücklich war. Denn sie baut für solche Aktionen immer ihr OP-Studio auf, betreibt einen Aufwand, da kannste drei Leute am offenen Herzen operieren. Da rutscht mir alles zusammen. Eine OP ist zu steril und auch langweilig. Wenn ich etwas an mir machen lasse, dann sollte es im Rahmen einer Session passieren. Also nicht einfach: »Wir machen jetzt was, leg dich hin, ich steche dir den Stab rein.« Ich finde, es sollte dann auch eine geile Nummer werden. Es ist nicht nur das Piercing an sich, das zum Sex hinzugehört, es ist auch das Piercen als solches.

Nur damit wir uns jetzt nicht falsch verstehen: Es gibt einige, die das Piercen als Hobby was weiß ich wie weit treiben. Die haben dann 50 oder 60 Ringe am Schwanz und Sack, die Hoden gespalten oder noch Schlimmeres. So weit möchte ich nicht gehen. Ich finde, es muss auch nicht immer ein Modification-Spiel sein. Die Fetisch- und SM-Szene bietet so viele Facetten. Man kann sich auch nur mal über seinen Lieblingsdildo hermachen oder ein paar Stromspiele betreiben. Allerdings an den richtigen Stellen, also nicht im Brustbereich. Da wäre mir die Gefahr eines Herzkaspers zu groß. Ich sage immer: »Der Strom gehört nicht oberhalb der Gürtellinie.« Wer meint, er muss es haben, der sollte es tun. Ich lasse die Finger davon. Es genügt manchmal schon wenig Strom im Herzbereich, um Schaden anzurichten. Und wenn ich etwas machen möchte, dann mit heftig Strom ...

*Didi im Internet: www.deck-5.de*

# *Ich bin die Queen of Masturbation!*

**Christiane, 23**

*Krankenschwester*

Aufklärung? Hat es für mich nicht gegeben, zumindest nicht daheim bei meinen Eltern. Stattdessen las ich bei einer Freundin heimlich die *Bravo* ihrer großen Schwester. Dabei durchstöberte ich mit besonderem Interesse die Seiten des Doktor-Sommer-Teams. Das war meine Aufklärung, wenn man so will. Außerdem kramte ich mit meinen Freundinnen in den Mülltonnen der Nachbarschaft. Wir wussten, dort entsorgte jemand seine Pornobildchen. Keine Ahnung, wer das war. Das interessierte uns auch nicht.

Wir waren scharf auf die Bilder, die wir aus der Mülltonne fischten und unter uns Mädchen aufteilten. Ich weiß noch ganz genau, wie jede einzelne dieser Fotografien aussah. Das waren richtige Hardcore-Bilder. Einmal lag eine Frau auf einer Liege. Sie fickte ein Mann und neben ihr stand ein anderer Typ, dem sie einen blies. Auf einem Bild war eine Frau mit Ketten auf einen Bock gefesselt und ein Mann peitschte sie. Ein anderes Bild zeigte, wie der Mann sie von hinten nahm. Diese Szenen haben sich in meinem Kopf eingebrannt. Ich werde sie nie vergessen. Wir Mädchen waren von den versauten Bildchen dermaßen fasziniert, dass wir sie wie einen Schatz hüteten. Leider versteckte ich meinen Teil der Bilder nicht gut genug. Eines Tages entdeckten meine Eltern sie. Es folgte eine mehr als unangenehme Strafpredigt.

Meine Eltern sind ganz schön verklemmt. Ich erinnere mich daran, als ich elf war. Eines Tages fiel mir auf, dass etwas an mir zu wachsen begann. In meiner kindlichen Begeisterung rannte ich zu meiner Mutter und sagte ihr voller Stolz: »Mama, guck mal, ich bekomme schon ein bisschen Busen.« Sie tat es ab, als wäre es nichts Besonderes. Trotzdem entging mir nicht, dass ihr meine Bemerkung nicht gefiel. Also hielt ich fortan meinen Mund. In meinem Elternhaus war das so: Nacktsein war eben Nacktsein. Das hatte nichts mit Sexualität zu tun. Sexualität, das gab es bei meinen Eltern nicht. Ich kenne meine Mutter nackt, ich kenne meinen Vater nackt. Sie kennen mich nackt, zumindest bis zu einem gewissen Punkt meiner Entwicklung, ab dem ich mich ihnen nicht mehr nackt zeigte. Das war, als mein Busen zu wachsen begann.

Meinen nackten Körper vor ihnen zu verbergen, war allerdings nicht einfach. Man muss wissen, wir hatten zu Hause zwar eine Sauna, aber keinen Schlüssel. Keine Tür der Wohnung besaß einen Schlüssel, bis auf die Haustür natürlich. Meine Eltern waren der Auffassung: Wir haben keine Geheimnisse voreinander. Meine Mutter klopfte auch nie an, bevor sie eines der Zimmer betrat. Das hieß: Daheim herrschte keine Privatsphäre. Diese war ja auch nicht nötig. Nach Ansicht meiner Eltern fand ohnehin nichts statt, was man hätte verbergen müssen. Mit anderen Worten: Nacktsein ja, Sex nein. Irgendwie wundert es mich nicht, dass ich nur adoptiert bin. Eigene Kinder haben meine Eltern nicht.

Was für ein Schock also, als sie eines Tages meine Pornosammlung fanden. Ein Drama. Ein unangenehmes Gespräch. Woher hast du die ekelhaften Fotos? Was machst du mit den schrecklichen Bildern? Wieso guckst du sie dir an? Aus jeder ihrer Fragen sprach die Angst, ich würde ganz schlimme Dinge treiben, nachmittags nach der Schule, wenn ich vorgab, mit meinen Freundinnen unterwegs zu sein. Was machst du nachmittags nach der Schule?

Was sollte ich ihnen antworten? Dass mich als Elf- oder Zwölfjährige die Bilder einfach nur faszinierten? Ich weiß gar nicht mehr, wie das Gespräch endete. Ergebnislos auf jeden Fall. Ich sammelte weiterhin die Bildchen und masturbierte. Anfangs rieb ich mich immer an meinem Bettzeug. Mit einer Freundin machte ich wenig später Reibespielchen, da waren wir acht oder neun Jahre alt. Die eine rieb ihre Muschi am Oberschenkel der anderen. Wir wussten natürlich nicht, dass man das Selbstbefriedigung nannte. In unseren Augen spielten wir nur ein Spiel. Aber im Grunde haben wir uns gegenseitig befriedigt, ohne es zu wissen. So richtig entdeckt habe ich die Selbstbefriedigung später, ich glaube, das war, als mein Busen zu wachsen begann. Vieles begann damit, dass mein Busen zu wachsen begann.

Ich merkte, dass es mit Reiben alleine nicht mehr getan war. Etwas gehörte da unten rein. Also stopfte ich etwas hinein. Zuerst war da nur das angenehme Gefühl. Dann kam der Moment, an dem mein Kopf mir das Bedürfnis verschaffte, das angenehme Gefühl wiederholt haben zu wollen. Ich glaube, das war der Augenblick, in dem ich die Sexualität entdeckte. Sex, oder das, was ich dafür hielt, wurde immer wichtiger für mich. Ich hatte zwar noch andere Interessen, aber Sex, also Selbstbefriedigung, stand mit an erster Stelle. Tagsüber in der Schule war ich abgelenkt, abends im Bett aber, wenn ich alleine war, ging es ab. Angeregt durch die Bildchen entwickelte ich Phantasien, Kopfkino mäßig ... Allerdings waren meine Phantasien sehr seltsam. Es waren immer böse Männer und arme Frauen. Das war für mich sehr erregend. Natürlich erwischten mich meine Eltern auch einmal beim Masturbieren. Ich bekam eine gedonnert. Das tat richtig weh. So viel zum Thema Sexualität in meiner Familie.

Mit 17 hatte ich meinen ersten Geschlechtsverkehr. Dazu kam es eigentlich nur aus reiner Neugierde. Ich war dermaßen heiß und wollte endlich wissen, wie es ist zu ficken. Ich hielt Ausschau nach einem Typen, der mir geeignet schien. Dabei lernte ich Andy kennen. Ihn fand ich ganz okay und deshalb fickten wir. Man muss wissen: Bis dahin hatte ich noch nie einen erregten Schwanz in natura gesehen. Als es dann so weit war und Andy mit seinem Ständer vor mir stand, dachte ich nur: »Der passt da unten niemals rein!« Überraschenderweise passte er doch. Allerdings hatte ich Andy nicht gesagt, dass es für mich das erste Mal sei, weil ich annahm, ich wäre ohnehin schon entjungfert. Wie oft hatte ich mich in den letzten Jahren selbst befriedigt, mit Fingern, Kerzen oder Gurken? Keine Ahnung. Als der Verkehr mit Andy hinter mir lag, wusste ich jedoch, dass ich mich selbst noch nicht entjungfert hatte. Anschließend blieb ich drei Jahre mit Andy zusammen. Der Sex mit ihm war schlecht. Ich weiß noch, dass ich mich – trotz Freund – weiter selbst befriedigte. Wohl das beste Anzeichen dafür, dass man schlechten Sex hat.

Das Problem mit Andy war: Er verstand es einfach nicht, auf mich und meinen Körper einzugehen. Wir haben es zwar überall getrieben, auf dem Wäschetrockner, im Fahrstuhl, im Auto, im Bett, auf dem Balkon, im Wohnheim – in dieser Hinsicht war er experimentierfreudig –, aber zu einem Höhepunkt kam immer nur er. Wenn ich sagte: »Andy, mach das mal so und so oder versuche doch mal dies!«, dann war er sofort beleidigt. Wahrscheinlich ging das gegen seinen männlichen Stolz, dass ich ihm vorschrieb, was er im Bett mit mir zu machen hatte. Wie konnte man nur so blöd sein? Ich erinnerte mich an die Bildchen aus der Kindheit und schlug Andy vor, mich doch mal zu fesseln. Selbst das wollte er nicht mit mir machen. Stattdessen begann er mit mir zu diskutieren.

Tage später kam er dann zu mir und meinte, ich solle ihn doch mal fesseln. Ich dachte, ich höre nicht richtig? Scheiße! Wieso er, aber nicht ich? Also ließ ich es irgendwann bleiben, Vorschläge einzubringen. Ich ergab mich dem schlechten Sex. Es dauerte drei Jahre, bis ich erkannte, dass das alles nichts bringt. Von heute auf morgen trennte ich mich von ihm, und zwar auf die fieseste Art und Weise, auf die man mit einem Mann überhaupt Schluss machen kann. Wir vögelten – es war wie in einem schlechten Film. Ich lag da und langweilte mich zu Tode, während er sich über mir abmühte. Bis mir plötzlich durch den Kopf schoss: »Was habe ich noch an ihm? Liebe ich ihn noch?«

Während er weiter hin und her rutschte, entschied ich, ich empfinde nichts mehr für ihn und es wäre das Beste für uns beide, wenn wir uns trennen würden. Als er sich ein paar Minuten später von mir rollte, fragte ich ihn, warum er mich liebt. Er meinte: »Das kann ich dir nicht sagen.« Tolle Antwort! Ich erklärte ihm, dass ich jedenfalls wüsste, dass ich ihn nicht mehr lieben würde und unsere Beziehung hiermit beendet sei. Ich schwöre, so war es. Fünf Minuten zuvor hatte er noch in mir abgespritzt, jetzt machte ich Schluss. Er guckte mich ganz entgeistert an, fing an zu flennen und ging dann. Ich versuchte nicht ihn aufzuhalten. Ich fand, es war das einzig Richtige, was ich hatte machen können. Und tschüss!

Ein paar Monate zuvor erwachte bereits mein Interesse an Tattoos und Piercings. Ich ließ mir ein Brustpiercing und ein Tattoo über der Scham stechen. Das war nicht ohne Grund geschehen. Ich wusste, dass noch ganz andere Phantasien in meinem Kopf herumschwirrten, die nur darauf warteten, in die Realität umgesetzt zu werden. Dazu gehörten auch Tattoos, mehr aber noch Piercings. Ich ahnte, in welche Richtung die Phantasien mich trieben, setzte mich allerdings nicht weiter mit ihnen auseinander. Ich dachte: »So geht das nicht. Du musst dir einen Traummann vorstellen, am weißen Strand mit Palmen und dem blauen Meer – eben ganz romantisch. Das ist normal. So muss das sein. Davon träumt jede Frau in deinem Alter. Alles andere ist abnormal. Das gehört nicht in deinen Kopf. Das ergibt keinen Sinn.«

Ich stellte mir dann auf Biegen und Brechen den Traumprinzen, den Strand, den Sonnenuntergang vor. Jede andere Frau wäre wahrscheinlich dahingeschmolzen. Ich begann mir bei den Gedanken daran einen runterzuholen. Während des Onanierens rutschte der Film im Kopf allerdings ins Abstruse ab. Am Ende gelangte ich wieder an den Ausgangspunkt zurück. Ich wollte Schmerz. Bei dem Gedanken an Sex mit Schmerz floß ich dahin. Ich wurde erregt. Ich wurde feucht. Es gab aberdutzende Phantasien, die auf einmal durch meinen Kopf jagten. Ich mit mehreren Männern. Ich, die überfallen und gefesselt wird, damit Männer sich an mir vergehen. Ich, die geschlagen wird. Ich, die gefoltert wird.

Irgendwann sagte ich mir: »Gut, Christiane, wenn's schon nicht normal geht, dann musst du dich damit auseinandersetzen.« Das machte ich. Weil ich niemanden hatte, mit dem ich darüber reden konnte, ging ich in einen Sexshop. Das war mir natürlich ebenso peinlich, ein Mädel, gerade mal 19, ganz alleine im Sexshop. Ich guckte mir alles an, kaufte mir dann Comics. Sehr faszinierend fand ich die Dildos, die in dem Shop angeboten wurden. Zum ersten Mal sah ich die Gummischwänze aus nächster Nähe.

Wenig später bekam ich daheim einen Internetanschluss gelegt. Ich war sehr glücklich, als ich mich im Netz auf die Suche nach Informationen machte und dabei feststellte, dass es noch andere

»kranke« Menschen gibt. Zur gleichen Zeit ging ich mit einer Freundin immer öfter am Wochenende raus und feiern. Daraus ergaben sich eine Reihe seltsamer One-Night-Stands, bei denen ich aber nie meine frisch erwachten Neigungen aus den Augen verlor. Leider konnten die wenigsten Typen damit etwas anfangen. Der Sex war okay, aber eben nicht erfüllend. Irgendwie fiel es mir schwer, ihnen direkt beim ersten Mal zu sagen, wonach ich mich sehnte: »Hey, fessel mich doch! Hey, schlag mir auf den Arsch!« Ich machte mir viel zu viele Gedanken darüber, wie sie darauf reagieren würden. Mit anderen Worten: Ich war zu gehemmt.

An viele der Typen kann ich mich heute nicht einmal mehr erinnern. Nur an einen Typen noch sehr genau. Er hieß Bernd und ich kannte ihn bereits aus der Schulzeit. Damals hatte ich ihn angehimmelt bis zum Gehtnichtmehr, ohne dass ich mich getraut hatte, ihn anzusprechen. Bei unserem Wiedersehen nahm ich erfreut zur Kenntnis, dass er voll auf mich abfuhr. Ich ließ keine Zeit verstreichen und schnappte ihn mir. Es war ein lehrreicher Abend. Nach jenem Abend wusste ich nämlich, dass es auf die Größe des Schwanzes ankommt. Seiner war klein. Als er es mir mit den Fingern machte, war es besser als mit seinem Schwanz. Während wir vögelten, musste ich lachen. Ich meinte zu ihm: »Du, Bernd, nimm es mir nicht übel, aber ich muss jetzt nach Hause.« Da kannte ich inzwischen nichts. Wenn mir der Sex nichts bringt und ich die Möglichkeit habe, das Treiben abzubrechen, dann mache ich es – ohne dem Mann allzu heftig vor den Kopf zu stoßen. Auf der Heimfahrt habe ich nur gedacht: »Das war jetzt nicht wahr, oder?« Das zum Thema heißer Schwarm. So schnell kann sich das ändern.

Ich weiß nicht, ob ich Männer wirklich liebe. Aber ich will immer wissen, wie es mit ihnen ist. Zum Beispiel wollte ich wissen, was dran ist an dem Gerücht der schwarzen Männer mit den dicken Prügeln. In einem der Clubs lernte ich zwei dunkelhäutige Jungs kennen. Mein Englisch ist sehr schlecht, ihr Deutsch war es ebenfalls, aber um die verbale Verständigung ging es an jenem Abend weder mir noch den beiden. Wir drei wussten, was gleich passieren würde. Ich ging mit ihnen auf ihr Hotelzimmer, das sie sich in Frankfurt gemietet hatten. Beide haben mich nacheinander gefickt. Das war sehr geil. Sie hatten immens große Schwänze. Ich spürte meine Gebärmutter, jedesmal wenn sie dagegenstießen. Es war ziemlich heftig. Keine Ahnung, ob das so gesund ist. Mein Unterleib tat nach der Prozedur ganz schön weh. Meine Schamlippen schwollen an, beim Pinkeln brannte es. Das alles war aber nicht weiter schlimm – fand ich! Denn als Frau steht man ja darauf, kräftig genommen zu werden, oder? Zumindest kam ich meinen Phantasien ein Stück näher. Eine interessante Erfahrung. Mein Wunsch wäre jetzt, es mal mit zwei Männern gleichzeitig zu treiben. Das würde mir gefallen. Zwei Schwänze, einer vaginal, einer anal. Also Sandwich. Da ich erst 23 bin, ist es ziemlich wahrscheinlich, dass ich auch das irgendwann noch einmal erleben werde.

Ohnehin interessiert mich Gruppensex und ich habe es bereits mehrere Male ausprobiert. Wobei bislang die Frauen immer in der Überzahl waren, also ich, eine Frau und ein Mann. Oder: Ich, zwei Frauen und ein Mann. Oder: ich, drei Frauen und ein Mann. Natürlich habe ich auch schon mit zwei Frauen alleine gevögelt.

Neulich sprach mich ein Pärchen in einem der Clubs an. Sie erklärten mir, mich gesehen zu haben, und dachten sich: »Die sieht irgendwie so aus, als würde sie einen Dreier mitmachen.« Es war nicht das erste Mal, dass mir das passierte. Vielleicht strahle ich so etwas aus, von wegen »Freie Liebe« ...

Ich habe mal ein Buch gelesen, in dem der Autor über freie Liebe schrieb. Den Titel habe ich vergessen. Darin beschreibt der Autor, was wirklich wahre, tiefe Liebe ist. Er erzählt, dass die meisten Menschen unter Liebe Treue verstehen. Treue sei aber kein Muss. Wenn ich jemanden liebe, so wie er ist, wenn ich ihn so akzeptiere, wie er ist, wenn er tun und lassen kann, was immer er möchte, ohne dass er sich vor mir oder anderen rechtfertigen muss, dann ist das wahre Freiheit. Und die freie Liebe. Wenn ich die Größe besitze, meinen Partner auch mit anderen Menschen teilen zu können, in jeder Hinsicht. Das ist in meinen Augen emotionale Größe. Leider ist es aber so, dass es uns, sobald wir jemanden lieben oder verliebt sind, schwer fällt, unserem Partner diese Freiheit zu gewähren, weil wir egoistisch sind und diesen Menschen nur für uns alleine beanspruchen. Oder besser gesagt: Wir erheben den Anspruch, dass es so zu sein hat. Irgendjemand hat das mal zum Idealbild der Liebe erklärt. Der eine gehört dem anderen, der andere gehört dem einen. Und wird diese traute Zweisamkeit bedroht, dann entsteht Eifersucht. Wer braucht Eifersucht? Es ist ein beschissenes Gefühl. Aus der Eifersucht heraus benimmt man sich häufig ziemlich dämlich, eben weil man das Eifersüchtigsein nicht steuern kann. Dann kann man sich selbst nicht mehr steuern. Aus dem Idealbild der Liebe wird sehr schnell Misstrauen, Ärger und Wut.

Es ist ein Ideal – die Liebe. Ein schönes Ideal. Nur nicht umsetzbar. Ich lebe nicht danach. Möglicherweise weil ich niemanden habe, auf den ich dieses Idealbild projizieren könnte – abgesehen von mir selbst. Vielleicht aber auch, weil ich das Gefühl der Eifersucht tatsächlich überflüssig finde. Das Paar, das mich an jenem Abend im Club auf den flotten Dreier ansprach, war der Auffassung: »Wir machen freie Liebe. Aber egal was wir machen, wir machen alles gemeinsam.« Das heißt, auch, wenn sie mit einer anderen Person vögeln wollen, machen sie es immer gemeinsam. Das ist im Grunde völlig in Ordnung, aber glatter Selbstbetrug. Sie trauen sich gegenseitig nicht über den Weg. Sie sind eifersüchtig. Trotz freier Liebe. Ha ha.

Das erste Mal, dass wir drei zusammen vögelten, war bei meiner Freundin Julia. Wir waren auch nicht wirklich zu dritt, sondern haben zu fünft rumgemacht. Ich, Julia, das Paar und noch ein Typ. Seinen Namen kenne ich bis heute nicht. Wir waren alle ziemlich besoffen und begannen uns zu befingern. Wir trieben es ganz schön wild. Es war sehr gut und geil. Der Typ fistete mich an jenem Abend sogar beinahe. Am nächsten Tag wollte er es nicht glauben, als ihm die anderen erzählten, was er am Vorabend alles mit mir angestellt hatte. Er konnte sich an nichts mehr erinnern. Julia meinte: »Er glaubt nicht, dass du mit ihm letzte Nacht rumgevögelt hast.« Ich meine, wir hatten ja auch nicht wirklich miteinander gevögelt, auf jeden Fall nicht so, wie ich mir Vögeln vorstelle. Das war eher ausgedehntes Fingern. Aber na ja, der Typ war halt so voll gewesen, dass er nichts mehr davon wusste.

Danach habe ich es noch drei oder vier Mal mit dem Paar alleine versucht, aber ich glaube, es war alles andere als toll für die beiden. Zum Beispiel fuhren wir nach einer durchzechten Nacht zu ihnen. Dort duschten wir gemeinsam. Solange ich mit ihr alleine war, war alles ganz entspannt und toll. Sobald sich aber ihr Freund zu uns gesellte, war die Atmosphäre nicht mehr so unbelastet, frei oder enthemmt, wie sie es war, als wir es zu fünft getrieben hatten. Ich hatte das Gefühl, sie sei eifersüchtig. Das konnte ich mir nicht erklären, schließlich bestand dazu kein Grund. Ich baggerte ihren Freund nicht an, selbst als ich mit ihm alleine im Zimmer war. Das lag mir fern, so etwas mache ich nicht. Ich wollte ficken, sonst nichts. Ich sprach sie auf ihre Probleme an, aber sie stritt alles ab. Nach dem Motto: »Nein, ich bin nicht eifersüchtig. Das ist alles kein Problem.«

Was sie mir allerdings übel nahm, war, dass ihr Freund Analsex wollte. Für mich ist das kein Problem, ich stehe drauf. Also habe ich es mit ihrem Freund gemacht. Genau das war für sie ein Problem. Ich bot ihrem Freund etwas, was sie ihm nicht geben konnte. Das war für sie tatsächlich ein Grund, eifersüchtig, gekränkt und beleidigt zu sein.

Ich versuchte, mit ihr zu reden. Sie wiederholte jedoch nur, ich könne etwas machen, was sie nicht mache. Und auch nie machen werde. Weil sie das überhaupt nicht toll fände. Das fand ich wiederum Scheiße. War das meine Schuld? Das Problem ist nur, wenn erst einmal der Gedanke im Kopf verankert ist, etwas sei scheiße, wird alles, was danach kommt, ebenfalls scheiße verlaufen. Dagegen kann man sich nicht einmal wehren. Es ist eben im Kopf verankert und bestimmt Denken und Handeln. Irgendwann meinte sie daher zu mir: »Du, Christiane, du bist ganz nett und ich mag dich auch, aber du bist nicht mein Typ, deswegen lassen wir das mit den flotten Dreiern.« Das nahm ich ihr natürlich nicht ab. Aber ich akzeptierte ihre Entscheidung.

In letzter Zeit kommt es häufiger vor, dass wir uns, bevor wir in die Clubs gehen, bei ihnen treffen. Wenn ich dann zum verabredeten Zeitpunkt bei ihnen klingele, vögeln sie gerade. Sie öffnen mir die Tür. Ich betrete das Zimmer und sie machen weiter. Manchmal denke ich, sie will mir etwas beweisen. Aber das stört mich nicht. Sie muss mir nichts beweisen. Mir nicht. Ich glaube, das weiß sie auch. Und das macht sie noch verbitterter. Sie fragt mich häufig über mein Sexualleben aus. Ich werde einen Teufel tun, ihr alles zu erzählen. Sie ist eine Partybekanntschaft, wir haben viel Spaß auf der Tanzfläche. Dabei sollte es zukünftig bleiben, denke ich. Sie macht mir zu viele Witze über mich und meinen Sex. Sadomasowitze. Ich habe ihr nämlich mal erklärt, weswegen ich die Ringe durch meine Brustwarzen und Schamlippen trage. »Das ist nicht nur Schmuck, sondern ich kann ganz spezielle Dinge damit anstellen.« Darüber lachte sie. In Wahrheit war sie aber wahrscheinlich eifersüchtig auf mich, weil sie solche Sachen ebenfalls nicht machen kann und will. Und deswegen stellt sie mich als Randgruppe dar. Es mag ja sein, dass es Menschen gibt, die damit überhaupt nichts anfangen können. Schmerzen beim Sex? Igitt!

Die meisten Männer aber reagieren auf meine Intimpiercings positiv, nur die wenigsten negativ. Ich hatte mal einen Typ, der ignorierte meine Intimringe. Er konnte nichts damit anfangen und stellte mir keine Fragen dazu.

Ein anderer Typ dagegen war fasziniert und wollte sich die Ringe anschauen. Also nahm ich ihn mit nach Hause, zeigte sie ihm und erklärte, was ich damit alles machen kann: Man kann sie benutzen, missbrauchen, an den Oberschenkeln festbinden oder Gewichte daran hängen. Das ergibt einen sehr angenehmen Schmerz. Wenn ich nicht aufpasse, kann es aber auch ziemlich heftig werden. Ähnlich wie wenn ich mir die Brustwarzen festbinde. Dabei verbinde ich eine Kette, die ich um den Hals trage, mit einer Kette, die an meinen Brustwarzenringen hängt. Wenn ich dann die Nacht über in den Clubs unterwegs bin und tanze, ziehen die Ketten an meinen Brustwarzen. Das ist angenehm. Wenn ich am nächsten Morgen die Kette löse, tut es weh und die Brustwarzen sind ein wenig wund. Trotzdem stört es mich nicht. Keine Ahnung, ob das auf Dauer gut ist. Aber ich mache es immer wieder, weil es mir gefällt. Ich nenne es »Titten festschnallen«.

Überhaupt probiere ich sehr viel alleine aus. Selbstbefriedigung ist bei mir inzwischen zur Sucht geworden. Nicht aus einer Verzweiflung heraus. Andererseits: Vielleicht habe ich einfach noch nicht den Mann gefunden, der mir das gibt, was ich brauche. Wie auch immer, Selbstbefriedigung ist für mich sehr befreiend. Es erlöst mich von einem Druck. Wenn ich morgens um 12 Uhr aufstehe, dusche ich, frühstücke, hole mir schnell noch einen runter, damit ich um 12 Uhr 45 ganz entspannt zur Arbeit gehen kann. Ich mache es mir täglich. Es gibt ganz selten Momente, in denen ich keine Lust darauf habe. Vielleicht einmal im Monat, zwei Tage bevor ich meine Periode bekomme. Oder wenn etwas echt Beschissenes passiert oder auf der Arbeit sehr viel Stress herrscht. Dann fühle ich mich asexuell. Es passiert gar nichts. Absolut nichts.

Andererseits masturbiere ich manchmal auch, um einfach nur vom Stress runterzukommen und abzuschalten. Meist mache ich es mir nur mit einem Quicky. Wenn ich allerdings ausgedehnte Spielchen mit meinem Körper betreibe, verbringe ich damit halbe Nächte. Zum Beispiel wenn ich vom Feiern wiederkomme, geduscht habe und voll geil bin. Ich weiß zwar, dass ich am nächsten Morgen Frühdienst habe und den Schlaf gut gebrauchen könnte, aber bis ich endlich gekommen bin, ist es 3 Uhr 30. Das heißt, ich habe allenfalls zwei Stunden zum Schlafen. Was soll's! Ich bin die Queen of Masturbation.

Ich mache sehr viele brutale Dinge mit meinem Körper. Aber alles macht mir Spaß. Ich schmiere mir Tabasco Sauce auf die Möse. Ich spiele mit Klammern und Gewichten. Dabei kann es passieren, dass ich blaue Flecke davontrage. Oder wunde Brustwarzen. Meine Muschi fast kaputtspiele. Das passiert eben, wenn man es sich heftig und lange macht. Ich habe auch ganz viele Plugs – Analstöpsel –, bestimmt sieben oder acht unterschiedlichster Größen. Der stärkste Plug hat sieben oder acht Zentimeter Durchmesser. Nachdem ich die mir alle der Reihe nach reingeschoben habe, ist mein Arsch ganz schön angeschwollen. Ich setze mich immer drauf und zwar ohne Gleitgel. Das tut weh. Aber wenn ich in Stimmung bin, ist der Schmerz geil. Ich lasse mich gehen, bin sehr laut dabei. Ich selbst bekomme davon nichts mit. Aber die Nachbarn. Deswegen lasse ich Musik dabei laufen. Ohne geht nicht.

Wenn ich etwas im Kopf habe, muss ich dies auch unbedingt erleben. Das ist schon fast ein Zwang, wie mit den Männern, die ich ausprobieren möchte. Weil ich glaube, es bringt mich weiter.

Dank dieser Einstellung bin ich jetzt an einem Punkt, wo ich sagen kann: »Ja, ich habe viel erlebt.« Ob es mich tatsächlich weitergebracht hat oder nicht, mhm, darüber zerbreche ich mir dann doch nicht den Kopf. Hauptsache ich habe es erlebt, ob es toll ist oder nicht. Mein erster Analsex beispielsweise war alles andere als toll. Aber ich wollte es wissen. Ich probierte es aus. Jetzt weiß ich: An Analsex muss man erst Geschmack finden. Und wenn man ihn gefunden hat, wird es umso schöner.

An vielen Dingen muss ich erst einmal Geschmack finden, ehe ich sage: »Ja, das ist wirklich geil!« Es gibt einige Sachen, von denen ich mir durchaus vorstellen kann, dass sie geil sind. Zum Beispiel Sandwich-Sex mit zwei Männern. Manchmal ist es aber auch ganz einfach abhängig vom Partner, mit dem man es macht. Ein ganz banales Beispiel: Es gibt eine Freundin, die, sobald sie jemanden süß findet, sofort mit ihm herumknutscht. Da sie beinahe jeden Typen süß findet, knutscht sie mit jedem herum. Das mache ich zum Beispiel nicht. Ich küsse zwar gerne, aber nur die Typen, die ich wirklich küssen möchte.

Der Witz ist: Ich kann auch mit jemandem in die Kiste steigen und mit ihm ficken, ohne ihn zu küssen. Küssen ist für mich eine sehr emotionale Sache. Küssen ist sehr intim. Küssen ist Gefühl und Vertrauen. Ficken ist eben Ficken. Es ist meine Muschi, die fickt.

Die braucht das manchmal. Ich kann also ficken ohne verliebt zu sein. Es kam auch schon vor, dass ich mit jemandem fickte und dabei dachte: »Das verkrafte ich gut.« Das genaue Gegenteil war der Fall. Und manchmal schreckte ich davor zurück und dachte: »Das schaffst du emotional nicht.« Gefickt habe ich dann zwar trotzdem und dabei gemerkt, wie kalt es mich eigentlich lässt. Zum Beispiel mit einem Arbeitskollegen von mir, der arme Junge. Er hatte eine Freundin, die ich nicht leiden konnte, und er erzählte mir, dass er mal fremdgehen müsse. Also ist er mit mir fremdgegangen. Ich dachte, das würde mich kaltlassen. Aber ich habe mit ihm meine ersten Pinkelspielchen absolviert. Das war schon sehr faszinierend und hat mich danach noch eine ganze Weile beschäftigt. Nicht dass ich mich in ihn verliebt hätte. Aber es machte mir dermaßen viel Spaß mit ihm, dass ich es wieder mit ihm treiben wollte. Nur wollte er nicht mehr, weil er sein Ziel erreicht hatte: Er war fremdgegangen. Und gut.

Kacke kommt für mich nicht in Frage. Von Urin dagegen weiß ich als Krankenschwester, er ist steril. Er kommt aus der Blase, in der keinerlei Bakterien sind. Ich würde jemandem auch den Arsch lecken, aber nur, wenn keine Scheiße dran hängt. Worauf ich gar nicht stehe, sind Spiele, bei denen ich mir die Füße lecken lasse. Das finde ich ekelhaft, genauso wie wenn ein Typ meint, mir seine Zunge ins Ohr stecken zu müssen. Widerlich! Erstaunlicherweise fahren die Männer aber darauf ab, wenn man ihnen den feuchten Lappen in die Muschel steckt. Ein Besuch in einem SM-Club würde mich dagegen sehr reizen. Im Gegensatz zu einem Swingerclub. Wenn ich wüsste, dass sich in einem Swingerclub nur junge Leute treffen, die nicht älter als 35 sind, dann würde ich vielleicht auch in einen Swingerclub gehen. Aber ich finde, Leute ab 35 sind irgendwie, wie soll ich sagen ... Es gibt bestimmt Menschen, die mit 35 noch jung geblieben sind und die knackig aussehen. Aber das ist, glaube ich, eher die Ausnahme. Ich glaube, ich möchte einfach nicht jeden nackt sehen. Und ich will auch nicht von jedem gevögelt werden. Sollte dieser Eindruck entstanden sein, muss ich das korrigieren. Nein, ich gehe definitiv nicht mit jedem ins Bett. Ich weiß auch nicht, ob mir klar ist, dass ich mit meinen 23 Jahren schon mehr erlebt habe als mancher in 30 oder 40 Jahren – oder in seinem ganzen Leben.

DANKSAGUNG
Der Autor möchte allen an diesem Buch Beteiligten für ihre Bereitschaft zur Offenheit danken. Ohne sie wäre dieses Buch nicht möglich geworden. Weitere Bücher Christoph Brandhurst zum Thema Obsession, Piercing, Swinger und SM sind in Planung. Wer also auch eine Geschichte zu erzählen hat, kann gern schreiben: info@christoph-brandhurst.de

DER AUTOR
Christoph Brandhurst widmet sich den dunklen Seiten der Erotik und ihrem Einfluss auf Medien und Gesellschaft. Bei Schwarzkopf & Schwarzkopf sind von ihm bereits erschienen: »Extrem! 1« (2003), »Extrem! 2« (2004), »Extrem! 3«, »Ich nenne es: Da unten – Frauen erzählen über ihre Vagina, die Lust und den Sex« (2006) sowie »Gwen. Tagebuch meiner Lust« (2007). Von Christoph Brandhurst ist außerdem der Erotik-Thriller »Das geheime Zimmer« (2006) erschienen. Mehr Information über Christoph Brandhurst: www.christoph-brandhurst.de.

Christoph Brandhurst: EXTREM! 1
*Frauen, Männer und Paare erzählen von der Lust an ihrer Leidenschaft*
4. Auflage, Berlin 2011 | ISBN 978-3-86265-099-6


BILDNACHWEIS
Abbildungen im Buch: © Bianca Krause/www.bianca-krause.de
Titelfoto: © Mayer George Vladimirovich/shutterstock.com

KATALOG
Wir senden Ihnen gern kostenlos unseren Katalog
Schwarzkopf & Schwarzkopf Verlag GmbH | Abt. Service
Kastanienallee 32 | 10435 Berlin
Telefon: 030 – 44 33 63 00 | Fax: 030 – 44 33 63 044

INTERNET | E-MAIL
www.explizit-lesen.de | info@schwarzkopf-schwarzkopf.de